ceot
新股民
快速入门必读

初入股市实战技法全书

—第3版—

炒股入门与技巧经典读本

康凯彬 ◎ 主编

中国纺织出版社

内 容 提 要

本书在全面、系统地介绍炒股快速入门知识的基础上，吸收了各大顶尖分析流派最精华的投资理念和投资技巧，并大量运用沪深股市实战案例对一些经典形态进行分析，详细地为新股民解读了如何选股、看K线图、看盘、止损、跟庄等股市实战技法。

本书内容简单、易学，具有很强的实用性和可操作性，易于在实战中模仿运用，不仅是一本高度浓缩的新股民炒股快速入门指导书，也可作为股民进一步提升炒股技法、提高操盘水平的实用参考书。

图书在版编目（CIP）数据

新股民快速入门必读：初入股市实战技法全书 / 康凯彬主编. —3版. —北京：中国纺织出版社，2015.3（2015.6重印）
ISBN 978-7-5180-1313-5

Ⅰ.①新⋯ Ⅱ.①康⋯ Ⅲ.①股票投资—基本知识 Ⅳ.①F830.91

中国版本图书馆CIP数据核字（2014）第302265号

策划编辑：向连英　　特约编辑：陈志海　　责任印制：储志伟

中国纺织出版社出版发行
地址：北京市朝阳区百子湾东里A407号楼　邮政编码：100124
销售电话：010—67004422　传真：010—87155801
http://www.c-textilep.com
E-mail: faxing@c-textilep.com
中国纺织出版社天猫旗舰店
官方微博http://weibo.com/2119887771
三河市宏盛印务有限公司印刷　各地新华书店经销
2010年2月第1版　2011年6月第2版
2015年3月第3版　2015年6月第12次印刷
开本：710×1000　1/16　印张：19
字数：285千字　定价：38.00元

凡购本书，如有缺页、倒页、脱页，由本社图书营销中心调换

前言 FOREWORD

随着我国证券市场的不断发展，越来越多的人进入证券市场，但有许多人并不了解股市，仅凭着感觉跟风进入市场的。这些散户缺乏最基本的投资常识，没有做充分的准备和计划就投身股市，最后只能是沮丧、迷茫和失望。

"股市有风险，投资需谨慎"，哪里有股票交易，哪里就有这十字箴言的告诫。但是，仍然有越来越多的新股民受股市赚钱效应影响而仓促入市的，既没有做好足够的心理准备和知识储备，也不知道如何操作股票，以为买了股票就能赚钱。

为了扩大读者的知识面，同时也为了适应炒股的新趋势，我们对上一版书各部分的内容进行了适当的调整和修改。本书这次修订后，比以往版本知识更全面、实用价值更高。现将新修订的版本推荐给广大的读者朋友，希望大家能够喜欢。

本书针对新股民的特点，介绍了以下内容：

第一，如何快速入门。了解股票的基础知识，如股票的名称、股票的价值、种类、证券市场的参与者、进入股市的规则以及一些股市的常用术语。

第二，为新股民量身打造了入市的成功法则。实际上，在股市中赚钱的中小散户是少数，多数人都处于赔钱的状态。只有调整好炒股的心态，不急于求成；树立正确的投资理念，做好投资的知识储备，制订恰当的投资计划；再加上一些科学的投资方法和技巧，防范股市的陷阱，才能为实战打下良好的基础。

第三，股市离不开分析，炒股就要结合股市、个股的基本面和技术指标来进行分析。只有看清股票的基本面和技术面，才能准确地预测股市及股价的未来走势。

第四，K线图是分析股票的重要工具之一，新股民要能看懂K线图，就能从中获得许多信息。单根K线与多根K线的组合种类多种多样，新股民要想在短线炒股上获利，就要在K线图上多下工夫。

第五，看盘与解盘是新股民的必修课，只有看懂了大盘和个股的盘面信息，才能有的放矢地来操盘。

第六，新股民要炒股，就要学会正确的股票投资买卖的技法。选好股，选对股；短线操作要准确，中线、长线炒股要有耐心；还要防范庄家故意设置的骗局等，都在很大程度上决定了炒股的成败。

第七，除了介绍股指期货、创业板和沪港通的一些知识外，还介绍了网上炒股的一些基本知识。

总之，股市既能让人赚得盆满钵盈，又能让人赔得倾家荡产，也许这正是它吸引人的地方。无论是新股民还是老股民，都要善于从瞬息万变的股市中把握股价短期与中长期的动向，才能获得良好的收益。

康凯彬

目录
CONTENTS

第一章
新股民快速入门

第一节　股票的基本知识……………………………………………………… 2
　一、什么是股票……………………………………………………………… 2
　二、股票的价值和价格……………………………………………………… 3
　三、上市公司分红…………………………………………………………… 5
　四、投资与投机……………………………………………………………… 7
　五、股票名称及代码………………………………………………………… 8
第二节　股票的种类…………………………………………………………… 9
　一、国有股、法人股与公众股……………………………………………… 9
　二、A股、B股、H股、N股、S股、L股……………………………… 10
　三、普通股与优先股………………………………………………………… 10
　四、ST股和*ST股………………………………………………………… 12
　五、其他分类………………………………………………………………… 13
第三节　证券市场的参与者…………………………………………………… 15
　一、市场主体………………………………………………………………… 15

二、证券公司 15
三、证券交易所 16
四、证券登记结算机构 17
五、证券服务机构 18
六、证券业协会 18
七、证券监督管理机构 19

第四节 新股民如何入市 20
一、开户 20
二、交易规则 23
三、办理委托 25
四、竞价成交 26
五、清算交割与过户 28
六、新股的发行方式和申购流程 29
七、交易费用如何收取 32

第五节 股票市场常用语 34
一、股票及发行用语 34
二、股价用语 35
三、股市及参与者用语 36
四、交易用语 39
五、盘口用语 42

【新股民寄语】.. 44

目录 CONTENTS

第二章
新股民炒股成功法则

第一节　调整炒股心态 46
　　一、股市不是赌场 46
　　二、炒股要有"三心" 46
　　三、炒股要有决断力 48
　　四、炒股要独立判断 48
　　五、炒股要控制情绪 49
　　六、炒股要有个人特点 49
　　七、克服盲目跟风 49
　　八、克服贪婪与恐惧 50
第二节　树立正确的炒股理念 51
　　一、股民在股市赔钱的原因 51
　　二、做好投资准备 52
　　三、建立正确的投资思路 53
　　四、多空双管齐下 53
第三节　成功的投资方法 54
　　一、投资三分法 54
　　二、分散投资法 55
　　三、试探性投资法 55
　　四、分段买卖法 55
　　五、金字塔形买卖法 56
　　六、均价成本投资法 57
　　七、固定比率投资法 57
　　八、控制仓位法 58
第四节　防范投资陷阱 58
　　一、马路消息的陷阱 58

3

二、内幕交易的陷阱……………………………………………59
　　三、荐股的陷阱……………………………………………………59
　　四、"骗线"的陷阱………………………………………………60
　　五、"拨档子"的陷阱……………………………………………61
第五节　新股民炒股绝招………………………………………………61
　　一、选股绝招………………………………………………………61
　　二、抢反弹的绝招…………………………………………………66
　　三、抄底逃顶的绝招………………………………………………66
　　四、止损绝招………………………………………………………70
　　五、解套绝招………………………………………………………71

【新股民寄语】……………………………………………………………74

第三章

股市的基本面分析

第一节　股市的宏观面分析……………………………………………76
　　一、经济政策………………………………………………………76
　　二、经济指标………………………………………………………78
　　三、经济周期………………………………………………………81
　　四、其他因素………………………………………………………81
第二节　上市公司分析…………………………………………………82
　　一、公司所属的行业………………………………………………82
　　二、公司的盈利能力………………………………………………84
　　三、关联交易………………………………………………………86
　　四、公司的利润分配………………………………………………87
　　五、资产重组………………………………………………………88

第三节　财务分析 ································· 90
一、分析的基本依据 ································· 90
二、分析的主要内容 ································· 92
三、财务比较分析法 ································· 92
四、财务比率分析法 ································· 93

【新股民寄语】································· 99

第四章
股票投资的技术分析

第一节　技术分析理论 ································· 102
一、什么是技术分析 ································· 102
二、技术分析的内容 ································· 103
三、道氏理论 ································· 104
四、波浪理论 ································· 107
五、江恩理论 ································· 109

第二节　K线分析 ································· 113
一、什么是K线 ································· 113
二、什么是K线图 ································· 113
三、单根K线图的画法 ································· 113
四、K线图的作用 ································· 114
五、K线图的分析技巧 ································· 115

第三节　形态分析 ································· 115
一、形态分析的基本理论 ································· 115
二、持续整理形态 ································· 117
三、反转形态 ································· 125

四、缺口 ·· 137

第四节　趋势线理论 ··· 139

　　一、趋势线 ·· 139

　　二、通道线 ·· 141

　　三、支撑线与阻力线 ·· 142

第五节　技术指标分析 ·· 144

　　一、移动平均线（MA） ·· 145

　　二、指数平滑异同移动平均线（MACD） ························ 146

　　三、乖离率（BIAS） ·· 148

　　四、威廉超买超卖指标（W%R） ···································· 149

　　五、随机指数（KDJ） ·· 150

　　六、相对强弱指标（RSI） ·· 152

　　七、布林通道指标（BOLL） ·· 153

　　八、成交量比率（VR） ·· 155

　　九、人气指标心理线（PSY） ··· 155

【新股民寄语】 ·· 156

第五章

K线实战技法

第一节　单根K线的分析 ··· 158

　　一、光头光脚大阳线 ·· 158

　　二、光头光脚大阴线 ·· 159

　　三、下影阳线 ·· 159

　　四、下影阴线 ·· 160

　　五、上影阳线 ·· 161

六、上影阴线……………………………………………………162

　　七、上下影阳线…………………………………………………163

　　八、上下影阴线…………………………………………………164

　　九、"十"字形…………………………………………………165

　　十、"一"字形…………………………………………………165

　　十一、"丅"字形………………………………………………165

　　十二、"⊥"形…………………………………………………166

第二节　多根K线组合分析………………………………………166

　　一、上升的K线组合……………………………………………167

　　二、反弹的K线组合……………………………………………167

　　三、下跌的K线组合……………………………………………168

第三节　经典K线组合……………………………………………170

　　一、早晨之星……………………………………………………170

　　二、黄昏之星……………………………………………………170

　　三、红三兵………………………………………………………171

　　四、黑三兵………………………………………………………172

　　五、白三鹤………………………………………………………172

　　六、黑三鸦………………………………………………………172

　　七、强调组合……………………………………………………172

　　八、乌云盖顶……………………………………………………175

　　九、中流砥柱……………………………………………………175

　　十、孤岛组合……………………………………………………175

　　十一、包容组合…………………………………………………175

　　十二、孕育组合…………………………………………………177

【新股民寄语】……………………………………………………178

第六章

看盘与解盘实战技巧

第一节　看盘快速入门 ··· 180

　　一、学会看证券营业部的大盘 ······································ 180

　　二、学会看大盘走势图 ··· 181

　　三、学会看个股走势图 ··· 185

　　四、学会看成交量 ·· 187

　　五、学会看排行榜 ·· 188

第二节　看盘技巧 ··· 189

　　一、盘面走势的时间性 ··· 189

　　二、关注阻力位置和支撑位置 ······································ 191

　　三、关注各种买卖盘 ··· 192

　　四、关注各种大单 ·· 193

　　五、关注个股 ·· 194

第三节　解盘技巧 ··· 195

　　一、倾听市场的语言 ··· 195

　　二、定性解盘 ·· 195

　　三、分析每周的开盘与收盘 ·· 197

　　四、分析未来的走势 ··· 197

　　五、分析盘面买卖技巧 ··· 198

【新股民寄语】··· 199

第七章

股票买卖实战策略及技法

第一节 炒股的基本策略	202
一、保本的基本要求	202
二、实战综合分析	203
三、个股的投资策略	204
第二节 牛市、熊市与平衡市	208
一、牛市、熊市的循环过程	208
二、牛市的操作策略	210
三、熊市的操作策略	212
四、平衡市的操作策略	213
第三节 短线实战技法	215
一、适合短线操作的股票	215
二、短线K线战法	216
三、短线分时技法	220
四、短线精确买卖法	221
五、短线追涨技法	225
六、短线抄底技法	227
七、短线止损技法	232
第四节 中线实战技法	233
一、中线投资原则	233
二、中线选股技法	234
三、中线买入技法	236
四、中线卖出技法	237
第五节 长线实战技法	239
一、长线投资原则	239
二、长线如何选股	240

三、把握最佳买点 242

　　四、把握最佳卖点 242

第六节　跟庄实践技法 244

　　一、识别庄家 244

　　二、参透坐庄过程 245

　　三、识破庄家骗术 246

　　四、掌握主力动向 248

　　五、跟庄时机及技巧 250

【新股民寄语】......252

第八章 其他投资方式

第一节　创业板投资 254

　　一、什么是创业板 254

　　二、创业板的特点 254

　　三、创业板的交易规则 255

　　四、创业板与主板的上市条件对比 255

　　五、创业板停牌制度 257

　　六、申请开通创业板交易 257

　　七、创业板的投资策略 257

第二节　股指期货 259

　　一、什么是股指期货 259

　　二、股指期货交易与股票交易的区别 259

　　三、股指期货的投资分析 259

　　四、股指期货交易的基本制度 260

五、股指期货的交易流程………………………………………………261

第三节　沪港通………………………………………………………………262

　　一、什么是沪港通………………………………………………………262

　　二、沪港通的交易规则…………………………………………………262

　　三、沪港通的市场意义…………………………………………………263

【新股民寄语】……………………………………………………………263

第九章

新股民做网上炒股大赢家

第一节　网上炒股的好处……………………………………………………266

　　一、实时观察行情………………………………………………………266

　　二、掌握最新信息………………………………………………………266

　　三、实时交易……………………………………………………………266

　　四、方便选股……………………………………………………………266

第二节　常用炒股软件介绍…………………………………………………267

　　一、大智慧………………………………………………………………267

　　二、同花顺………………………………………………………………268

第三节　运用"大智慧"炒股的技巧………………………………………269

　　一、安装…………………………………………………………………269

　　二、启动…………………………………………………………………271

　　三、怎样看大盘…………………………………………………………273

　　四、怎样看个股…………………………………………………………276

　　五、怎样看板块…………………………………………………………278

　　六、怎样看信息…………………………………………………………280

　　七、怎样使用分析工具…………………………………………………281

第四节　获取网上炒股信息 …………………………………………… 284
　一、人民日报—人民网 ………………………………………………… 284
　二、新浪网 ……………………………………………………………… 285
　三、易富网 ……………………………………………………………… 285
　四、巨灵财经网 ………………………………………………………… 285
　五、证券之星网 ………………………………………………………… 286
　六、和讯网 ……………………………………………………………… 286
　七、电子杂志 …………………………………………………………… 286

【新股民寄语】 …………………………………………………………… 287

参考文献 …………………………………………………………………… 288

第一章
新股民快速入门

第一节 股票的基本知识

一、什么是股票

股票是股份制企业发行的，用以证明投资者的股东身份和权益，并依此分配股息和红利的有价证券，是企业签发给股东证明其持有企业股份的凭证。

股份就是各个股东所占总股本的份额，是均分企业资本的最小单位。股票的合法持有人就是股民，也就是企业的股东。股民可以是自然人也可以是法人。

（一）股票的用途

股票的用途有三点：

（1）作为一种出资证明，当股民向股份制企业投资参股时，便可获得股票作为其出资的凭证。

（2）股民可凭借股票来证明自己的股东身份，参加股份制企业的股东大会，对该企业的经营发表意见。

（3）股民凭借着股票可获得一定的经济利益，参加股份制企业的分红。

（二）获得途径

股民获得股票的途径从理论上来看有四种：

（1）作为股份制企业的发起人获得股票。

（2）亲朋好友赠与或依法继承的股票。

（3）股份有限公司募集资金而向社会发行股票时，出资购买股票，比如股份公司在上市前，要在本地或通过上海证券交易所、深圳证券交易所的交易网络发行股票，这种股票通常被称为原始股。

（4）在二级市场上通过交易买来的股票，这是我国股民获得股票的最普遍的形式。只要持有人是股票的合法拥有者，就是股票发行企业的股东，享有其相应的权利和义务。

（三）股票的特征

股票作为一种有价证券，具有以下的一些特征：

1. 稳定性

股票是一种没有期限的长期投资，一经买入，只要股票发行企业存在，任何股票持有者都不能退股，即不能向股票发行企业要求抽回本金（法律许可的股份回购除外）。但是投资者可以通过在股票交易市场将股票卖出，把股份转让给他人的办法收回自己原来的投资。股票的转让只意味企业股东的变更，并没有减少企业的资本。

2. 流通性

股票的流通性是指股票可以在股票市场上自由转让，可以在不同投资者之间进行买卖，也可以继承、赠与、抵押。

无记名股票的转让只要把股票交付给受让人，即可达到转让的法律效果；记名股票的转让则要在卖出人签章背书后才可转让。

一只股票流通性的好坏通常是通过流通的股本数量、股票成交量以及股价对交易量的敏感程度来衡量。可流通股本越多，成交量越大，价格对成交量越不敏感，股票的流通性就越好，反之就越差。正是由于具有很强的流通性，股票才作为一种重要的融资工具而得到不断地发展。

3. 权益性

（1）股民凭其持有的股票，有权享有公司的收益，领取股息和红利，获取投资的收益。股息或红利的大小，主要取决于公司的经营状况、盈利水平和盈利分配政策。股票投资者还可以在股市通过低进高出买卖股票，赚取差价。

（2）股民可凭其持有的股票向股份公司索偿。在股份公司解散或破产时，股民需向公司承担有限责任，即按其所持有的股份比例对债权人承担清偿债务的（以出资额为限的）有限责任。当债权人的债务清偿后，如果还有剩余资产，优先股和普通股的股东亦可按其所持有股份的比例向公司请求清偿，其中优先股要优先于普通股。股份公司破产财产的分配顺序依次为：分别支付清算费用、职工工资和劳动保险费用——缴纳所欠税款——清偿公司债务——按股东持有的股份比例分配。

4. 风险性

任何一种投资都是有风险的，股票投资也不例外。股票在交易市场上作为交易对象，同商品一样，有自己的市场行情和市场价格。由于股票价格要受到公司经营状况、供求关系、银行利率、大众心理等多种因素的影响，有很大的波动性。价格波动越大，投资风险也越大。因此，股票是一种高风险的金融产品，认购了股票，投资者既有可能获取较高的投资收益，同时也要承担较大的投资风险。

二、股票的价值和价格

（一）股票的面值、净值和市值

（1）股票的面值就是指股票的票面金额。股票的面值通常以每股为单位，股票发行公司将其资本额分为若干份额（即若干股），每一单位股份所代表的资本额，就是每股的面值。

（2）股票的净值又称资本净值，即股票的账面价值，也称为每股净资产，是用财会统计的方法计算出来的每股股票所包含的资产净值。股票净值实际是指每股股票实质拥有的资本额（或称实际价值），也可称为"含金量"。股票的资产净值属于股东享有，因此又称为"股东权益"，即无论何种形式的盈余、公益金，尽管未分发，其所有权都是属于股东的。

股份公司的账面价值越高，则股东实际拥有的资产就越多。由于账面价值是财务统计并计算的结果，数据较精确而且可信度很高，所以它是股票投资者评估和分析上市公司实力的重要依据之一。股民在了解一只股票时一定要注意上市公司的股票净值。

（3）股票的市值就是股票的市场价值，或叫市价，是指股票在交易过程中交易双方达成的成交价，通常所指的股票价格就是指市值。股票的市值直接反映着股票市场的行情，是股民购买股票的依据。由于受众多因素的影响，股票的市值经常处于变化之中。

股票最富吸引力的地方也正在于它的市值能够在不停地波动中为投资者带来差价收益。

股票市值高低变动的原因有很多，主要包括以下几点：

（1）股票发行公司的获利能力：获利能力强，则该公司的股票市值就上升；反之则下降。

（2）市场资金的供需关系：如果愿意买进的资金力量强，则市值上浮；反之，则下跌。

（3）市场股票的供需状况：股票供不应求，则市值呈上涨趋势；若股票供过于求，则市值呈下跌趋势。

股票市值的影响因素是多方面的，起主导作用的因素是整个经济环境。经济繁荣，则股票市场繁荣，自然行情看涨，股市上扬；若经济发展处于颓势，市场相对萎缩，股票市场必受牵连，因而导致需求减缩，促使股价下跌。如2008年由于金融危机，经济环境变差，全球股市应声下跌就是很好的例子。

（二）股票定价的方法

要想了解股票定价，就要研究股票的内在价值，通俗一点说就是根据基本面财务数据综合分析计算出股票的内在价值，通过股票内在价值给个股定出理论价格。在掌握了股票的理论价格之后，才可以比较理论价值与市值，然后作出买卖决策。

给股票定价一般有三种方法：

1. 市盈率法

市盈率，又称价格收益比率，它是每股价格与每股收益之间的比率，其计算公式为：

$$市盈率 = 每股价格 / 每股收益$$

如果能分别估计出股票的市盈率和每股收益，就能间接地由此公式估计出股票价格。这种评价股票价格的方法，就是市盈率估价方法。市盈率法是股票市场中确定股票内在价值最常用的方法。

2. 资产评估值法

就是把上市公司的全部资产进行评估，扣除公司的全部负债后除以总股本，得出的每股股票价值。如果该股的市值小于这个价值，则股票价值被低估；如果该股的市值大于这个价值，则股票的价格被高估。

3. 销售收入法

用上市公司的年销售收入除以上市公司的股票总市值，如果大于1，该股票价值被低估；如果小于1，该股票的价格被高估。

三、上市公司分红

（一）利润分配程序

上市公司分红是上市公司对利润进行分配的一项重要内容。公司利润主要包括公司的营业利润、投资收益和营业外收支净额。上市公司对利润进行分配必须严格按照《中华人民共和国公司法》（以下简称《公司法》）等有关法规进行。

上市公司的利润分配顺序如下：

（1）纳税。即向国家税务机关依法缴纳所得税。纳税后的净利润称为税后利润。

（2）弥补亏损。公司在上一年度存在亏损的必须弥补亏损，否则不能分红。

（3）提取法定公积金，即法定盈余公积金。《公司法》规定，公司在缴纳所得税和弥补以前年度的亏损后，应当提取10%的法定公积金。当法定公积金的累计总额相当于公司注册资本总额的50%时，可以不再提取。

（4）提取法定公益金。法定公益金主要是用于职工的集体福利方面的资金。《公司法》规定，公司应当在缴纳所得税和弥补公司的亏损后，再提取利润的5%~10%列入公司的法定公益金。

（5）提取任意盈余公积金。这部分公积金并不是法定必须提取的，可以提取也可以不提。一般是根据公司章程或者由股东大会提议进行提取。剩余利润方可作为股利向股东分红。

（6）分配优先股股息。在上市公司中，如果有优先股股东，则公司应按照一定的股息率向优先股股东分派股息。

（7）向普通股股东分配股利。公司向普通股股东分配股利时，可以采用向股东派发现金股利和股票股利的形式分红，这也是中国目前最常见的分红形式。

现金股利是指以现金形式向股东发放股利，称为派股息或派息；股票股利是指上市公司向股东无偿赠送股票，红利以股票的形式出现，又称为送红股或送股。如果派发现金，按有关税法规定，公司要代扣20%的个人所得税。

我国有关法律规定，公司当年未盈利，或者流动资产不足抵偿债务以及公司利润未扣除各项应缴纳税金、未弥补亏损、未提取法定盈余公积金和法定公益金时，均不能分红。此外，公司分红不得影响公司资产的完整性。

（二）分红的程序

上市公司分红，也要有一定的程序。

1. 公布分红预案

上市公司分红时，先要由公司董事会制定分红预案，具体确定本次分红的数量和分红的方式。安排召开股东大会或临时股东大会的时间、地点、表决方式。以上内容由公司董事会向社会公开发布。

2. 批准及宣布分红方案

董事会制定的分红预案必须经过股东大会或临时股东大会讨论，如果未能通过，就要重新修改。如果讨论通过，获得批准，则要公开公布分红方案及实施的时间。按规定，股东大会讨论分红预案时，该公司股票要停止交易一天。公司公布分红方案时，该公司股票要停止交易半天。

3. 登记股权

上市公司董事会在分红时要确定一个具体的股权登记日期，这个日期也称为过户截止日期。在这个日期收盘之前购买并持有了该公司股票的投资者，则可以列入公司的股东名册，这些投资者就是在册股东，都有权享受公司最近一次分派的股利。

4. 除息（或除权）

上市公司的股票，在分红之前其股价中包含着股利因素，因此叫含息股（或含权股）。在公司分红时，应当通过一定的技术处理将股价中的股利因素扣除掉，这种技术处理叫做股票的除息（或除权）。

公司派发现金时，要进行除息处理，送红股时要进行除权处理。股票进行除息（或除权）处理一般是在股权登记日的下一个交易日进行。股票进行除息（或除权）的这一天就叫做除息（或除权）日。按规定，当日分红的股票应当以除息（或除权）指导价作为开盘价。

计算该开盘价的计算公式如下：

除息指导价=股权登记日收盘价−股息（即每股派现金额）

除权指导价=股权登记日收盘价／[1+（平均每股送股数量）]

股份公司采用送股分红，除权后，股价高于除权指导价时叫做填权，股价低于除权指导价时叫做贴权。填权可以使投资者获利，贴权则使投资者亏损。不管是获利还是亏损，都具有一定的放大效应，因为送股后投资者持有股票的数量比分红前增加了。

5. 送股交易

根据上海证券交易所的交易规则，公司所送股份在除权日开盘前就通过计算机打入股东的股票账户，当日即可与原有的股一起进行交易。

根据深圳证券交易所的交易规则，除权日只有原有的股票可以进行交易，除权后的第三日为送股交易日，在这一日开盘前，计算机将所送股票打入股东的股票账户，当日即可进行交易。

6. 派现

在公司分红后的某一日确定为派现日，在这一天，公司自动将分派的现金红利（扣税后的）汇入股东的资金账户。

四、投资与投机

股市通常把买入股票后持有较长时间的行为，称为投资；而把短线持有行为称为投机。

投资者和投机者的区别在于：投资者选择有潜力的股票，作为长线投资，既可以享受每年的分红，股息虽然不高但是稳定持久，如果大势行情非常好还可以趁高获利套现；而投机者则热衷于短线，借暴涨暴跌之势，通过市场炒作谋求暴利，往往造成少数人一夜暴富，多数人损失惨重。

在股票市场中，只有投资收益大于投机收益，投资者才能倾向于投资而减少投机，这样，市场中投资的人数大于投机的人数，股票市场才能成为稳定、健康的投资市场，否则股票市场只能是一个投机的市场。而投资收益大于投机收益的前提是上市公司的高投资回报和高成长性。上市公司的高投资回报和高成长性又是建立在上市公司业绩不断提高的基础之上。

一般来说，投资者投资的根本目的就是追求收益最大化。在股市中，如果投资获得的收益大于投机获得的收益，投资者必然趋向于投资；如果投机获得的收益大于投资获得的收益，投资者必然倾向于投机。

投资者购买股票的主要目的是为了获得收益。投资收益根据其来源和形式的不同，又可以划分为两个主要部分。

1. 股利收益

这种收益主要是通过上市公司分红来实现的。上市公司分红又可以采用两种方式，即派现金和送红股。股利收益是投资者向上市公司投资而获得的收益，因此是一种投资收益。

2. 资本收益

这种收益也叫做股票的买卖差价收益，即投资者通过低价买进高价卖出股票所获得的收益。

买卖差价收益也分为两种不同的形式：

（1）由于上市公司具有较高的成长性，在公司业绩不断提高的基础上，其股票价格稳定增值，而使投资者获得长期的差价收益。这种收益是因投资者长期投资而获得的，是一种投资收益。

（2）投资者凭借各种影响股票价格的因素，捕捉市场机会，进行股票短线炒作而获得的短期差价收益。这种收益是投资者通过市场中短期投机的行为所得到的，是一种投机收益。

五、股票名称及代码

（一）股票的名称

股票的名称是上市公司名称的缩写，是上市公司展示自身形象最直接的窗口，并且在股市中传播最广，影响最大。如"上海石化"即表示上海石油化工股份有限公司发行的股票。

股票的名称一般要求简洁，并能最大化地传达上市公司的有关信息，识别上市公司的形象。

股票的命名有一定的原则。到目前为止，沪深两地的股票简称大多数是由四个字组成。

（1）一般前两个字反映上市公司所在地，后两个字反映公司名称。如"南京高科"是南京的一家上市公司，其全称是"南京新港高科技股份有限公司"。在特殊情况下，上交所的股票也有三个字组成的，如葛洲坝、同仁堂、哈高科、美尔雅等。

（2）对有B股的公司，通常将地名简化为第一个字，公司名称则简化为第二、第三个字，第四个字则是区分A股和B股的。如鄂武商A、深南电A、深纺织A等。也有的在深交所上市的股票并没有地名，只有三个字组成，如万科A等。

（二）股票的代码

为了便于电脑识别、使用方便，每只上市的股票都拥有各自的代码，并且股票与代码是一一对应的，股票的代码一旦确定就不能更改。

不同的交易所，所用的代码编制方法也不同。

（1）在上海证券交易所上市的证券，根据上交所"证券编码实施方案"，采用6位数编制方法，前3位数为区别证券品种，如600×××，是A股；900×××，是B股。绝大多数股票是按照上市时间排序而定的。如华电国际（600027）比中海发展（600026）上市要晚。

（2）深交所的证券代码也是6位，代码为000×××，是A股，如代码为000100是TCL集团、代码为000568是泸州老窖。

第二节 股票的种类

一、国有股、法人股与公众股

按投资主体来划分，我国上市公司的股票可以分为国有股、法人股、公众股。

不同上市公司的股票构成都不一样，有的股票国有股占较大的比例，有的上市公司没有国有股和法人股，只有社会公众股，如三无概念股飞乐音响、方正科技等。不同股票，由于其投资主体不一样，其市场表现也不一样。

（一）国有股

国有股指有权代表国家投资的部门或机构，以国有资产向公司投资所形成的股份，包括国家投资或国有资产经过评估并经国有资产管理部门确认的国有资产折算成的股份。

我国大部分股份制企业都是由原国有大中型企业改制而来的，所以，国有股在公司股权中有相当大的比重。总之，国有股的股权所有者是国家，国有股的股权由国有资产管理机构或其授权单位、主管部门行使所有权职能。

（二）法人股

法人股指企业法人或具有法人资格的事业单位和社会团体以其依法可以经营的资产向公司非上市流通股权部分投资所形成的股份。目前，在我国上市公司的股权结构中，法人股平均占20%左右。根据法人股认购的形象，可将法人股进一步分为境内发起法人股、外资法人股和募集法人股三个部分。

目前，在我国上市公司的股权结构中，法人股平均占20%左右。根据法人股认购的形象，可将法人股进一步分为境内发起法人股、外资法人股和募集法人股三个部分。

我国国有股和法人股目前还不能上市交易。国家股东和法人股东要转让股权，可以在法律允许的范围内，经证券主管部门批准，与合格的机构投资者签订转让协议，一次性完成大宗股权的转移。近年来，随着兼并收购、买壳借壳等资产重组的逐步开展，国有股和法人股的转让行为也逐渐增多。

（三）公众股

公众股也可以称为个人股，是指社会个人或股份公司内部职工以个人合法财产向公司可上市流通股权部分投资所形成的股份。

公众股有公司职工股和社会公众股两种基本形式。公司职工股是指股份公司职工在本公司公开向社会发行股票时按发行价格所认购的股份。社会公众股是指股份公司采用募集设立方式设立时向社会公众（非公司内部职工）募集的股份。

在我国进行股份制试点的初期，出现了一批定向募集股份有限公司，它们不向社会公开发行股票，只向法人和公司内部职工募集股份。内部职工股就是指内部职工作为投资者所持有的公司发行的股票。

二、A股、B股、H股、N股、S股、L股

上市公司的股票按不同的发行对象和上市地区划分，可分为A股、B股、H股、N股、S股、L股等。

A股，就是人民币普通股，是指以人民币计价，只限在我国境内发行、上市交易的股票，投资者仅限于我国境内的法人、自然人、社团机构。

B股，又称境内上市外资股，是以人民币标明股票票面价值，以外币认购，供境内外投资者买卖，在境内证券交易所上市交易的股票，也叫人民币特种股票。上交所的B股是以美元交易；深交所的B股是以港币交易。

H股，在内地注册的股份有限公司，但在香港（Hong Kong）发行并在香港证券交易所上市交易的股票。因香港英文首字母而得名。

N股，是在内地注册的股份有限公司，但在美国纽约（New York）发行并在纽约证券交易所上市交易的股票。因纽约英文首字母而得名。

S股，在内地注册的股份有限公司，但在新加坡（Singapore）交易所发行并在新加坡证券交易所上市交易的股票。因新加坡英文首字母而得名。

L股，在内地注册的股份有限公司，但在英国伦敦（London）交易所发行并在伦敦证券交易所上市交易的股票。因伦敦英文首字母而得名。

三、普通股与优先股

股票按照股东权利可以分为普通股和优先股。

（一）普通股

顾名思义，普通股就是每一股对该上市公司都拥有平等的权利，上市公司对股东享有的平等权利不得加以任何限制，股东可以随着股份有限公司利润的大小分得相应的股息的股票。普通股是构成股份公司资本的基础，是股份有限公司最基本、最重要的一种股份。

1. 普通股的基本权利

持有普通股的股民按其所持有股份比例享有以下基本权利：

（1）参与公司经营的表决权。普通股股东一般有出席股东大会的权利，有表决

权和选举权、被选举权，可以间接地参与公司的经营。

（2）参与股息红利的分配权。普通股的股利收益没有上下限，视公司经营状况好坏、利润大小而定，公司税后利润在按一定的比例提取了公积金并支付优先股股息后，再按股份比例分配给普通股股东。但如果公司亏损，则得不到股息。

（3）优先认购新股的权利。当公司资产增值，增发新股时，普通股股东有按其原有持股比例认购新股的优先权。

（4）请求召开临时股东大会的权利。

（5）公司破产后依法分配剩余财产的权利。不过这种权利要后于债权人和优先股股东权利。

2. 普通股的优点

（1）企业没有偿还股本的义务，使企业可获得长期稳定的资本来源。

（2）企业没有支付普通股息的法定义务，使得企业可以依据具体情况行事，当盈利较多时，就多支付利息；当盈利下降或公司急需资金时，就可以少付或暂停付股息。

（3）企业可利用普通股的买进或卖出来临时改变资本结构。

（4）通过普通股筹资，可以使公司免受债务人及优先股股东对经营者施加的某些限制和压力。

（5）发行普通股能有效地增加企业的贷款信用和借款能力。

3. 普通股的缺点

（1）普通股筹资花费的费用较多。

（2）向普通股东支付的股息等报酬较高。

（3）普通股增加发行时，往往会使企业原有股东的参与权被稀释，可能引起普通股价下跌。

（二）优先股

优先股在股份有限公司利润分配、清盘或解散剩余资产分配时有优先于普通股的权利。而在平时，优先股股东没有公司经营参与权，其股息率是固定的，其收益与公司的经营情况无关。

优先股的分类主要有以下几种：

1. 累积优先股和非累积优先股

累积优先股是指公司本期所获得的盈利不足以分派规定的股息时，由后期累积补付。对于非累积的优先股，虽然对于公司当期所获得的盈利有优先于普通股获得分派股息的权利，但如果当期公司所获得的盈利不足以支付股息时，非累积优先股的股东不能要求公司在以后年度中予以补付。

一般来讲，对投资者来说，累积优先股比非累积优先股具有更大的优越性。

2. 参与优先股与非参与优先股

当企业利润增大，除享受既定比率的利息外，还可以跟普通股共同参与利润分配的优先股，称为参与优先股。

除了既定股息外，不再参与利润分配的优先股，称为非参与优先股。

一般来讲，参与优先股较非参与优先股对投资者更为有利。

3. 可转换优先股与不可转换优先股

可转换的优先股是指允许优先股持有人在特定条件下把优先股转换成为一定数额的普通股。

不可转换优先股是指在任何情况下都不能转换成普通股的优先股。可转换优先股是近年来日益流行的一种优先股。

四、ST股和*ST股

（一）ST股

沪、深证券交易所根据股票上市规则，将对财务状况或其他状况出现异常的上市公司的股票进行特别处理，由于"特别处理"的英文是Special Treatment，因此这些股票就简称为ST股。

1. 财务状况出现异常

（1）上市公司经审计连续两个会计年度的净利润均为负值。

（2）在上市公司最近一个会计年度的每股净资产低于股票面值。

（3）注册会计师对最近一个会计年度的财务报告出具无法表示意见或否定意见的审计报告。

（4）最近一个会计年度经审计的股东权益扣除注册会计师、有关部门不予确认的部分，低于注册资本。

（5）最近一份经审计的财务报告对上年度利润进行调整，导致连续两个会计年度亏损。

（6）经交易所或中国证监会认定为财务状况异常的。

2. 其他状况出现异常

（1）由于自然灾害、重大事故等导致上市公司主要经营设施遭受损失，公司生产经营活动基本中止，在3个月以内不能恢复的。

（2）公司涉及负有赔偿责任的诉讼或仲裁案件，按照法院或仲裁机构的法律文书，赔偿金额累计超过上市公司最近经审计的净资产值的50%的。

（3）公司主要银行账号被冻结，影响上市公司正常经营活动的。

（4）公司出现其他异常情况，董事会认为有必要对股票交易实行特别处理的。

（5）人民法院受理公司破产案件，可能依法宣告上市公司破产的。

（6）中国证监会或交易所认定为异常状况的其他情形。

只要上市公司出现了财务状况异常或其他状况异常的中的任何一条，就要戴上ST的帽子。

3. 股票被实行特别处理期间应遵循的规则

在上市公司的股票交易被实行特别处理期间，其股票交易应遵循下列规则：

（1）股票报价日涨跌幅度限制为5%。

（2）股票名称在原股票名称前加"ST"，如ST生化。

（3）必须审计上市公司的中期报告。

由于对ST股票实行日涨跌幅度限制为5%，也在一定程度上抑制了庄家的恶意炒作。投资者对于特别处理的股票也要特别对待，具体问题具体分析，有些ST股主要是经营性亏损，那么在短期内很难通过加强管理扭亏为盈。有些ST股是由于特殊原因造成的亏损，或者有些正在进行资产重组等，像这些股票往往具有很大的投资潜力。

（二）*ST股

从2003年起，启用新的标记"*ST"来标明有退市预警的股票，如*ST华光。加上"*ST"标记的目的是使股民能够非常容易地区分哪些股票存在退市风险，哪些不存在退市风险，便于作出投资决策。

需要退市预警的股票一般至少有以下六种情形之一：

（1）公司经营连续三年亏损。

（2）财务会计报告因存在重大会计差错或虚假记载，中国证监会责令其改正，在规定期限内未对虚假财务会计报告进行改正。

（3）财务会计报告因存在重大会计差错或虚假记载，公司主动改正或被中国证监会责令改正，对以前年度财务会计报告进行追溯调整，导致最近两年连续亏损。

（4）在法定期限内未依法披露年度报告或者半年度报告。

（5）处于股票恢复上市交易日至其恢复上市后第一个年度报告披露日期间的公司。

（6）交易所认定的其他情形。

五、其他分类

（一）蓝筹股

"蓝筹"源于西方赌场，在西方赌场中，有三种颜色的筹码，其中以蓝色筹码最为值钱。投资者把那些在所属行业内占有主导地位、业绩优良、成交活跃、红利丰厚的大公司股票称为蓝筹股，蓝筹股也称为绩优股。

通常股市中所说的一、二线蓝筹股是相对而言的。比如当前沪深两市中所说的一线蓝筹股通常就是指中国石油（601857）、中国联通（600050）、宝钢股份（600019）、招商银行（600036）、长江电力（600900）、华能国际（600011）等几家在国内资本市场具有超大市值、业绩优良，并且在国内同行业具有相对垄断地位的航母级公司。

A股市场中一般所说的二线蓝筹股，是指在市值、行业地位以及知名度上略逊于以上所指的一线蓝筹股，是相对于一线蓝筹而言的。比如上海汽车（600104）、五粮液（000858）、中兴通讯（000063）等。

（二）成长股

发行这种股票的公司正处在上升阶段，其销售额和收益都在上涨，且速度快于行业的增长速度。这些公司通常有宏图伟略，注重科研，留有利润作为再投资以促进其扩张。这种股票的红利不算高，但股民看好，股价稳步上升，投资者可望从中获得较高的收益。

优质成长股则是指那些无论从公司业绩还是市场潜力来看都非常好的股票，投资者要特别关注这类股票。比如精工科技（002006）、江南化工（002226）、双鹭药业（002038）等。

（三）大盘股、小盘股

大盘股与小盘股的区别不是绝对的，通常把流通股本在10亿股以上的个股称为大盘股，比如农业银行（601288）、工商银行（601398）等；流通股本在5000万~1亿的个股称为中盘股，比如华邦制药（002004）、山东威达（002026）等；流通股本少于5000万的个股称为小盘股，比如南风股份（300004）、莱美药业（300006）等。

（四）龙头股

龙头股通常是指在某一段时期对同行业板块的其他股票具有影响和号召力的个股。比如包钢稀土（600111）曾成为2010年的稀土板块的龙头股等。

（五）新股、次新股

上市时间不满半年的股票称为新股，比如2014年9月30日新上市的重庆燃气（600917）；上市时间在一年半之内的称为次新股，比如2014年1月上市的汇金股份（300368）、安控科技（300370）等。

第三节　证券市场的参与者

证券市场的参与者包括了市场主体（证券发行人、投资者）、中介机构（证券公司、证券交易所、证券登记结算机构、证券服务机构）以及证券监督管理机构（证监会）。

一、市场主体

1. 证券发行人

市场主体包括证券发行人和投资者。

证券发行人是指为筹措资金而发行基金、债券和股票的政府机构（发行公债）、金融机构、股份公司。证券发行人是证券发行的主体，如果没有证券发行人，证券发行以及证券交易就无从谈起，证券市场也就不存在了。

2. 投资者

投资者也就是证券的购买者，即个人、企业、金融机构和基金等。人们通常把股票的投资者称为股民。根据投资者资金实力的大小，可以把股票的投资者分为散户、中户、大户和庄家。

（1）散户是指在股市中，那些投入股市资金量较小（一般来说小于20万元）的个人投资者。

（2）中户则是指投资额较大（20万~50万元）的投资人。

（3）大户则是投资金额较大的大额投资人，如财团、信托公司以及其他拥有庞大资金的集团或个人。

（4）庄家就是那些有很强资金实力的投资者，他们通过大量控制股票的流通筹码，影响甚至操纵股价，以达到盈利的目的。庄家一般是相对于散户而言的。

二、证券公司

证券的发行，一般不是发行人直接向投资者发售，而是由中介机构来代理销售。因为能够进入证券交易所参与集中竞价交易的，必须是具有证券交易所会员资格的中介机构，投资者只有通过中介机构才能到交易所交易。

这里所说的中介机构，就是证券公司，通常也称为券商。证券公司在各地开设营业网点，方便投资者参与证券交易。

证券公司是经国家主管机关批准并到有关工商行政管理局领取营业执照后专门经营证券业务的金融机构。证券公司必须在其名称中标明"证券股份有限公司"或"证券有限责任公司"字样。它具有证券交易所的会员资格，可以承销发行、自营买卖或自营兼代理买卖证券等。

我国对证券公司实行分类管理，分为综合类证券公司和经纪类证券公司（经纪类证券公司必须在其名称中标明"经纪"字样），并由证监会按照其分类颁发业务许可证。

综合类证券公司可以经营证券经纪业务（代理证券买卖）、证券自营业务（公司自己买卖证券获利）、证券承销业务（代理证券发行）。另外，一些经过认证的创新型证券公司，还具有创设权证的权限，如中信证券。

设立综合类证券公司必须具备特定的条件：注册资本最低限额为人民币5亿元；主要管理人员和业务人员必须具有证券从业资格；有固定的经营场所和合格的交易设施；有健全的管理制度和规范的自营业务与经纪业务分业管理的体系。

经纪类证券公司只允许专门从事证券经纪业务，其注册资本最低限额为人民币5000万元；主要管理人员和业务人员必须具有证券从业资格；有固定的经营场所和合格的交易设施；有健全的管理制度。

三、证券交易所

证券交易所是依据国家有关法律规定，经政府证券主管机关批准设立的集中进行证券交易的有形场所。

证券交易所的主要职责有：提供股票交易的场所和设施；制定证券交易所的业务规则；审核批准股票的上市申请；组织、监督股票交易活动；提供和管理证券交易所的股票现场信息等。

证券交易所分为公司制和会员制两种。

（一）公司制

公司制证券交易所是按股份制原则成立的，由股东出资组成的，以盈利为目的的法人团体，提供交易场所和服务人员，以便证券商的交易与交割的证券交易所。交易所利润来自于收取发行公司的上市费与证券成交的佣金。

为了保证证券交易的公平和公正，交易所本身不能参与证券买卖。在公司制证券交易所中，最高决策管理机构是董事会，董事和监事由股东大会选举产生。总经理向董事会负责，负责证券交易所的日常事务。

董事的职责是：核定重要章程及业务、财务方针；拟订预算决算及盈余分配计划；核定投资；核定参加股票交易的证券商名单；核定证券商应缴纳营业保证金、买卖经手费及其他款项的数额；核议上市股票的登记、变更、撤销、停业及上市费的征收；审定向股东大会提出的议案及报告；决定经理人员和评价委员会成员的选聘、解聘及核定其他项目。

监事的职责包括审查年度决算报告及监察业务，检查一切账目等。

（二）会员制

会员制证券交易所是由会员自愿组成，提供证券集中竞价交易场所的、不以盈利为目的的法人团体。交易所的会员必须是出资的证券经纪人或自营商，只有会员才能参加证券交易，会员对交易所缴纳会费，会员与交易所的关系是自治自律、互相约束非合同关系。

会员制交易所的最高决策管理机构是理事会，理事会由会员选举产生。理事会的职责主要有：决定政策，并由总经理负责编制预算，送请成员大会审定；维持会员纪律，对违反规定的会员给予罚款、停止营业与除名处分；批准新会员进入；核定新股票上市；决定如何将上市股票分配到交易厅专柜等。

我国内地只有两家证券交易所，都是会员制的，分别是深圳证券交易所（简称深交所）和上海证券交易所（简称上交所）。

四、证券登记结算机构

股票交易每天都会产生庞大、复杂的交易数据，投资者通过不同的证券公司向交易所发出买卖股票的信息。对于交易所全部交易记录的清算，股东变更、个人证券账户的开设、证券余额统计，需要一个机构来统一管理，于是就产生了证券登记结算机构。

证券登记结算机构是为证券的发行和交易活动办理证券登记、存管、结算业务的中介服务机构。证券登记结算机构为证券交易提供集中的登记、与结算服务，是不以盈利为目的的法人。设立证券登记结算机构必须经国务院证券监督管理机构批准。

在证券交割或交付过程中，会遇到各种风险。设立证券登记结算机构的根本目的，就在于为证券登记、托管和结算提供安全、有效和快捷的服务，提高证券交易的效率，消除证券市场风险。

证券登记结算机构履行下列职能：

（1）证券账户、结算账户的设立。

（2）证券的托管和过户。

（3）证券持有人名册登记。

（4）证券交易所上市证券交易的清算和交割。

（5）受发行人的委托派发证券权益。

（6）办理与上述业务有关的查询。

证券登记结算机构采取全国集中统一的运营方式。

五、证券服务机构

证券服务机构是指依法设立的，从事证券服务业务的法人机构。证券服务业务包括：证券投资咨询，证券发行及交易的咨询、策划、财务顾问、法律顾问及其他配套服务；证券资信评估服务等。

证券服务机构包括证券投资咨询机构、财务顾问机构、资信评级机构、资产评估机构、会计师事务所、律师事务所等。

根据我国有关法律的规定，从事证券服务业务必须得到证监会和有关主管部门的批准。在证券投资咨询机构、财务顾问机构、资信评级机构从事证券服务业务的人员，必须具备证券专业知识和从事证券业务或者证券服务业务两年以上经验。

证券投资咨询机构及其从业人员从事证券服务业务时不得有以下行为。如果有下列行为之一，给投资者带来损失的，应当依法承担赔偿责任：

（1）代理委托人从事证券投资。

（2）与委托人约定分享证券投资收益或者分担证券投资损失。

（3）买卖本咨询机构提供服务的上市公司股票。

（4）利用传播媒介或者通过其他方式提供、传播虚假或者误导投资者的信息。

（5）法律、行政法规禁止的其他行为。

从事证券服务业务的投资咨询机构和资信评级机构，应当按照国务院有关主管部门规定的标准或者收费办法收取服务费用。

证券服务机构为证券的发行、上市、交易等业务活动而制作、出具的审计报告、资产评估报告、财务顾问报告、资信评级报告或者法律意见书等文件，应当确保文件内容的真实性、准确性、完整性。如果因为制作、出具的文件有虚假记载、误导性陈述或者重大遗漏，给他人造成损失的，应当与发行人、上市公司承担连带赔偿责任，但是能够证明自己没有过错的除外。

六、证券业协会

证券业协会是证券业的自律性组织，是社会团体法人。我国证券业协会的会员分为团体会员和个人会员，团体会员为证券公司；个人会员只限于证券市场管理部门有关领导以及由证券业协会根据需要吸收从事证券研究及业务工作的专家。

1. 证券业协会应履行的职责

（1）协助证券监督管理机构教育和组织会员执行法律、行政法规。

（2）收集整理信息，为会员提供服务。

（3）依法维护会员的合法权益，向证券监督管理机构反映会员的要求和建议。

（4）制定会员应遵守的规则，组织会员单位从业人员的业务培训，开展会员间的业务交流。

（5）调解会员之间、会员与客户之间发生的证券业务纠纷。

（6）组织会员研究证券业的发展、运作及有关内容。

（7）监督、检查会员行为，对违反法律、行政法规或者协会章程的，按规定给予相应处分。

证券业协会的最高权力机构为由全体会员组成的会员大会。证券业协会章程由会员大会制定，并报国务院证券监督管理机构备案。会员大会每两年举行一次，理事会认为有必要或由1/3以上会员联名提议时，可召开临时会员大会。必要时经常务理事会决议可临时召开。证券业协会设会长、副会长。证券业协会设理事会，理事会成员依章程的规定由选举产生，每届任期两年，可连选连任。

2. 会员大会的职权

（1）制定和修改章程。

（2）审议理事会工作报告和财务报告。

（3）审议监事会工作报告。

（4）选举和罢免会员理事、监事。

（5）决定会费收缴标准。

（6）决定协会的合并、分立、终止。

（7）决定其他应由会员大会审议的事项。

会员大会须有2/3以上有表决权的会员代表出席，其决议须经到会有表决权的会员代表半数以上表决通过。但制定和修改章程以及决定协会的合并、分立、终止，须经到会有表决权的2/3以上会员代表表决通过。

七、证券监督管理机构

我国的证券监督管理机构是指证券监督管理委员会（简称证监会）。证监会是国务院直属事业单位，依法对证券市场实行监督管理，维护证券市场秩序，保障其合法运行。

1. 证监会的职责

（1）研究制定有关证券市场监督管理的规章、规则，并依法行使审批或者核准权。

（2）研究制定并监督实施从事证券业务人员的资格标准和行为准则。

（3）监管证券发行人、上市公司、证券交易所、证券公司、证券登记结算机构、证券投资基金管理公司、证券服务机构的证券业务活动。

（4）监管境内企业证券的发行、上市、交易、登记、存管、结算。

（5）监督检查证券发行、上市和交易的信息公开情况。

（6）依法对证券业协会的活动进行指导和监督。

（7）依法对违反证券市场监督管理法律、行政法规的行为进行查处。

（8）可以和其他国家或者地区的证券监督管理机构建立监督管理合作机制，实施跨境监督管理，法律、行政法规规定的其他职责。

2. 证监会依法履行职责时有权采取的措施

（1）有权对证券发行人、上市公司、证券公司、证券投资基金管理公司、证券交易所、证券服务机构、证券登记结算机构进行现场检查。

（2）有权进入涉嫌违法行为发生场所调查取证。

（3）查阅、复制与被调查事件有关的财产权登记、通讯记录等资料。

（4）查阅、复制当事人和与被调查事件有关的单位和个人的证券交易记录、登记过户记录、财务会计资料及其他相关文件和资料；对可能被转移、隐匿或者毁损的文件和资料，可予以封存。

（5）询问当事人和与被调查事件有关的单位和个人，要求其对与被调查事件有关的事项作出说明。

（6）查询当事人和与被调查事件有关的单位和个人的资金账户、证券账户和银行账户；有权冻结或者查封涉嫌转移或者隐匿违法资金、证券等涉案财产。

（7）经国务院证券监督管理机构主要负责人批准，有权限制被调查事件当事人的证券买卖，但限制的期限不得超过15个交易日；案情复杂的，可以延长15个交易日。

第四节　新股民如何入市

新股民要入市就要先知道入市的规则，包括如何开户、有哪些交易的规则、如何办理委托交易、如何清算交割与过户、如何购买新股、交易费用有哪些等。

一、开户

新股民要进行股票交易，就需要办理开户手续。

（一）如何开设证券账户

1. 证券账户及账户卡

证券账户是指证券登记机构为了对证券投资行为进行准确有效的记载、清算、交割而给证券投资者设立的专门账户；每个证券账户配发一个号码，每个号码只对应一位投资者，称为证券账户号（或称股东代码）。由于每一笔交易，都要将证券账户号码连同买卖委托一起报证券交易所，登记结算机构核算各账号的买卖记录，每个证券账户持有什么股票、持有多少就一目了然了。

证券账户卡是证券登记机构发放的，证明投资者开立了某个证券账户的有效凭证，上面印有投资者的姓名、证券账户号码和身份证号等资料。

2. 证券账户卡种类

对应于不同的市场，证券账户卡有深圳A股、深圳B股、上海A股、上海B股、基金账户卡等。基金账户卡的使用有一定局限性，国内投资者大多开设的是深圳A股、深圳B股、上海A股、上海B股账户卡4种。

（1）上海证券账户卡（A股），用于买卖在上海证券交易所挂牌上市交易的股票、基金、债券及其衍生品种（如曾经挂牌交易的配股权证、国债期货）。

（2）上海证券账户卡（B股），用于买卖在上海证券交易所挂牌的B股。

（3）深圳证券账户卡（A股），用于买卖在深圳证券交易所挂牌上市交易的股票、基金、债券及其衍生品种。

（4）深圳证券账户卡（B股），用于买卖在深圳证券交易所挂牌上市交易的B股。

由于两个交易所的证券账户卡不能通用，想同时投资在深圳及上海证券交易所挂牌的股票的投资者，必须同时分别注册上海及深圳交易所的证券账户卡。

3. 办理证券账户卡的地点

证券登记机构负责为投资者开设证券账户，并对买卖成交后的股票、资金进行清算、自动过户。

深交所、上交所中央证券登记公司都会委托地方登记机构代理证券账户的开设业务，现在有相当多的证券营业部也开设了证券账户代办业务。新股民最简单的办法是到附近的证券营业部向工作人员咨询该处是否可以代办证券账户卡。

值得注意的是证券登记公司并不代理或负责任何股票买卖的交易，去登记公司的目的是开设证券账户卡，买卖股票要到证券公司的营业部办理。

4. 个人投资者办理A股证券账户卡

（1）持本人身份证及复印件到当地证券登记机构办理。替他人代办须同时提供委托人和代办人的身份证及复印件、授权委托书。

（2）填写《深圳证券账户卡申请表》及《上海证券中央登记结算公司记名证券名册登记表》。按表格要求详细填写，其中的"股东编号"一栏由登记公司填写，投资者不用填写。

注意要填写真实的资料，包括登记日期、姓名、性别、身份证号、家庭地址、职业、学历、工作单位、联系电话等。

（3）填妥表格后即可办理证券账户卡了。

5. 机构投资者办理A股证券账户卡

机构投资者办卡时须提供：营业执照（副本）及其复印件（并加盖公章）、法人代码证、法人代表证明书、法人委托书（如果是法人代表本人前往办理可免）、开户银行名称及账号、经办人身份证及复印件。

按申请表的提示内容填好后，在指定位置盖上法人单位的公章及法人代表私章。

收费标准为：上交所为400元/户，深交所为500元/户。

6. 办理B股证券账户卡

根据我国证监会有关规定，以下人士才能办理B股证券账户卡：外国的自然人、法人和其他组织；我国港、澳、台地区的自然人、法人和其他组织；定居国外的中国公民；国务院证券委员会规定的其他投资人；拥有等值于1000美元外币（外钞、外汇）存款的境内居民。

现汇存款是指境外汇入外汇或携入的外汇票据转存境内商业银行的存款，外币现钞存款是指境内居民个人持有的外币现钞存入境内商业银行的存款。

国内居民开设B股账户，其基本步骤是：

（1）先选择好准备作为交易地点的证券营业部，到该营业部了解清楚营业部在银行开设的B股保证金账户号。

（2）凭本人有效的身份证明文件到其外汇存款银行将自己的现汇存款或外币现钞存款划入证券经营机构在同城、同行的B股保证金账户（目前暂时不允许跨行或异地划转外汇资金），要记住向银行索取进账凭证。

（3）目前，上交所B股交易结算币种为美元，深交所B股交易结算币种为港币，投资者在办理外汇划转时，应当将划出资金币种转为与证券经营机构B股保证金账户相同的币种。如果投资者外汇存款币种是港币、美元以外的其他外币，可以要求银行在办理外汇资金划转时进行币种转换。

（4）凭本人有效身份证明和本人进账凭证到证券营业部开立B股资金账户，开立B股资金账户的最低金额为等值1000美元。

（5）凭B股资金账户开户证明在该证券营业部开立B股股票账户。

国内机构投资者还不能开设B股账户。

个人投资者B股开户的收费标准为：上交所为15美元/户，深交所120港元/户。

机构投资者B股开户的收费标准为：上交所为75美元/户，深交所580港元/户。

（二）如何开设资金账户

1. 选择证券营业网点

申领完证券账户卡，投资者下一步工作是选择一家证券营业网点，与证券公司建立委托代理关系，然后才可以通过券商的交易系统下单，实现股票的买卖，这就是通常所说的到证券公司开户。

在选择证券营业网点时，要选择那些离居住地较近、交通方便、服务质量好、设备齐全、信息传输通道通畅的网点。

2. 办理开设资金账户的步骤

证券公司会为投资者开设一个资金账户（也称交易保证金账户），投资者准备购买股票的钱就保管在这个资金账户之中，买卖股票、分得现金红利、存款利息以及取款时，应收或应付的款项都会在这个账户中体现。

开设资金账户的步骤如下：

（1）个人投资者应带上本人身份证（若委托他人代办，代办人还需带上自己的身份证和授权委托书）、证券账户卡原件和复印件到自己选定的证券营业部。

机构投资者开户应提供法人营业执照及复印件、法人代表证明书、证券账户卡原件及复印件、法人授权委托书和被授权人身份证原件及复印件、单位预留印鉴。

（2）在开户柜台填写开户资料并与证券营业部签订《证券委托交易协议书》，要买卖上海交易所股票的还需填写《指定交易协议书》。如果打算今后委托他人办理证券买卖、取款事宜，必须由本人亲自到柜台，当面填写《委托授权书》。

（3）证券营业部为投资者开设资金账户。

需要开通电话委托业务和网上交易的投资者，请记住当时就签订开通协议，办理好相关手续。

3. 资金转入转出

投资者要买入股票，要先将钱存进资金账户中。投资者可以利用现金存取、银行存折转账、电话转账、网上支付的形式，机构投资者和投资大户则可以采用支票转账的形式将资金转入或转出。

二、交易规则

在证券部开立保证金账户并转入一定量的保证金后，就可以马上开始股票的交易（买卖）了。对于初涉股市的投资者，有必要了解我国内地股市的交易规则。

（一）交易时间

交易时间：每周一至周五，每天上午9：30～11：30，下午1：00～3：00。周六、周日及国内法定公众假期休市，深圳B股逢香港公众假期也休市。另外，目前新股发行中，向二级市场投资者配售部分的申购一般安排在周六。

集合竞价时间：上午9：15～9：25。

连续竞价时间：上午9：30～11：30；下午1：00～3：00。

（二）交易品种

A股、B股、基金、可转换债券、国债现货、企业债、国债回购。

（三）整数交易单位与零数委托

A股、深圳B股以100股为整数交易单位（习惯称为1手）。上海B股以1000股为单位。基金以100份基金单位为整数交易单位。

债券每张面额100元，以10张（1手）为整数交易单位。

上海国债回购以10万元面值国债（100手，1手=1000元面值）为整数交易单位，深圳则以1000元（1手）为整数交易单位。

不足整数单位的股票称为零股，零股的产生可能是由于分红、配股造成的，也可能是在买股票时，符合买入条件并成交的股票出现不足整数的现象。

不足整数单位的委托为零数委托。按现有规定，不能申报买入零股，但持有零股的，可以零股数报单卖出。

（四）报价

除上海B股以美元报价，深圳B股以港币报价，国债回购以"资金年收益率"报价，其余品种全部以人民币报价。

A股、债券、基金价格变化档位为0.01元；

上海B股价格变化档位为0.001美元；

深圳B股价格变化档位为0.01港元；

上海国债回购最小价格变动为0.005元；

深圳国债回购最小价格变动为0.01元。

（五）涨跌幅限制

自1996年12月16日起，对交易的股票（含A股、B股）、基金类证券（含受益凭证）实行日交易价格涨跌幅限制。除上市首日证券外，在一个交易日内，每只证券的交易价格相对上一个交易日收市价的涨跌幅度不得超过10%；ST类股票涨跌幅度不得超过5%；PT类股票涨幅不得超过5%，跌幅没有限制；债券（含可转换债券）没有涨跌幅限制，超过涨跌限价的委托为无效委托。

（六）价格确定

（1）开盘价：某只股票当天第一笔成交价（第一笔成交价有可能在集合竞价中产生）。

（2）收盘价：深交所以收市前3分钟内成交均价作为收市价，上交所以收市前最后1分钟的成交均价作为收市价。

三、办理委托

(一) 委托的概念和分类

投资者决定买卖股票时,需要通过电话、网络等方式向证券公司发出买卖指令,这个过程就是委托。

1. 发出买卖指令

投资者向证券公司发出买卖指令时,应当详细地说明:

(1) 买卖股票的名称或代码。

(2) 是买进还是卖出。

(3) 买卖股票的价格和数量。

上交所和深交所对于买卖股票的价格及数量都有规定。上海证券交易所和深圳证券交易所对所有的股票和基金都实行涨跌停板制度,其幅度为正负10%。当股票价格达到正10%时,称为涨停板,价格达到负10%时,称为跌停板。当日委托价格不能超过或低于前一交易日收盘价的10%,否则视为无效委托。有效价格范围就是该只证券最高限价、最低限价之间的所有价位。超出限价范围的委托则为无效委托,会自动撤单。

投资者在委托买进股票时,必须购买整数股(100股的倍数),在委托卖出股票时,可以委托卖出零股,但必须一次性卖出。

2. 委托的方式

委托的方式有四种:柜台递单委托、电脑自动委托、电话自动委托和网络委托。

(1) 柜台递单委托,是指带上自己的身份证和证券账户卡,到已开设资金账户的证券营业部柜台填写买进或卖出股票的委托书,然后由柜台的工作人员审核后执行。

(2) 电脑自动委托,是指在证券营业部大厅里的电脑上亲自输入买进或卖出股票的代码、数量和价格,由电脑来执行委托指令。

(3) 电话自动委托,就是用电话拨通开设资金账户的证券营业部柜台的电话自动委托系统,根据语音提示用电话上的数字和符号键输入想买进或卖出股票的代码、数量和价格,从而完成委托。

(4) 网络委托,就是指通过与证券柜台电脑系统联网的远程终端或互联网下达买进或卖出指令。

除了柜台递单委托方式是由柜台的工作人员确认委托者的身份外,其余3种委托方式则是通过委托者的交易密码来确认委托者的身份,投资者一定要保管好自己的交易密码,以免给自己带来不必要的损失。

（二）限价委托和市价委托

投资者委托证券公司执行买进或卖出命令时，一般有两种类型的委托，即限价委托和市价委托。

1. 限价委托

限价委托是投资者向证券经纪公司发出买卖某种股票的指令时，对买卖的价格作出限定，即在买入股票时，限定一个最高价，只允许证券经纪人按其规定的最高价或低于最高价的价格成交，在卖出股票时，则限定一个最低价。

限价委托的优点是，股票的买卖可按照投资人希望的价格或者更好的价格成交，有利于投资人实现预期投资计划。但是限价委托也有自身的局限性，需要市价与限价一致时才能成交，而且限价委托比市价委托成交速度慢，容易错失好时机。

2. 市价委托

市价委托则是投资者只指定交易数量而不给出具体的交易价格，但要求按该委托进入交易大厅或交易撮合系统时以市场上最好的价格进行交易。市价委托的好处在于它能保证即时成交。由于市价委托没有价格限制，证券经纪商执行委托命令容易，成交率高，但是投资者一般要在成交后才知道成交价格。

限价委托和市价委托各有利弊，投资者可以根据自己的习惯、对股市的把握程度、证券经纪公司的可靠度来选择。

（三）撤单

撤单就是撤回尚未成交的委托单、订单等合同性约定。

一般来说，证券商接受投资者买入或卖出股票的委托后，就要按照投资者的要求去买入或卖出股票，因此这部分资金或股票当天就必须锁定在该用途上，即使不能成交，也只有等到第二天该合同自动作废以后，这部分资金或股票才能解冻出来。如果投资者在当天要动用被锁定的资金或股票，或者对于买入或卖出的股票有变动，就要通过撤单撤销该委托，才能动用被锁定的资金或股票。

四、竞价成交

沪、深两市的竞价成交方式有两种，即集合竞价与连续竞价。

（一）集合竞价

上交所、深交所的电脑撮合系统在每个交易日的上午9：15~9：25这段时间内，只接受股票的有效委托信息而不进行撮合处理，可以撤单。在9：25电脑自动撮合，按最大成交量的原则确定股票的成交价，这个价格就是集合竞价的价格，这个成交价也是这种股票当日的开盘价。继而以此开盘参考价为成交价，对所有有效委托中能成交的委托进行撮合成交，不能成交的委托排队等待成交。这个处理过程，就是我们通常所说的集合竞价（下午开市没有集合竞价）。

有时候某种股票因买入人给出的价格低于卖出人给出的价格，就不能达成成交，那么集合竞价时成交一栏里就没有成交价。有时候有的公司要召开股东大会或发布消息而停止交易一段时间，那么集合竞价时这个公司的股票就没有成交价。在集合竞价时没有成交价的股票，它在连续竞价时第一笔的成交价格即为当日的开盘价。在每个交易日的9：25～9：30期间交易所既不接受申报，也不接受撤单，9：30开始进入连续竞价。

集合竞价时确定成交价即开盘价的步骤如下：

1. 排列买卖申报

电脑自动撮合系统对所有的买入有效申报按照委托限价由高到低的顺序排列，限价相同的按进入系统的时间先后排列；所有的卖出申报按照委托限价由低到高的顺序排列，限价相同的按进入系统的时间先后排列。

2. 根据以下原则来产生开盘参考价

（1）以此价格成交，能够得到最大成交量。

（2）高于参考价的买入申报和低于参考价的卖出申报必须全部成交。

（3）与参考价相同价位的申报，其中买入申报和卖出申报必须有一方能全部成交。

集合竞价过程中，若有一个以上价格满足以上三个条件，会产生一个以上的开盘参考价格，沪市选取这几个价格的中间价格为成交价格，深市则选取离前一个收盘价最近的价格为成交价格。

3. 撮合成交

接着以该开盘参考价为成交价逐步对排在前面的买入申报和卖出申报进行撮合成交，一直到不能成交为止。

4. 处理未成交的申报委托

对于那些参加集合竞价但未成交的申报委托继续有效，可以按原来输入的价格、时间顺序，在交易正式开始后参加连续竞价。

（二）连续竞价

连续竞价就是指对申报的每一笔买卖委托，由电脑交易系统按照两种情况产生成交价：一是最高买进申报与最低卖出申报相同，则该价格即为成交价格；二是买入申报价格高于即时揭示的最低卖出申报价格时，以即时揭示的最低卖出申报价格为成交价；卖出申报价格低于即时揭示的最高买入申报价格时，以即时揭示的最高买入申报价格为成交价。

集合竞价结束后，从9：30起开始交易（上午9：30～11：30；下午13：00～15：00），即进入连续竞价，直至收市。连续竞价期间每一笔买卖委托进入电脑自动撮合系统后，当即判断并进行不同的处理，能成交者予以成交，不能成交者等待机会成交，部分成交者则让剩余部分继续等待。按照我国目前的有关规定，在无撤单的情况下，委托当日有效。若遇到股票停牌，停牌期间的委托无效。

在连续竞价阶段，证券交易所的电脑开始对每一种股票，按照"价格优先、时间优先和数量优先"的原则，竞价成交。价格优先是指在买的一方谁出的价格高就先卖给谁，在卖的一方谁出的价格低就先让卖掉谁的；时间优先是指在同是买或同是卖的时候，在出的价格高低又一样的情况下，谁先出价就先让谁成交；就买卖双方来说，买方出价在前，就按买方的价格成交，卖方出价在前，就按卖方的价格成交；数量优先是指在价格和时间一样的情况下，谁的买卖数量大，就让谁先成交。

根据连续竞价的原则，股民若想要买入某只股票，委托价一般应略高于当时最高卖出价；股民若想卖出某种股票，委托价应略低于当时的最低买入价，这样买卖就容易成功。

五、清算交割与过户

（一）清算交割

清算交割是指股票买卖双方在证券交易所进行竞价成交以后，通过证券交易所将证券商之间的股票买卖数量和金额分别予以轧抵，其应收、应付的股票和应付金额差额由证券商确认后，在事先约定的时间内进行收付了结的行为。

一般所说的清算交割有两种情况：一是指证券商与交易所之间的清算交割。一般，证券商都必须在证交所所属的清算公司或其委托银行处开设专门清算账户，由清算公司集中清算，并以内部划账、转账等方式交割净余额股票或价款；二是指证券商与投资者之间的清算交割，双方在规定的时间内进行价款与证券的交收确认的过程，即买入方付出价款，得到证券，卖出方付出证券获得价款。

按交割日期不同，交割分为四种：

（1）当日交割，又称T+0交割。即买卖双方在成交当天完成付款交割手续，这种方式可以使买卖双方较快得到股票或现金。T+0的交割方式可以使投资者在买进股票成交后，又能马上卖出；卖出股票成交后，又能马上买进。

（2）次日交割，也称T+1交割。即在成交后的下一个交易日才能办理交割手续。

（3）例行交割，即买卖双方在成交之后，按照证券交易所的规定或惯例履行交割手续。

（4）选择交割，即买卖双方自己选择交割的日期，这种方式一般在场外交易中使用。

我国内地实行的是T+1的交割制度，股民所查询到的账户上的资金余额及股票余额均为可用数，不包括因委托买入而冻结的现金余额、因委托卖出而冻结的股票数量和当日买入成交的股票数量。卖出股票成交后的资金会及时存入资金所在的账户中，这部分资金当日即可使用。即当日买进不能当日卖出；当日卖出后资金当日到账，当日可以再次买进。

（二）过户

过户是投资者买进记名股票后，持所买股票到发行公司办理变更股东名册登记的手续。股票交易成功后，股票原持有者应在股票背面的背书栏内签名盖章，证明该股票已成为可转让过户的股票。股票买入者在卖出者转让背书后，应持身份证、印鉴、证券交易所的成交单及其他有关转让证明向股票发行公司或委托的代理机构提出办理过户申请，并填写股票过户申请书，发行公司或委托的代理机构查验过户手续齐全后，即可注销原持有人的户头，为新股东立户。

过户后，新股东即可享有发行公司的一切股东权益，记名股票的交易至此才算完成。现在的证券交易所一般都实行股票的集中保管和无纸化交易，股票的过户手续在交易成功的同时就已经由电脑自动完成，不需要专门办理股票过户手续。

六、新股的发行方式和申购流程

（一）新股的发行方式

高效、合理、公平的新股发行方式，对于证券市场的健康发展有着极其重要的作用。目前认可的新股发行方式主要有网上发行、向二级市场配售、向法人配售几种形式。

1. 网上发行

网上发行就是利用上海证券交易所或深圳证券交易所的交易网络，新股发行主承销商在证券交易所挂牌销售，投资者通过证券营业部交易系统申购的发行方式。网上发行方式分网上定价发行和网上竞价发行两种。

（1）网上定价发行是发行价格固定，采用证券交易所先进的交易系统来发行股票的发行方式。即主承销商利用证券交易所的交易系统，按已确定的发行价格向投资者发售股票。主承销商在上网定价发行前应在证券交易所设立股票发行专户和申购资金专户。申购结束后，根据实际到位资金，由证券交易所主机确认有效申购。我国目前的新股发行广泛采用此种方式。

（2）网上竞价发行是指主承销商利用证券交易所的交易系统，以自己作为唯一的"卖方"，按照发行人确定的底价将公开发行股票的数量输入其在交易所的股票发行专户，投资者作为"买方"在指定时间通过交易所会员交易柜台，以不低于发行底价的价格及限购数量，进行竞价认购的一种发行方式。

网上定价发行与网上竞价发行的不同之处有两点：一是发行价格的确定方式不同，定价发行方式事先确定价格，而竞价发行方式是事先确定发行底价，由发行时竞价决定发行价；二是认购成功者的确认方式不同，定价发行按抽签决定、竞价发行按价格优先、同等价位时间优先的原则决定。

2. 向二级市场配售

向二级市场投资者配售新股，是指在新股发行时，将一定比例的新股由上网公开发行改为向二级市场投资者配售，投资者根据其持有上市流通证券的市值和折算的申购限量，自愿申购新股。

一般来说，向二级市场配售的规定有如下内容：

（1）投资者申购新股的数量应为1000股（沪交所是1000股，深交所是500股，后同）的整数倍；每一股票账户最高申购量不得超过发行公司公开发行总量的1‰；每一股票账户只能申购一次，重复的申购视为无效申购。投资者申购新股时，无需预先缴纳申购款，但申购一经确认，不得撤销。

（2）证券交易所负责确认投资者的有效申购，并对超额申购、重复申购等无效申购予以剔除。

（3）有效申购量确认后，当有效申购总量等于拟向二级市场投资者配售的总量时，按投资者的实际申购量配售。但是当有效申购总量小于拟向二级市场投资者配售的总量时，按投资者实际申购量配售后，余额按照承销协议由承销商包销。当有效申购总量大于拟向二级市场投资者配售的总量时，证券交易所按1000股有效申购量配一个号的规则，对有效申购量连续配号。主承销商组织摇号抽签，投资者每中签一个号配售新股1000股。

（4）中签的投资者认购新股应缴纳的认购款，由证券营业部直接从其资金账户中扣缴。因投资者认购资金不足，不能认购的新股，视同放弃认购，由主承销商包销，证券营业部或其他投资者不得代为认购。

3. 向法人配售

新股发行可采用对一般投资者上网发行和对法人配售相结合的方式发行股票。法人分为两类：一类是与发行公司业务联系紧密且欲长期持有发行公司股票的法人，称为战略投资者；另一类是与发行公司无紧密联系的法人，称为一般法人。

向法人配售就是指发行人在公开发行新股时，允许一部分新股配售给法人的发行方式，它需事先向中国证监会提出发行方案，经核准后方可实施。

发行人和主承销商事先确定发行量和发行底价，通过向法人投资者询价，并根据法人投资者的预约申购情况确定最终发行价格，以同一价格向法人投资者配售和对一般投资者上网发行。根据规定，发行价格须由询价产生；发行量在8000万股以上的，对法人的配售比例原则上不应超过发行量的50%；发行量在2亿股以上的，可根据市场情况适当提高对法人配售的比例；发行人选择战略投资者，主承销商负责确定一般法人投资者，每一发行人都要给予其战略投资者一个明确细化的定义，战略投资者原则上不超过两家，并须披露其与发行人间的关系。

（二）网上申购新股流程

由于网上定价发行手续简单，费用低，现在新股除了向法人和二级市场投资者配售部分外，几乎全部都是采用这种发行方式。

1. 申购准备

在股票发行前3~5天，发行公司会在报纸上刊登《招股说明书》，第二天再刊登《发行公告》。《发行公告》上会清楚确定新股发行的具体日期、申购代码、申购价格、申购上限等。申购委托前，投资者应把申购款全额存入与交易所联网的证券营业部指定的资金账户上。

2. 投资者申购

T+0日，新股发行当天，申购者在交易时间内（上午9：30~11：30；下午13：00~15：00）可通过各种方式委托买入，根据发行价和申购数缴足申购款，申购在发行日当天结束。申购一经申报，不得撤单。投资者在申购时一定要注意，申购数量在申购上限以内、申购价格与发行价一致、申购资金与申购数量相匹配的申购才是有效申购。

3. 冻结资金、验资和配号

T+1日，各证券营业部将申购资金划入主承销商在清算银行开立的申购资金专户，由结算公司将申购资金冻结。

交易所和主承销商核查资金情况，确定有效申购账户和申购数量。交易所将根据最终的有效申购总量，按以下方法进行配号：

（1）当有效申购总量小于网上发行数量时，投资者按其有效申购量认购股票后，剩下的股票按承销协议处理。

（2）当有效申购总量等于网上发行数量时，投资者按其有效申购认购。

（3）当有效申购总量大于网上发行量时，上证所按每1000股（深交所按每500股）配一个号的规则，由交易主机自动对有效申购进行统一连续配号，将有效申购数据及申购配号记录传给各证券交易网点。

4. 摇号抽签和中签处理

T+2日，主承销商公布中签率，并根据总配号量和中签率组织摇号抽签，于次日公布中签结果。上交所每1个中签号可认购1000股（深交所可认购500股）新股。证券营业部应于抽签次日在显著位置和相关媒体公布。

中国结算上海分公司根据中签结果进行新股认购中签清算，并于当日收市后向各参与申购的证券公司发送中签数据。

5. 资金解冻

T+3日，公布中签号，对未中签的申购资金予以解冻。申购者可根据公布的中签号核对结果。

6. 网上申购时的注意要点

（1）新股认购不可以撤单，从申购日结束后的第一个交易日到第三个交易日，交易所冻结所有申购资金，所冻结资金利息归发行公司所有，而不是返还给申购者，所以参加认购前必须审慎。

（2）每个股票账户申购数量不得超过申购上限，通常为向公众发行数量的1‰，以发行公告为准，否则会被视为无效委托。

（3）除法规规定的证券账户外，一个证券账户只可以申购一次，重复申购和资金不实的申购视为无效申购。重复申购的第一次申购有效，其余的申购为无效申购。

（4）股票属于上交所的每一申购单位为1000股，申购数量应为1000股或1000股的整数倍，否则视为无效申购。深交所的每一申购单位为500股，申购数量应为500股或500股的整数倍。

（5）合同号不是抽签配号，要在申购后第三天才能查询抽签结果，通过网上交易账户即可查询。

七、交易费用如何收取

新股民入市还有必要了解交易费用的收费标准，在进行买入和卖出时，要考虑好交易成本，减少不必要的损失。

股票交易费用，一般来说有以下几种：

（一）印花税

印花税是按国家税法，在股票交易成交后对买卖双方征收的税金，国家有时会根据股市的情况调节印花税。由券商在与客户进行买卖资金清算时代扣。当前是由卖方按1‰的税率缴纳股票交易印花税，对买方则不再征收印花税。

（二）交易佣金

在每一笔股票买卖成交后，投资者需按成交金额的一定比例支付佣金，作为证券公司的经纪收入、证券交易所的交易经手费及管理机构的监管费用等。佣金一般因交易品种、交易所的不同，收费标准也不同。

上海股票、基金及深圳股票均按实际成交金额的3‰向券商支付，上海股票、深圳股票成交佣金起点为5元；债券交易佣金收取最高不超过实际成交金额的2‰，大宗交易可适当降低。

（三）过户费

过户费是投资者因需交易清算和变更股权登记，支付给证券登记结算公司的费用，一般由证券公司在与投资者进行买卖资金清算时代扣。

沪市A股过户费为成交票面金额的1‰，起点为1元，一般股票票面金额（面值）是1元，也就是说，每一股的过户费是1分钱，但是一般最低收费是1元。深市A股是免过户费的。

（四）委托费

委托费由证券公司向投资者收取，用于通信、设备、制作凭证开支的费用。一般按笔计算，交易上海股票、基金时，上海本地券商按每笔1元收费，异地券商按每笔5元收费；交易深圳股票、基金时，券商按1元收费。

（五）转托管费

转托管，又称证券转托管，是专门针对深交所上市证券托管转移的一项业务，是指投资者将其托管在某一证券商那里的深交所上市证券转到另一个证券商处托管，是投资者的一种自愿行为。转托管费用不论股数多少，统一收取30元。

（六）结算费

结算费是上交所和深交所的交易结算时所交收费，其具体费用见下表。

股票交易费用表

收费项目	上海A股	深圳A股	上海B股	深圳B股
开户费	个人：40元	个人：50元 机构：500元	个人：15美元 机构：75美元	个人：120港元 机构：580港元
印花税	成交金额的1‰	成交金额的1‰	成交金额的2‰	成交金额的2‰
佣金	小于或等于成交金额的3‰，起点：10元	小于或等于成交金额的3‰，起点：5元	成交金额的3‰	成交金额的3‰
过户费	成交面额的1‰，起点：1元	无	无	无
委托费	5元（按每笔收费）	5元（按每笔收费）	无	无
转托管费	无	30元	无	港币100.00元

注　交易费用实时在改变，投资者可以在网上获取实时的交易费用明细信息。

上海证券交易所的网址：http://www.sse.com.cn/；深圳证券交易所网址：http://www.szse.cn/

第五节 股票市场常用语

新股民要快速入门必须要了解一些股票的常用语。

一、股票及发行用语

（1）证券是表明资产所有权或债权关系、数量的凭证，可用做交易。如股票、政府公债（包括国库券）、公司债券等。

证券可以分有价证券（标明价值，如国库券）和证据证券（不标明价值或难以定价，如持有流通中的股票、期货的数额凭据）两大类。

（2）垃圾股一般指公司业绩很差的股票。通常指每股收益和净资产收益率连续几年处于负值的股票。如第一家退市的水仙电器股票。

（3）小盘股，没有统一的标准，一般约定俗成指股本比较小的股票。

（4）大盘股，没有统一的标准，一般约定俗成指股本比较大的股票。

（5）投机股，是指那些从事冒险性行业的公司的股票。这些股票有时在一段时间内上涨几倍，因而能够吸引一些投机者。新股民一定要警觉，这种股票的风险很大。

（6）投资股，指发行公司经营稳定，获利能力强，股息高的股票。

（7）白马股，是指股价已形成慢慢涨的上升通道，且还有一定上涨空间的股票。

（8）黑马股，指价格可能脱离过去的价位而在短期内大幅上涨的股票。

（9）板块股，一般指同处一个行业或同一地域概念的上市公司的股票。如科技板块、钢铁板块等。

（10）热门股，是指交易量大、流通性强、股价变动幅度较大的股票。

（11）五无概念股，俗称三无概念股。指在股本结构中无国家股、法人股、外资股、内部股、转配股，所有股份全部是社会公众股，可以全部在市场上流通。

（12）利润滚存股，就是将某年的税后利润结转到下年分配的股票，新股一般常用此方法来增加二级市场的炒作题材。

（13）股票发行，指符合条件的发行人依照法定程序向投资者募集股份的行为。

（14）路演，指上市公司发行股票时，公司领导和股票承销商向股民介绍公司情况，接受股民的咨询等。现在一般是通过互联网进行。

（15）认股权证，股票发行公司增发新股票时，发给公司原股东的以优惠价格购买一定数量股票的证书。认股权证通常都有时间限制,过时无效,在有效期内持有人可以将其卖出或转让。

(16)发行费用是指发行公司在筹备和发行股票过程中发生的费用。该费用可在股票发行溢价收入中扣除,主要包括中介机构费、上网费和其他费用。

(17)发行价格,指股份有限公司将股票公开发售给特定或非特定投资者所采用的价格。根据我国有关法规规定,股票不得以低于股票票面金额的价格发行。

(18)公开发行,与私募发行相对应,指没有特定的发行对象,面向广大投资者公开推销的发行方式。

(19)私募发行,是指面向少数特定的投资人发行证券的方式,又称不公开发行或内部发行。

(20)溢价发行,指新上市公司以高于面值的价格办理公开发行,或已上市公司以高于面值的价格办理现金增资。

(21)中间价发行,即以时价和面值的中间价作为发行价格。

(22)红利股票是以证券形式而不是以现金支付的股息。股息股票可以是发行公司的附加股票或该公司所拥有的另一公司(通常为附属公司)的股票。

(23)配股,公司发行新股时按股东所持股份数以特价(低于市价)分配认股。

(24)分红派息,是指公司以税后利润,在弥补以前年度亏损、提取法定公积金、公益金后,将剩余利润以现金或股票的方式,按股东持股比例或按公司章程规定的办法进行分配的行为。

(25)分股,又称拆股,把公司已销售的股票分成更大数量的股份。通常情况下,分股需公司董事会投票表决并取得股东们的同意,分股后,股东在公司的股权比例仍保持不变。

(26)摘牌,指上市公司因长期亏损,扭亏无望或其他原因而被停止上市交易资格。

(27)高送配,指上市公司高比例送股或配股,一般被认为这对该股二级市场的走势是利好。

(28)增发新股,指上市公司再次发行新股的行为。

二、股价用语

(1)市价总额,是指在某个特定的时间内,交易所挂牌交易全部证券(以总股本计)按当时价格计算的证券总值。可以反映该证券市场的规模大小,由于它是以各证券的发行量为权数的,所以当发行量大的证券(流通量不一定大)价格变动时对总市值影响就大。

(2)天价,是指个股或者股指由多头市场转为空头市场的最高价,或创历史的最高价。

（3）开盘价，证券交易所每个交易日开始，第一笔证券成交价格为该证券的开盘价，如开市后一段时间内（一般为半小时）无成交则以前一交易日的收盘价为当日该证券的开盘价。

某股票的当日开盘价与前一交易日收盘价持平的情况称为"开平盘"，或"平开"。某股票的当日开盘价低于前一交易日收盘价的情况称为"低开"。某股票的当日开盘价高于前一交易日收盘价的情况称为"高开"。

（4）收盘价，证券交易所每个交易日闭市前的最后一笔交易价格为该证券收盘价。

（5）均价，是指到现在为止买卖股票的平均价格。

（6）填空，指将跳空出现时没有交易的空价位补回来，以填补跳空价位。

（7）含权，凡是拥有可以享受送配权利的股票均称含权。

（8）除息，指股份公司向投资者以现金股利形式发放红利。除息前，股份公司需要事先召开股东会议确定方案、核对股东名册，除息时以在册股东名单为准。

（9）填息，除息完成后，股价往往会下降到低于除息前的股价。两者之差约等于股息。如果除息完成后，股价上涨接近或超过除息前的股价，两者的差额被弥补，就叫填息。

（10）除权，股份公司在向投资者发放股利时，除去交易中股票配股或送股的权利称为除权。除权时以规定日的在册股东名单为准。除权后股价会下降，投资者不能轻易就此作出股价处于低位的判断，而应根据股价的走势，作出正确的判断。

（11）铁底，指股价绝对不可能跌破的底部价位。

（12）突破，指股价经过一段盘档时间后，股价突破整理区间。

三、股市及参与者用语

（1）股份公司三大机构，包括公司最高权力机构——股东大会、公司的权力执行机构——董事会、公司的权力监督机构——监事会。

（2）市盈率，即股票的价格与该股上一年度每股税后利润之比（P/E），该指标是衡量股票投资价值的一种动态指标。

$$市盈率 = 普通股每股市场价格 / 普通股每股年盈利$$

市盈率低，代表投资者能够以较低价格购入以取得回报。

（3）一级市场，股票处于招募阶段，正在发行，不能上市流通的市场。

（4）二级市场，股份公司的股票发行完毕后上市可以进行买卖的市场。

（5）三板市场，三板市场的全称是"代办股份转让系统"，于2001年7月16日正式开办。作为我国多层次证券市场体系的一部分，三板市场一方面为退市后的上市公司股份提供继续流通的场所，另一方面也解决了原STAQ、NET系统历史遗留的数家公司法人股流通问题。

（6）牛市，指较长一段时间里处于上涨趋势的股票市场，也称为多头市场。牛市中，求过于供，股价上涨，对多头有利。因为价格上扬时市场热络，投资人与证券经纪人挤在狭小的证券交易所中，万头攒动，如传统牛市集的圈牛群一般壮观，故戏称之为牛市。牛在西方文化中是财富与力量的象征。

（7）熊市，人们用熊来比喻股市的下跌行情，熊市也称为空头市场。美国西部拓荒时代，美国和墨西哥边境的牛仔闲暇时常常比赛马、斗牛，或是抓灰熊来斗牛，围观下注娱乐。后来美国人就把熊和牛视为对头动物，既然多头市场称牛市，空头市场就戏称熊市。

（8）牛皮市，走势波动小，陷入盘整，成交量极低。

（9）行情，指股票的价位或股价的走势。

（10）行情牌，一些大经纪公司所设置的大型电子屏幕，可随时向客户提供股票行情。

（11）价位，指股票报价的升降单位。我国A股的价位是0.01元。

（12）交割单，由证券公司出具的每一笔买卖委托的记录。

（13）量比，是衡量相对成交量的指标。它是开市后每分钟的平均成交量与过去5个交易日每分钟平均成交量的比，它是衡量相对成交量的指标。其计算公式为：

$$量比 = 现成交总手 / [过去5个交易日平均每分钟成交量 \times 当日累计开市时间（分）]$$

当量比大于1时，说明当日每分钟的平均成交量大于过去5日的平均值，交易比过去5日火暴；当量比小于1时，说明当日成交量小于过去5日的平均水平。

（14）成交笔数，是指当天各种股票交易的次数。

（15）成交额，是指当天每种股票成交的总金额。

（16）成交量，某种证券或整个市场在一定时期内完成交易的股票数量。

（17）周转率，股票交易的股数占交易所上市流通的股票股数的百分比。

（18）换手率，指在一定时间内市场中股票总流通量中转手买卖的比率，是反映股票流通性的指标之一。

（19）黑色，一般指股市暴跌的态势。

（20）看多，是指投资者通过对市场上反应的一些信息，预计市场将向上行，是对股票未来市场行情发展的一种研判。

（21）看空，是指投资者通过对市场上反应的一些信息，预计市场将向下行，是对股票未来市场行情发展的一种研判。

（22）看平，是指投资者通过对市场上反应的一些信息，预计股价不涨不跌，是对股票未来市场行情发展的一种研判。

（23）多头，指看好股市前景，认为股价将上涨，于是先用低价买进，等股票涨到一定价位时再卖出，以获取差额收益的投资者。

（24）空头，是指认为股价已上涨到了最高点，很快便会下跌，或当股票已开始下跌时，认为还会继续下跌，趁高价时卖出的投资者。

（25）多头市场，也称牛市，指股票市场上买入者多于卖出者，股市行情看涨，延续时间较长的大升市。

（26）空头市场，也称熊市，指股价的变动情况是大跌小涨，股价呈长期下降趋势的市场。

（27）死多头，看好股市前景，认为股价一定会上涨，买进股票后，如果股价下跌，宁愿放上很长时间，不赚钱绝不脱手的投资者。

（28）短多，指对股市前途看涨，先买进股票，并在短时间内寻机卖出。

（29）新多，指新进场的多头投资者。

（30）实多，指在自有资金能力范围之内，买进股票，即使被套牢，亦不必割肉杀出的投资者。

（31）实户，指买进股票后不马上卖出，而是中长期持有以期获利者。

（32）实空，指以自己手中持有的股票放空，股价反弹时并不需要着急补回的投资者。

（33）炒手，指在股市中利用自己的资金优势拉抬或打压股价而从中牟利的职业股民。

（34）主力庄家，主力是持股数较多的机构或大户，每只股票都存在主力，但是不一定都是庄家，庄家可以操控一只股票的价格，而主力只能短期影响股价的波动。主力庄家是指一只股票中最有资金实力的深层背景的炒作集团。

（35）散户，指在股市中，那些投入股市资金量较小的个人投资者。

（36）大户，就是指大额的证券投资人，一般拥有庞大资金的集团或个人。大户可以进大户室；要是有几千万的大户，证券公司会降低佣金，以吸引客户增加交易量。

（37）战略投资者，证券监管机构对战略投资者的定义是：与发行人有紧密的业务联系，并且愿意长期持有该公司股票的企业法人。

（38）经纪人，执行客户命令，买卖证券、商品或其他财产，并为此收取佣金者。

（39）红马夹，券商在沪深证券交易所内的出市代表，负责根据指令买卖股票。因制服为红色马夹，故称为红马夹。

（40）趋势，就是股票价格市场运动的方向；趋势的方向有三个：上升方向、下降方向和水平方向。趋势的类型有主要趋势、次要趋势和短暂趋势三种。

四、交易用语

（1）场内交易，是在证券交易所内进行的证券买卖活动。

（2）场外交易，在交易所以外市场进行的证券交易总称为场外交易，也称为柜台市场、第三市场或第四市场，这里主要为发行后因不符合条件不能在交易所内上市的证券提供交易市场，为上市做好准备。场外交易是证券交易不可缺少的一部分。

（3）报价，是证券市场上交易者在某一时间内对某种证券报出的最高进价或最低出价，报价代表了买卖双方所愿意出的最高价格。进价为买者愿买进某种证券所出的价格，出价为卖者愿卖出的价格。报价的次序习惯上是报进价格在先，报出价格在后。

（4）停板，是因股票价格波动超过一定限度而停止交易。其中因股票价格上涨超过一定限度而停止交易叫"涨停板"，其中因股票价格下跌超过一定限度而停止交易叫"跌停板"。目前国内规定的A股涨跌幅度为10%，ST股的涨跌幅度是5%。

（5）成交价格决定原则，是在证券交易所中，买卖双方采用"双边拍卖"形成成交价格时所必须遵守的原则，包括比价格高的优先成交。

①时间优先。在出现相同的出价或要价时，先出价或要价者优先成交。

②价格优先。即买方出价，价格高的可以比价格低的优先成交。卖方要价，价格低的比价格高的优先成交。

③市价委托优先。市价委托比限价委托优先成交。

（6）抢帽子，抢帽子是指股市上一种短期的投机性行为。股民先低价买进预计股价要上涨的股票，然后在股价上涨到某一价位时再卖出，以获取差额利润；或者先卖出手中持有的预计股价要下跌的股票，然后在股价下跌至某一价位时，再补进所卖出的相同种类、相同数量的股票，从而也获得差额利润。这种买进卖出或卖出买进一般都在当天进行，是一种短期的投机交易行为，我国目前暂无此交易方式。从事抢帽子行为的人，称为帽客。

（7）吊空，指抢空头帽子，卖出股票，但股价当天未下跌，反而上涨，只好高价赔钱买回。

（8）对敲，也称对倒，指庄家利用自己不同的账户自买自卖，而所有权不发生转移，以达到制造成交量、迷惑散户等目的。

（9）拨档，是指持有股票的多头遇到股价下跌，并预期可能还要下跌，于是卖出股票，等待股价跌落一段差距以后，再补回，期望少赔一段差距。

（10）回档，指多头市场上，股价涨势强劲，但因上涨过快而出现回跌，这种现象称为回档。

（11）套牢，指预测股价将上涨，买进后却一路下跌，或是预测股价将下跌，于是借股放空后，却一路上涨，前者称为多头套牢，后者称为空头套牢。我国目前的套牢多指多头套牢。

（12）打底，股价由最低点回升，随后遭到空头卖压而再度跌落，但在最低点附近又获得多头支撑，如此来回多次后，便迅速脱离最低点而一路上涨。

（13）打开，股价由涨跌停板回落或翻升。

（14）打压，用非常方法，将股价大幅度压低。通常大户在打压之后便大量买进以牟取暴利。

（15）吃货，庄家在低价时暗中买进股票，叫做吃货。

（16）出货，庄家在高价时不动声色地卖出股票，称为出货。

（17）筹码，一种买进股票暂时未卖出待价而沽的俗称。如庄家手中有大量的筹码，就是指有大量的股票还没有卖出。

（18）仓位，它是指投资者买入股票所耗资金占资金总量的比例。当一个投资者的所有资金都已买入股票时就称为满仓，若不持有任何股票就称为空仓，若仅用50%的资金买入股票就称为半仓。

（19）建仓，指买入股票并有了成交结果的行为。

（20）囤仓，即买入大量股票，并不急于卖出，一般是坐庄前的准备。

（21）倒仓，指庄家自身不同账户或庄家之间股票筹码的转移。

（22）补仓，在上涨时更加看好后市或在下跌时为了摊低成本，而再次买入原先已经持有的股票。

（23）平仓，一般指买进股票后，股价上涨有盈利后卖出股票并有了成交结果的行为。

（24）斩仓，一般指买进股票后，股价开始下跌造成亏损后，卖出股票，并有了成交结果的行为。

（25）全仓，买卖股票不分批分次，而是一次性建仓或一次性平仓、斩仓并有了成交结果的行为。如一次性买进深发展（000001）6000股，卖出时，也一次性卖出6000股，并先后顺利成交。

（26）多头陷阱，即为多头设置的陷阱，通常发生在指数或股价屡创新高点，并迅速突破原来的指数区且达到新高点，随后迅速滑落跌破以前的支撑位，结果使在高位买进的投资者严重被套。

（27）空头陷阱，通常出现在指数或股价从高位区以高成交量跌至一个新的低点区，并造成向下突破假象，使恐慌性抛盘涌出后迅速回升至原先的密集成交区，并向上突破原压力线，使在低点卖出者踏空。

（28）空翻多，原本做空头者，改变看法，把卖出的股票买回，有时还买进更多的股票，这种行为称为空翻多。

（29）空杀空，普遍认为当天股价将下跌，于是都抢空头帽子，然而股价却没有大幅下跌，无法低价买进，收市前，只好纷纷补进，因而反使股价在收盘时大幅度升高的情形。

（30）多翻空，原本看好行情的多头，改变看法，卖出手中的股票，这种行为称为翻空或多翻空。

（31）多杀多，普遍认为当天股价将上涨，于是抢多头帽子的人持多，然而股价却没有大幅上涨，无法高价卖出，等到交易快要结束时，竞相卖出，因而造成收盘时股价大幅下挫的情形。

（32）利多，是指刺激股价上涨的信息，如股票上市公司经营业绩好转、银行利率降低、社会资金充足、银行信贷资金放宽、市场繁荣等以及其他政治、经济、军事、外交等方面对股价上涨有利的信息。

（33）利空，凡对空头有利，促使股价下跌的因素或信息称为利空。

（34）诱多，指主力、庄家有意制造股价上涨的假象，诱使投资者买入，结果股价不涨反跌，让跟进做多的投资者套牢的一种市场行为。

（35）诱空，指主力、庄家有意制造股价下跌的假象，诱使投资者卖出，结果股价不跌反涨，让卖出的投资者踏空的一种市场行为。

（36）轧多，空头对多头的打击。当多头认为股市会继续上升时，他们的仓位较重。此时，空头实施强大的抛压，一举将股价打下来，让多头损失惨重。

（37）轧空，多头对空头的打击。当空头认为股市会继续下跌时，他们基本是空仓。此时，多头实施强大攻击，一举将股价推升，让空头失去进场机会。

（38）踏空，一直认为股市会继续下跌并没有建仓，结果股市一路上涨，失去了一次赚钱的机会。

（39）割肉，现在股市上通常将股票以低于买入价卖出的现象称为割肉。

（40）挂出，就是挂单卖出，即以高于现价、买入价的价格委托卖出，用在不急于成交、主力洗盘的情况，有时主力的挂单只是为了让散户看到，并不是真的想卖出。

（41）挂进，就是挂单买进，即以低于现价、卖出价的价格委托买进，用在不急于成交、控制成本的情况，有时主力的挂单只是为了让散户看到，并不是真的想买进。

（42）关卡，股市受利多信息的影响，股价上涨至某一价格时，做多头的认为有利可图，便大量卖出，使股价至此停止上升，甚至出现回跌。股市上一般将这种遇到阻力时的价位称为关卡，股价上升时的关卡称为阻力线。

（43）惯压，指庄家用非常手法，将股价大幅度压低的做法，通常在大幅压低股价之后便大量买进以牟取暴利。

（44）抢搭车，指投资者于股价稍微上涨时立即买进，后股价大涨而获利的行为。

（45）抬轿子，在别人早已买进后才醒悟，在股价涨幅比较大时也跟着买进，结果把股价抬高让他人获利，而自己无利可图。

（46）抬拉，抬拉是用非常方法，将股价大幅度抬起。

（47）下轿子，坐轿客逢高获利了结为下轿子。

（48）线仙，指精于以K线图分析和研判大势的老手。

（49）游资，指在各种资本市场上频繁流动，专以投资套利为目的的资金。

（50）老鼠仓，指操盘手在为公司操盘时，同时用自己个人的资金跟随炒作，从中获利。

五、盘口用语

（1）盘口，具体到个股买进、卖出5个档位的交易信息。

（2）盘体，描述股市行情整体态势的俗称。

（3）盘坚，股价缓慢上涨，称为盘坚。

（4）盘软，指当天股价缓慢盘旋下跌。

（5）盘整，指股价经过一段急速的上涨或下跌后，遇到阻力或支撑，因而开始小幅度上下变动。

（6）死叉，指短期移动平均线向下穿过中期移动平均线或短期、中期移动平均线同时向下穿过长期移动平均线的走势图形。此交叉点意味着股价要下跌，应该及时平仓。

（7）金叉，是指短期均线在下方向上穿越时长期均线，然后这两根均线方向均朝上，则此均线组合为"均线金叉"，反之为"均线死叉"。

（8）买盘，买入股票的资金意愿和实际表现行为。如主力看好实益达（002137），于是大量买入该股，在盘口上显示资金正在介入该股，买盘比较积极。

（9）卖盘，卖出股票的资金意愿和实际行为。如主力看淡实益达，于是大量卖出该股，在盘口上显示资金正在撤离该股，卖盘比较积极。

（10）平盘，股价基本上没涨没跌，称作平盘报收。

（11）全盘尽黑，指所有的股票均下跌，亦称长黑。

（12）洗盘，做手为达到炒作目的，必须于途中让低价买进、意志不坚的坐轿客下轿，以减轻上档压力，同时让持股者的平均价位升高，以利于施行养、套、杀的手段。

（13）砸盘，是洗盘的一种方式，主力在向上拉升前将股价先打低，使获利盘、止损盘恐慌出局，以减少日后拉升时的抛压。砸盘分为两种，一种是上升过程中，庄家要对跟风筹码做一次清洗，在某个价格大幅度抛空股票，造成下跌假象，引诱散户和跟风者卖出；另一种发生在某个股票庄家完成了坐庄的目的，股价相当高的时候，庄家通过大幅度抛出股票砸盘，达到出逃的目的。

（14）崩盘，指由于某种原因，造成股票被大量抛出，从而导致股价无限度下跌，何时停止难以预料的情况。

（15）红盘，当日收盘价高于前一日收盘价，称作红盘报收。

（16）护盘，指主力在市场低迷时买进股票，带动中、小投资者跟进，以刺激股价上涨的一种操作手法。

（17）整理，是指股价经过一段急剧上涨或下跌后，开始小幅度波动，进入稳定变动阶段，这种现象称为整理，整理是下一次大变动的准备阶段。

（18）高开，指股票当日的开盘价高于前一日的收盘价。

（19）低开，指当日开盘价低于前一日收盘价，但未低于最低价的现象。

（20）开低盘，是指当日开盘价比前一日收盘价低出许多。

（21）开平盘，指当日的开盘价与前一营业日的收盘价相同。

（22）拉高收盘，指主力在尾市收盘时快速将股价拉高，一般会形成一个光头或上影线较短的阳线。

（23）跳空低开，指当日开盘价格低于前一日最低价格的现象。

（24）跳空高开，指当日开盘价格超过前一日最高价格的现象。

（25）跳空缺口，指当日开盘价格超过前一日最高价格或当日开盘价格低于前一日最低价格的空间价位。

（26）跳水，指股价在短时间内快速深幅下跌。

（27）扫盘，指主力不计代价和成本将盘面上的筹码全部吃掉。

（28）多头排列，短期均线上穿中期均线，中期均线上穿长期均线，整个均线系统形成向上发散态势，显示空头的气势。

（29）反弹，在空头市场上，股价处于下跌趋势中，会因股价下跌过快而出现回升，以调整价位，这种现象称为反弹。

（30）反转，朝原来趋势的相反方向移动分为向上反转和向下反转。指股价由多头行情转为空头行情，或由空头行情转为多头行情。

（31）拉抬，利用大量买入将股价拉起来，主要想拉高出货。

（32）露单，原先不在买（卖）一、买（卖）二、买（卖）三、买（卖）四、买（卖）五的买（卖）单因价格变动成为买（卖）一、买（卖）二、买（卖）三、买（卖）四、买（卖）五，显露在盘面上。

（33）杀跌，指在股价下跌时抛出股票，使股价继续下跌。

（34）升高盘，是当日指开盘价比前一日收盘价高出许多。

（35）试盘，是指主力吸货完毕之后，并不是马上进入拉升状态。虽然此时提升的心情十分急切，但还要最后一次对盘口进行全面的试验。

（36）探底，股价持续跌至某价位时便止跌回升，如此一次或数次。

【新股民寄语】

新股民要想进入股市，首先要了解股市，通晓股市的各种知识，才能揭开股市的神秘面纱，从而走近股市。

股票和股市的各种知识是新股民进行股票操作的基础，只有了解了股票是什么、股市有哪些人参与、股市是如何运作的，新股民才能找准自己在股市中的位置。

第二章
新股民炒股成功法则

新股民要想在股市中获利，就要在入市前做好充分的准备，学习炒股的一些成功法则。这些法则包括拥有良好的心态、培养科学的炒股思维、学习投资方法、防范投资风险以及掌握一些炒股的绝招。

第一节　调整炒股心态

很多股民初入股市，没有调整好心态，既害怕股价跌也害怕股价升，心情焦急，理不清投资的思路与方法，胡乱跟风买进卖出。手续费花费不少，可是账面上不见赚，只见亏。炒股如果炒到这样每天心惊胆战、寝食不安的地步，那么不炒也罢。

其实，在股市中心态非常重要，投资者要想在证券市场的风云变幻中稳如泰山，适时作出明智的选择，就必须不断地培养和锻炼自己的心理素质，养成良好的心态。

一、股市不是赌场

股市不是赌场，炒股也不是赌博。新股民一定要记住这一点，以免滑入炒股即赌博的怪圈中。

赚取更多的财富，使生活稳定，无后顾之忧，随心地做自己想做的事，这几乎是每一个人的梦想。投资者切忌抱着搏一把的心态入市，赌博与投资之间只有一层薄纸，掌握不好尺度就会"失之毫厘，谬以千里"。

其实，股市虽说变化无常，但是只要肯分析、研究，股价的预测是有规律可循的，而这同赌场中的碰运气不同。有经验的投资者理性的权衡风险与收益之后，往往会牺牲眼前的利益以期望获得更大的收益；而没有耐心、感情用事的投资者则是凭一时的冲动去买卖股票，还有那些抱着赌博心态的投资者，贪心很重，赚钱了还想更赚，赔了不甘心，不知何时该进，何时该出，结果是赔得一塌糊涂。

投资活动是一盘永远也下不完的棋，成功者要像棋坛高手一样，要沉得住气，在有效地付出的保障下，一定会得到回报。

二、炒股要有"三心"

炒股要有"三心"——信心、耐心、平常心。

（一）信心

信心是成功的基础。炒股信心尤为重要，若缺乏信心，就会显得犹豫不决而痛失良机，患得患失的人是不适合做股票的。

投资者的信心来自两个方面：

（1）投资者要对自己的判断与决策有信心，要相信自己的分析能力，一旦作出决策，就坚定不移地按照自己既定的目标去做，绝不动摇。

（2）投资者要对证券市场的发展有信心。市场上经常会出现一些反常现象，那是正常的。没有哪个投资者在市场中常胜不败，就是投资大师巴菲特也有犯错误的时候，但千万不要因为暂时的挫折而丧失斗志。

投资者的信心，是建立在一定投资交易经验和个人的能力基础之上的。只有当投资者在操作实践中积累了经验，对市场运作有深刻的理解，能够掌握充分的市场资料，并且具备较高的分析判断能力，自信心才是有意义的。如果投资者只是捕风捉影地作出判断、决策，并且固执己见、一意孤行，那往往意味着蛮干，并不是真正有自信的表现。

（二）耐心

股市上后悔的人和事不胜枚举。建仓早了，后悔没买到最低价；出货早了，后悔没卖到最高价；跌了，后悔没有及时清仓；涨了，后悔没有马上跟进。后悔，是人们投资股票时的通病。做股票，难免会后悔，只有靠耐心和智慧，才可能把后悔减少到最低程度。

股票投资的报酬，很大程度上就是忍耐和等待的回报。市场行情的升降起落，并不是一朝一夕就能完成的。多头市场的形成是这样，空头市场的形成也是如此。因此，当一个市场的主要趋势没有形成之前，投资者不可轻举妄动，也不可为一点点的利润而动心，以避免在杀进杀出中做出冲动性的操作。聪明的投资者应耐心、冷静地审视股市的发展变化，适时采取行动，不鲁莽行动。

（三）平常心

浮躁是炒股之大忌。凡亏损严重的股民，都是由浮躁心态导致的。炒股票也要讲究"涨跌不动，盈亏不惊"的平常心的修养。

作为一个成熟的股民，应以胜不骄、败不馁的平常心来理性操盘。我们看到，因炒股亏本自杀的股民不乏其人；也曾听到，某人因新股认购中签盈利而狂喜过度，导致心脏病发作猝死。缺乏平常心的投资者应远离股市。

在股市中打滚，就要视盈亏为平常事，不要计较一时得失。盈利了高兴，但要总结经验；亏损了，也不必计较，只当花钱买教训，分析判断失误的原因在哪里，吃一堑长一智。

做股票，急功近利想到股市来发横财者却常常空手而归，那些把做股票当成一种娱乐、学习、休闲的人却往往财运亨通，得来全不费工夫。所以说平常心是股战中最有效的武器之一。

三、炒股要有决断力

投资者不可忽视决断力这一心理素质。股市中的机会往往是转瞬即逝的，投资者如果未能及时抓住时机，等待他的不是懊悔，就是亏损。

股市上有的是机会，投资者经过对市场行情的仔细研判，就能够发现较好的买入或卖出的时机。这时，有没有决断就成为投资成败的关键所在。看准时机果断入市买卖，就会成功；但机会并不等人，稍纵即逝，有的人虽然发现了极佳的买卖时机，却瞻前顾后、犹豫不决，就有可能错过良机。特别在一轮刚刚上升的行情中，开始阶段，投资者把握不准，不愿追进，眼巴巴地看着股票大涨特涨，到了一定地步，终于忍受不住诱惑在高位追进，结果被套牢；在被某个股票套牢之后，有些投资者同样会犯犹豫不决的毛病，迟疑再三，屡屡错失割肉良机，最终导致被深度套牢。

在股市中，不仅要经过事先认真分析，然后果断做出决定，还要严格坚守之前明智的分析和理智的决定，不能三心二意。

其实，股票投资也和做其他生意的道理一样，特别是在所持有的股票出现亏损时更应该辨明行情，当断即断，抛出获利无望反而可能带来亏损的股票，以避免带来更大的损失。

四、炒股要独立判断

股票投资是一种风险投资，赔、赚常在一瞬间。市场上存在各种各样的投资者，他人的言行往往对个人投资者有很大影响。

目前，各种有股评的网站、电视、报刊、电台栏目或节目都很多，所谓"股评家"更是多如牛毛。在同一时间内，对前景总有人看好，有人看坏。甚至有些人为了配合自己的炒作行为，故意散布假消息。

"与其临渊羡鱼，不如退而结网"，要想通过股票投资赚钱，投资者需要有独立判断的精神，不能听风就是雨，要有独立分析和判断能力。比方说，庄家吸货和洗盘时往往借助传媒唱空，投资者就要看看盘面动态是跌时量大还是涨时量大，是散户卖大户买，还是大户卖散户买；庄家出货时往往借助传媒唱多，实际情况究竟如何，投资者也要对照盘面情况进行分析，千万别偏听偏信，以致上当受骗。

一些刚入市的新股民常常因为对自己没有把握，非常关注别人的买卖，特别是当自己亏损时，往往会不考虑当时的行情就跟着买卖，然而跟在"瞎子"的后面就会同样盲目。一定要记住求人不如求己，路总要靠自己去走，股市中也一样。

五、炒股要控制情绪

投资股票，情绪的控制很重要。尤其是在投资失败之后，投资者更要注意控制自己的情绪，以免因为情绪的失控而作出不理智的投资决策。

有的人在底部踏空后，情绪失控。当大盘反弹到波段中位或高位时，手忙脚乱，急于弥补损失，全线买进在整轮跌势中不跌反涨的高价强势股，试图搏一下。谁知，刚买进，就量增价滞，大盘行情就夭折了，所买的个股跳水更厉害，结果落得一场空。

股市随时都有波动，想要翻本，机会常常有，但是投资者千万不要白交手续费和印花税。在作出买卖决定前，要进行研判、观察和分析。就算趋势已改变，或大环境已风云变色时，也不要着急，要静下心来修正自己的观念和策略，储备实力，等待日后东山再起。

六、炒股要有个人特点

成功的投资人，不管是在操作方法、投资经验还是对股市的了解及专业知识上，必然都有自己的一套。

要学习投资大师的投资方法是很困难的，因为他们往往会在不同的地方说不同的话，甚至会作出与先前所言相反的决定。投资大师对投资的看法，也会常常前后不一致。如果有的投资者不只相信一位投资大师，更会发现不同的大师有不同的建议，可能还相互矛盾，光是分辨谁对谁错就很困难了。

所以新股民要了解自己的个性，要有自己的投资特点。对大多数人而言，个性当然不可能完全标准地刚好属于其中某一种，一点都没有其他类型的特质。但是只要抓住自己个性中的主要点，就能找到适合自己的投资方法。

还要特别谨慎的是，如果投资者的资金有限或投资期限不长，在选择风险较高的投资方法时，一定要非常小心。不管选用哪一种有个人特色的投资方法，都必须密切注意比较操作绩效和大盘的表现。比较结果，就能看出所选用的投资方法，是否真符合自己的投资逻辑及个性。

七、克服盲目跟风

盲目跟风是一种很常见的股民心态，许多新股民因为自己没有经验，对行情无法把握，就会盲目跟从他人。这种投资者往往是一方面对股价的狂涨暴跌起了推波助澜的作用，另一方面也易上那些在股市中兴风作浪的人的当，而给自己造成损失。

在股票市场上，许多投资者喜欢扎堆凑热闹，这样更有安全感，觉得这么多人都买的股票是不会下跌的。当然，他们没有想到，股票涨到一定价位时，早晚要跌下来的，而且涨得越高，跌得越狠。如果投资者不了解上市公司的情况和股市行情，只凭热情盲目跟进，那么，有朝一日会摔得爬不起来。在股市上，每个人的财产、毅力都不同，对股市动态与结构的了解、分析不同，上涨的股票中可能有大户或主力在操纵，一旦时机成熟，他们就乘势脱手，"站岗"的就是盲目跟进的散户。

股市之中时常有风云突变，还会有虚实参半、令人无所适从的消息，股民一定要有自主判断、自主决策的能力，避免"人买亦买，人亏亦亏"。股市中，真理不会因为人们的蜂拥而上就掌握在多数人的手中，因此一定不要盲目跟风。

八、克服贪婪与恐惧

在股市中，多数股民一向容易涨时贪婪，跌时恐惧。

股市中流行的一句话概括得好："多头空头都能赚钱，唯有贪心不能赚钱。"投资者的目的都是为了赚钱，但是一定要克服贪婪，否则常常会因为贪婪造成"扭盈为亏"的局面。

股市中贪婪的本质就是：在多头市场，总想以更低的价格买入；在空头市场，总想以更高的价格卖出。但是这样往往会错失良机。无数事例证明，要在股市立足并取得成功，不克服贪婪是不可能的，贪婪是股市获利最大的拦路虎。

许多人为了多赚一点，往往死等一只股票涨到最高点，其实这是非常危险的。首先，谁也不会准确知道到底最高点会在何时出现。其次，与其苦等这一只股票再涨一点，不如卖掉它赶紧再买一些处于低价位的股票，待其攀升一段后再卖掉。这种做法可以在同样长的时间稳赚两笔。不但保住了可以到手的利润，而且充分利用了时间——这一股市中另一可以用金钱来衡量的因素，同时还可能获得更大的利润。

在充满竞争的股市中没有常胜将军，许多人又总是敢赢不敢输。如何面对输的事实并尽力把损失减到最小，就是要在投资过程中注意的问题。

输这个事实不是不面对就会自动消失的，相反，越是不敢正视它，后果就会越严重。所以应当克服对输的恐惧，主动出击，当断则断，把无望回升的股票趁早抛掉。大势已去的股票不会因为投资者一厢情愿地等下去而反弹，这种自欺欺人的做法只会招致更大的损失。

股市买卖不外乎赚和赔，只要通过自己的指标分析，出现买点就毫不犹豫地买，出现卖点就毫不犹豫地卖。如果买了怕再跌亏本，卖了又嫌赚少了，就势必坐失良机。事实上，能在见底时进、见顶时出的投资者，是非常少的。

做股票由于判断失误而导致亏损是很正常的事情。失误、亏损并不可怕，可怕的是失误之后找不出其中的原因和教训，乃至一再重犯同样的错误。更可怕的是"一朝被蛇咬，十年怕井绳"，亏损之后心虚胆怯，连该赚的钱也不敢大胆地赚了。其结果是跌时亏老本，涨时不赚钱。

所以请记住股神巴菲特的话：在别人贪婪时我恐惧，在别人恐惧时我贪婪。

第二节 树立正确的炒股理念

要想在股市上有所收获，必须树立正确的炒股理念，从本质上认识股票的价值。

一、股民在股市赔钱的原因

股市是有风险的，股民投资股市肯定是有赚有赔。股民赔钱的原因主要有以下几个方面：

（1）股市整体下跌。股市整体下跌使股市中的大多数股民都遭受损失。

（2）买到高价位股。许多股民在较高价位上购买股票后，欲等行情继续上涨到有利可图时再卖出，但如果高价买到手后却抛不出去，就会被套牢，蒙受惨重损失。

（3）借钱炒股。股民大都是带着发财的梦想进入股市的。由于股民们脑海里想的都是股票上涨时如何赚钱，而对股市的风险却认识不足，因此，总希望用更多的钱来赚钱，就是借钱炒股也在所不惜。一旦股市下跌，借来的钱又到期了，为了归还借来的钱，只有割肉。因此，股民炒股一定要量力而行，千万不要借钱炒股。

（4）急于求成。股民没有经过充分的研究和准备，没有学习基本技巧，一头扎进股市，就想大赚特赚。

（5）不懂选股的标准。一些股民盲目地去买一大堆便宜的股票，也有一些股民根据所谓的内幕、小道消息和某些顾问公司的建议来买股票，还有一些股民喜欢买名字熟悉公司的股票，也有一些股民只买市盈率低的股票，或者只买绩优股，或者只买科技股。这些都是不可取的标准。

（6）死守亏损，快速兑现。一些股民在损失还小比较合理的时候，不愿了断，一厢情愿地死守，直到亏损不断扩大才抛出。然而在有收益的时候，却急于很快兑现。赚钱的股票总是很快就卖掉，亏钱的总是死守着，这与正确的投资程序正好背道而驰。

（7）主观看待股票。股民总带有主观愿望和喜好，凭自己的主观愿望决策，往往忽视了市场的信号。

（8）有坚守股票不赔本的想法。一些股民往往要不亏本才肯卖出手中的股票，投资的钱一定要有相当比例的回收，一定要做得比别人有成效。这些都是不正常的投资心理。

（9）坚持在谷底买进，峰顶卖出。有些投资者往往想着应该在更低价时才买进，应该在价钱很高时才脱手，结果错失买卖的良机。

二、做好投资准备

投资之前一定要做好充分的准备，包括资金和知识的准备。

（一）资金准备

投资者在投资前应该做一下家庭和个人的经济预算。投资者至少应有充分的银行存款以维持一段时间的正常生活以及应付其他的临时急用开支，然后才可以将多余的钱用来投资。

此外，投资者不应在负债的情况下投资，因为投资的收益是没有保障的。

（二）知识准备

一个成功的投资者在知识准备上，首先需要学习和了解政府的经济和证券相关政策，了解《中华人民共和国证券法》及其他法规。知法、懂法、守法，并关注国内外形势。

其次，要掌握股票的基本常识、买卖股票的规则以及买卖股票的技巧等知识，学会从基本面和技术面来分析股票的走势，通过对决定股票投资价值和价格的基本要素——如宏观经济指标、经济政策导向、行业发展状况、公司的经营状况等进行分析以及通过股票的价格、成交量等的变化，判断股票价格的未来走势。

（三）制订投资计划

从投身股市的那一天起，投资者就要不断告诫自己，对任何一笔买卖行为都尽可能事先订出计划，避免在市场中受情绪的左右，因冲动而作出错误的买卖决定。

制订计划，首先要确立自己的目标。如果目标不明确，投资者的心理就会经受种种欲望的冲击，在这种心理环境下，肯定不能做出成功的投资决策。所以，在交易或投资活动中，必须确定特定的目标比如投资哪种股票，股价的范围是多少，投资的收益在多长时间内达到怎样的效果等。投资目标的确立有助于在投资出现问题时，能更客观地分析投资失败的原因，从而总结教训，为下一次的成功投资做准备。

其次，就要开始制订投资计划。一个详细的投资计划包括三方面的内容：价格的分析及预测、时机的把握和资金的运用。这三方面的内容都变数很多，很重要又最不易掌握，一切有待于在实践中循序渐进地成熟起来。

制订计划可以使人放缓操作节奏，减少失误；还能使人更深入地了解个股的情况，对个股越熟悉，就越有把握；对重复性的错误，记忆也越深刻。

计划实施后，即股票买入卖出之后要及时进行总结，要想一想计划制订得是否客观、科学，与事实有哪些出入，买进卖出的理由是否充分，止损点设计得是否合理，钱赚得是否稳当，亏损是怎样出现的等。把成功的经验与失败的教训记录下来，以供未来操作时作参考。因此，事后的总结也是贯彻执行计划的一个必要程序，是千万不可以忽视的。

三、建立正确的投资思路

投资者在入市之前一定要有一个基本正确的投资思路，这是非常重要的，也可以说是投资成败的关键。

其实投资股市就像是做生意，要对其基本面的发展状况及自身状况、财力状况等做详细分析，理出一个正确的思路，有了可行性方案之后，再着手大力推进，这样风险就会小得多，而成功的机会就会大得多。

一般来说，按消息来做的人，基本思路就是消息一定要准、要及时；按基本面做的人，则必须对企业的基本资料非常熟悉，对企业的投资方向和发展前景非常了解；按技术面来做的人，则必须对某种或某几种技术指标把握得非常准确，能通过技术指标的变化看出关键问题所在，防止技术陷阱，找到解决问题的方法。

投资者一旦有了自己的投资思路，一定要长期坚持。倘若一开始用基本面做中长线，而后转用技术面做短线，则存在行情启动时，错过好机会。也有人消息不灵了，就改用技术，而技术不行时，就想从基本面寻找支持，如此一拖再拖，自然就进入了漫漫熊市。

其实，股市中讲究的是风水轮流转，只要能把握到位，任何一种投资思路都有赚钱的机会。

四、多空双管齐下

做股票时，只有两种角色可以扮演，要么做空头，要么做多头。其实，在真正炒股时，股民既要做多头，又要做空头。

在一波大牛市中，顺势而为做多头当然是对的，但是再强劲的多头行情也总有结束的一天。由于投资者思维的惯性，要扭转思维比较困难。在大牛市中，多头尝尽了甜头，强大的思维惯性使得在大牛市中的多头情结达到顶峰，似乎股市只会上升不会下跌。即使下跌真的来临了，死多头也视而不见，认为这只是牛市中简单的调整，以致在反弹出货的良机到来时仍然死抱股票不放手。

而到了熊市，股市一跌再跌，多头们个个都在市场中跌得鼻青脸肿，空头们则躲在一旁看笑话。直到跌得死多头认赔出局，股价被拦腰刀斩，行情才可能出现转机。在此期间，空头千万别忘了在合适的时机杀回股市，毕竟再大的熊市也有熊到头的一天。

在多头市场运行了一大段时间，股指也有很大升幅之后，这时就应逐渐将多头思维转为空头思维——具体地说，就是建仓的胆子要小一些，因为此时套牢的风险远远大于踏空的风险；反之，在空头市场运行了较长时间，股指也有较大跌幅之时，就应逐渐转为多头思维，此时建仓的胆子要大一些，因为时一波好的行情很有可能到来。这就是股市中所谓的"牛小心"与"熊大胆"。

第三节　成功的投资方法

股民都希望以最小的风险换取最大的收益，但在实际的投资中却往往不能如愿以偿。理智的股民如果能正确认识并预测风险，有效地防范各种可能发生的风险，就能使自己的收益得到保障。防范风险最好的方式就是要学会各种正确的投资方法。

一、投资三分法

投资三分法是指投资者将其可支配的全部资产分配在不同投资领域的一种投资方法。其具体操作为：将全部资产的1/3存入银行以备不时之需，1/3用来购置房产等不动产，1/3用来购买债券、股票等有价证券。在这种投资组合中，存入银行的资产具有较高的安全性和变现力，但收益较低；购置房产等不动产的资产具有较好的保值性，但变现力较差；购买债券、股票的资产具有较好的收益性，但风险较高。如果投资者将全部资产合理地分配在这三种投资形式上，则可以相互补充，相得益彰。

投资股票也可以实行三分法。一部分购买债券，另一部分投资于普通股，剩下的一部分作为预备或准备金，以备机动运用。这样的三分法中，投资于债券的部分虽然获利不大，但比较安全可靠；购买股票虽然风险较高，但往往能够获得比较优厚的红利收入，甚至还能获得较为可观的买卖差价收入；而保留一部分资金作为准备金，则可以在股票市场出现较好的投资机会时，进行追加投资，也可在投资失利时，用作摊低损失。

投资三分法兼顾了证券投资的安全性、收益性和流动性的三原则，是一种颇具参考性的投资组合与投资策略。

二、分散投资法

新股民对股市的行情走势不能准确把握时，如果将全部资金一次投入购进某种预计会上涨的股票，那么当该种股票的价格确实大幅度上涨时，则可以获得十分丰厚的利润，但如果股价下跌，就会蒙受较大的损失。为了防范这种风险，新股民可以采取分散投资法。

现有如下原则作为分散风险时的参考：

（1）资金的分散。投资者不要将全部资金集中一家公司或一个板块的股票，而应将资金分散于数家公司或板块的股票。

（2）时间的分散。投资必须事先了解各公司的发息日期、股票的淡季与旺季，若能在时间上分散，也可减少损失。

（3）地区上的分散。不要全部购买某一地区的股票，而应分散到不同的地区去，以减少风险。

（4）行业种类的分散。有一部分投资者因为对某一种行业较为熟悉，就将资金全部用于购买该行业的股票，一旦这类行业不景气，则投资者必将遇到重大的损失。若能将投资分散于数种不同性质的行业，便有可能避免损失。

（5）进行投资组合。投资组合是根据股票的利润与风险程度，加以适当地选择、搭配，以降低风险负担。其基本原则是：在同样风险水平下，选择利润较大的股票，在同样利润水平下，选择风险最小的股票。

三、试探性投资法

新股民在股票投资中，常常把握不住最适当的买进时机。如果在没有太大的获利把握时就将全部资金都投入股市，就有可能在股市下跌时遭受惨重损失。如果新股民先将少量资金作为购买股票的投资试探，以此作为是否大量购买的依据，可以减少股票买进中的盲目性和失误率，从而减少买进股票后被套牢的风险。

试探性投资法是一种可以使投资者在发生风险时不致遭受重大损失的投资策略。

四、分段买卖法

这种方法对新股民来说是很保险的方法。分段买入的具体做法是在某一价位时买入第一批，在股价上升到一定价位时买入第二批，以后再在不同价位买入第三、第四批等。在此过程中，一旦出现股价下跌，投资者既可立即停止投入，也可根据实际情况出售已购股票。

分段卖出法的做法是在某一价位时卖出第一批，在股价下跌到一定价位时卖出第二批，以后再在不同价位卖出第三、第四批等。在此过程中，一旦出现股价上升，投资者既可立即停止卖出，也可根据实际情况购进股票。

由于分段买卖法进行的是多次买进和多次卖出，故而当股价下跌到某一低点时，新股民就可以毫不犹豫地买进，即使是买后股价继续下跌，新股民仍可陆续购买。同样，当股价涨至某一高点时，新股民也不会因贪心而舍不得卖出，因为即使股价继续上涨，新股民仍能通过不断卖出而获利，故而不会错失良机。

运用分段买卖法，新股民最好根据一些技术分析的手段来确定。比如，当一种股票的相对强弱指标低于20时表示该种股票价格已经较低，其反弹的可能性很大，此时宜入市分段买进；而当相对强弱指标达80以上时，表明该股票的价格已处高位，其下跌可能性极大，此时应毫不犹豫地将所持股票分段抛出。

这里要提醒新股民的是，这种操作方法的费用相对高一些。

五、金字塔形买卖法

金字塔形买卖法是股票投资的一种操作方法。此种方法主要是针对股价价位的高低，以简单的三角形（即金字塔形）作为买卖的准则，来适当调整和决定股票买卖数量的一种方法。

金字塔形买卖法分为金字塔形买入法和倒金字塔形卖出法两种。

（一）金字塔形买入法

金字塔形买入法认为，正金字塔形（即正三角形）的下方基底较宽广且越往上越小，宽广的部分显示股价价位低时，买进的数量较大，当股票价位逐渐上升时，买进的数量应逐渐减少，从而降低投资风险。

（二）倒金字塔形卖出法

金字塔形买卖法的另一种形式是倒金字塔形卖出法。与正金字塔相反，倒金字塔是下方较尖小，而越往上则越宽广。倒金字塔形卖出法要求当股票价位不断升高时，卖出的数量应效仿倒三角形的形状而逐渐扩大，以赚取更多的差价收益。

如某投资者持有浦发银行（600000）1000股，假定当价格上涨到每股市价20元时，投资者认为价格在上涨一段时间后会出现下跌，因此，就采取倒金字塔形卖出法卖出100股，当股价升至25元时，又卖出400股，当股价涨至27元时，则全部卖出。

倒金字塔形卖出法的优点是既能获得较好的差价，又能减少风险。

六、均价成本投资法

均价成本投资法是指在一定时期内，固定一定量的资金分期平均购买某种股票的投资方法。均价成本投资法适合于那些有定期、定额来源的投资者。

均价成本投资法的具体操作是：选定某种有长期投资价值，且价格波动较大的股票，在一定的投资时间内，不论股价是上涨还是下跌，都坚持定期以相同的资金购入该种股票。

用此种方法购买的股票每股平均购入价要低于每股的平均市价。原因是：每一时期的投资数额是一定的，而当股票市场较低时，购买的股票数量就较多，而高价时所购的比例较少，所以，其平均购价就会低于平均市价。

1. 均价成本投资法的优点

（1）方法简便，投资者只需要定期、定额投资，不必考虑投资的确定问题。

（2）既可避免在高价时买进过多股票的风险，又可在股票下跌时，有机会购进更多的股票。

（3）少量资金便可进行连续投入，并可享受股票长期增值的收益。

2. 注意事项

（1）要选择经营稳定、利润稳步上升的公司的优良股票。

（2）要有一个较长的投资期间。如果期限较短，则效果将不很明显。

（3）要选价格波动幅度较大，且股价呈上升趋势的股票，如股价一直处于跌势，则会发生投资亏损。

七、固定比率投资法

固定比率投资是对股票的投资风险的一种投资组合策略。固定比率投资法的操作是将投资资金分为两个部分：一部分是保护性的，主要由价格波动不大、收益较为稳定的债券构成；另一部分是风险性的，主要由价格波动频繁、收益幅度相差较大的普通股票构成。这部分的比例一经确定，便不轻易变化，并还要根据股市价格的波动来不断维持这一比例。

例如，某一投资者将10000元资金以50%对50%的固定比率分别购买股票和债券。当股票价格上涨，他购买的股票从5000元上升到8000元时，那么在投资组合中，其风险性部分的股票金额就大于保护性部分的债券金额，打破了原先确定的各占50%的平衡关系，这时投资者就将股票增值的3000元，按各占50%的比例再进行分配，即卖出1500元股票，并将其用于购买债券。当该投资者购买的股票从5000元下跌到4000元时，就要卖出债券500元以购买股票，使债券价格总额与股价总额保持50%对50%的比例。

如果投资者喜欢冒险，则投资于股票的份额就可以大些；如果投资者比较稳健，则投资于债券的份额就可以大些，相应的投资于股票的份额就较小。

八、控制仓位法

仓位是指投资人实有投资资金和实际投资的比例。在证券市场中，如果没有良好的风险防范意识，任何机构投资者与个人投资者都可能为股市的成长付出惨重的代价。

投资者规避风险最好的方法就是控制好仓位。根据市场的变化来控制自己的仓位是炒股中应掌握的非常重要的能力，如果控制不好仓位，就像打仗没有后备部队一样，会很被动。

特别是在熊市中，投资者只有重视和提高自己的仓位控制水平，才能有效控制风险。熊市中不确定因素较多，在大盘发展趋势未明显转好前也不适宜满仓或重仓，应该处于半仓或者更低的仓位。所以，对于部分目前浅套而且后市上升空间不大的个股，要果断斩仓，防止亏损的进一步扩大。

第四节　防范投资陷阱

新股民投资股票都是为了获得收益的，但新股民一定要记住：股市本身是不创造财富的。股市中一些人赚取的投资利润必定是另外一些人赔进去的，因此，出于对各自利益的考虑，投资者之间也出现了激烈的竞争，一些有"能力"的投资者便为其他投资者设下了种种陷阱，通过各种手段从其他投资者手中赚取巨额利润。新股民要学会识破这些圈套，防范落入他人的陷阱之中。

一、马路消息的陷阱

在多头市场出现的时候，股票市场的马路消息也就开始盛行。因为在此时，买气旺盛，一些小股民又习惯于听信消息而追进，这就间接地助长了该股的涨势，于是，原本纯属子虚乌有的消息，会因投资者盲目听从而收到推波助澜的作用。某些投资者由于相信传闻而获得一两次利润，进而更加相信市场传闻或马路消息，甚至完全放弃对股市的研究。

只依据传闻从事股票投资是不明智之举。市场消息或许有其出处，但绝对不能用来当做投资股票的唯一依据。因为传闻本身具有以讹传讹的不确定性，而且很难求证消息的来源，尤其可怕的是如果市场传闻是源自于某些人的蓄意制造，那么，毋庸置疑，听信这些市场传闻抢进抢出的投资者，必将成为马路消息的受害者和牺牲品。

股票投机者通过散布谣言来抬高或压低股价的事常常发生，其主要目的是为了从中渔利。新股民一定要冷静地分析股市的基本面以及公司提供的有关资料，切不可盲目听信消息。

二、内幕交易的陷阱

内幕交易，又称知情交易，是指在证券发行、交易过程中，有关人员利用其掌握的内幕信息进行有价证券的买卖，以图获取利润或避免损失的行为。它最基本的特征是，将知悉内幕信息并实施内幕交易的人与不知悉内幕信息的投资者置于不同的起跑线上，损害了普通投资者的利益。

（一）表现形式

常见的内幕交易的表现形式很多，如：

（1）内幕人员利用内幕信息进行证券交易。

（2）内幕人员建议他人进行证券买卖。

（3）内幕人员向他人泄露内幕信息，使他人利用该信息进行证券买卖。

（4）非内幕人员利用不正当的手段或其他途径获取内幕信息，并根据该信息买卖证券等。

（二）判断标准

一般来说，判断一则信息是否为内幕信息有两个标准：未公开性和价格敏感性。

（1）未公开性意味着除了内幕人员外，其他公众无法通过合法渠道获取该信息。

（2）价格敏感性意味着一旦信息在证券市场上公布，便足以使公司证券价格发生较大波动，并左右投资者作出买卖决定。

（三）法律范畴的内幕交易

从法律的角度讲，投资人的行为若同时具备以下三点，则构成内幕交易：

（1）投资人掌握了某上市公司不为投资公众周知的内幕信息，即投资人掌握的信息具有未公开性和价格敏感性。

（2）掌握内幕消息的人利用了其所掌握的信息进行证券交易。

（3）投资人目的在于获取利润或减少损失。

三、荐股的陷阱

新股民初入股市，没有专业知识及炒股经验，希望有经验的人能指点其怎样买卖股票，于是有些人为了牟取暴利，打着荐股的旗号，设下一些荐股陷阱，骗取钱财。新股民需防范以下几种荐股陷阱。

（一）券商荐股陷阱

有些股民认为，券商既有专业知识，又有完备的数据库和信息获取渠道，他们推荐的股票应该没错，常常跟风购买。

在2008年全年，大盘深跌，但奇怪的是券商还在不断地推荐买入股票，而不是提示哪只股票存在风险，股民应该卖出。券商这么做，有一个肯定的共同点就是，股民的频繁操作可以让券商赚取更多的佣金。尤其在证券交易印花税下调和单边收取之后更是如此，这与券商的经营宗旨相关联。从另外一个层面来看，几乎所有的券商都有自营业务，往往不能以中立、客观的态度去荐股。因此，普通散户只能以此作为参考，切不可盲从。

（二）专家荐股陷阱

作为普通的投资者，听股评是提高炒股水平的途径之一，大多数股民都把股市专家视作权威。但是有些股评专家与庄家或上市公司勾结，缺乏基本职业道德，接受上市公司的贿赂而当"吹股手"，无原则地吹捧其股票；或者当庄家的"托儿"，庄家进货时大唱悲观论调，制造利空消息陷阱，诱导散户投资者斩仓割肉，庄家出货时则"强力推荐"，制造利好消息陷阱，误导散户投资者高位接货，帮助机构大户共同欺骗中小投资者。所以当专家以荐股的名义另有他图的时候，投资者就一定得多长个心眼了。

（三）短信、微信、博客等渠道的荐股陷阱

随着高新技术的发展，短信、QQ、微信、网上炒股博客都成为荐股的手段之一。其中以微信和炒股博客最吸引人的眼球，股市火热，股民大增，而很多股民并不具有投资股市的分析能力，急需指导。因此，部分人士以微信和博客的方式点评股市、交流意见，颇受散户的关注。

目前网络上有价值的博客还是大量存在的，有的是传授股市里的宝贵经验，教投资者少走弯路。但是，有些博客荐股的动机并不单纯，对于炒股博客，新股民不能盲从，要有辨别能力。有些炒股博客是为了发展会员从中牟利；有些炒股博客可能成为庄家、主力机构操纵市场的工具，他们花钱雇佣写手和聊手，专门"深入"到博客网站及相关微信群、QQ群中，根据需要发布一些误导的信息，干扰投资者的思路，如果投资者盲目地把从炒股博客上获取的所谓专家意见当成投资依据的话，只会大大增加投资的风险，最终成为庄家的牺牲品。

四、"骗线"的陷阱

在股市上，很多股民主要靠技术分析来判断股票买卖的时机，一些股市操纵者

就通过操纵股票价格，使技术分析图中出现虚假的买卖时机，让一些不明真相的投资者上当受骗。

技术分析中的线图看似简单，实则不然，但却被许多新股民奉为法宝。那些看线图投资股票的人被称为"线仙"。骗线就是要人为地在股市上制造一些股票价格，而这些价格正是"线仙"根据一般的线形的规律所判断出的该买入或该抛出的价格，从而中计。骗线之所以得逞，就是在于"线仙"们过于依靠图表，当图表显示使他们认为股票即将出现新的高价时便大量买进，以待上涨，而其实制造这种错误提示的主力机构却在出货。反之，当"线仙"们误以为某种股票势在必跌时，主力却在偷偷吸进。总之，投资者若能识破主力"骗线"之计，利用时间差跟进坐轿，其收获也必然不小。

五、"拨档子"的陷阱

"拨档子"一般是散户在被套牢时，先寻求松绑再伺机解套的方法，是投资者在股价下跌时，用以降低成本，将损失尽量减少，甚至有可能反败为胜的方法。

主力庄家喜欢在股价上升看好时，运用"拨档子"作为技术性的调节操作。主力庄家在股价涨至某一价位时，以"拨档子"的手法，将手中持有的股票先卖出一些，给上升的股价降点温，使之冷却下来，等股价回落后，再予以补回，在这一过程中，要运用高度的智慧与技巧，主力一路吃进的最大目的也是要将股价炒热，如果只顾一味地抬高股价，跟进者有可能发现其中有蹊跷而中途退却，对有心炒作的主力，坐轿子本来就不是很安稳，操作的成本在无形中也增加了许多。所以主力常会在炒得过热的股票上来点技术性的"拨档子"。散户在股价一路攀升时，应警惕主力暗中"拨档子"。

第五节 新股民炒股绝招

一、选股绝招

（一）选择短线股的绝招

那些以炒股为职业、天天泡在股市中的人主要是进行短线投机。那什么样的股票才是好的短线股呢？下面提供一些短线好股的特点。

（1）买入量较小、卖出量特大，股价不下跌的股票。

这种现象说明此股票处在主力收集后期或拉升初期，大量的卖盘是由主力为低价收集筹码而设置的上压盘，或是拉升初期涌出的短线浮筹。股价不下跌是由主力的隐性买盘造成的。此类股票随时有可能大幅度上涨而脱离主力的成本价，通常是大券商、大机构在操作。

（2）买入量、卖出量都比较小，股价有轻微上涨的股票。

股票的这种状态正是主力拉升股价的最好机会，投入小效果大。所以适时跟进有利可图。

（3）大盘横盘时微涨，大盘下行时却加强涨势的股票。

此类情况是该股票主力较强，属于收集中期，成本价通常在新低附近。大盘下跌正好给主力加快执行预定计划和显示实力的机会。

（4）上下振幅大、弹性好的热门股票。

这类股一般具有两重性：

①业绩较差，回报较低，这就决定了它们在下跌时跌幅深于大盘。

②由于其行业、地理位置上的优势，使它们在涨势中涨幅超过大盘。

（5）长时间有规律小幅上涨的股票。

一般来看，此类股票有主力介入，走势通常是上涨的，时间较长，而且在最后阶段都要放一根大阳线。所以新股民要抓住介入这类股票的最后时机。

（二）选择黑马股的绝招

所谓的"黑马"是指价格可能会与以往的业绩脱钩而在短期内大幅上涨的股票。由于这些股票可以给投资者在短期内带来丰厚的收益，通常成为短线投资者追逐的对象。

1. 形成原因

黑马股形成的原因有以下几个方面：

（1）市场的一些主力集中资金优势和持股优势，选择个股进行疯狂的炒作。

（2）由资产重组而形成的业绩改善或产业置换也可能引发行情。

（3）由于利好题材的出现。

2. 符合条件

一般来说，能成为黑马股必须符合以下三个条件：

（1）公司的流通股本较小，最好在5000万股以内。主力要想对某只股票进行炒作的话，必须投入大量的资金，流通盘较小，被选中的机会会更大。

（2）从以往市场表现来看，股票的股性比较活跃。股性越活跃，主力进场炒作的可能性也就越大。

（3）该股近期的走势表现为低位震荡格局，以矩形震荡最为常见。

在出现股价飙升之前，该股可能会对前期的阻力位形成几次假突破。总的来说，上市公司的基本面、财务状况、主力的操盘手法等因素也在很大程度上决定着股票的走势，投资者面对不同的个股，应区别对待，把握盈利机会。

（三）选择暴跌股的绝招

在股市连连上涨、人气一片欢腾、多头气氛浓重时，好股票的价格通常不低，甚至被市场严重高估，已显示不出"好"。唯有在空头市场中，在连续暴跌中，在波段底部区域时，人人都害怕大盘下跌，遂往往在低位还出现恐慌性的杀跌。

经验丰富的投资者通常是在此时去选择严重超跌的有价值的股票。因为此时，许多原本是"精品商厦价格"的股票，会在猛然间，变成了"地摊价格"的股票，并且还可拣到足够数量的筹码。一旦见底回升，"地摊价"又变成了"精品商厦价"。可见，在大众都感到恐慌时，不是卖出的时机，而是拣便宜货的时机，是赚大钱的时机。

投资者选择暴跌股的前提是在底部时拥有足够的抄底资金，并且有极好的耐心，相信手中的股今后一定能涨上去。

选择这样的股票需要这样几个条件：

（1）在大盘连续暴跌之后才考虑进场。短线进场的最佳时机，是在周K线小幅盘跌后，并至少要形成连续三根阴线，且其长度一根比一根长的情况下。

（2）要在大盘暴跌后，选择在大盘恶劣时期才出利空的股票。在底部因有利空而再度出现恐慌盘，致使股价硬行破位，若有一跳空二跳空后三跳空低开的缺口出现就更适宜进场。

（3）在以上两个条件形成后，就要考虑买进流通盘比较小、价格相对低的股票。

（4）当大盘指数上涨15%~18%时，市场一片看好，能功成身退的股票。

（四）选择涨停股的绝招

涨停显示股价走势较强，特别是连续涨停的个股，短期可获取丰厚收益。但大涨之后往往也会大跌，因此，利用涨停股提高短线收益的同时伴随着高风险。通过对近两年涨停股的分析可发现，涨停股次日往往会顺势冲高，然后才下跌。

参与涨停股，应以短线为主，而且应选择低价、小盘股为主，这些个股一旦涨停，往往能形成持续的上升趋势，流通盘最好在3000万~8000万股之间。中、大盘股涨停之后继续拉升的难度较大。

从介入的时机看，个股涨停时间离开盘越近则次日走势越佳，新股民在次日要尽早介入；如果某只股票在收盘前涨停，第二日的走势却不理想，这时也往往是介入的时间。

涨停股的买点，需要注意以下几点：

（1）在极强的市场中，尤其是每日都有几十只左右股票涨停的情况下，要大胆追涨停板。极弱的市场切不可追涨停板。

（2）盘中及时观看涨幅排行榜，对接近涨停的股票翻看其现价、前期走势及流通盘大小，以确定是否可以作为介入对象。当涨幅达9%以上时应做好买进准备，以防大单封涨停而买不到。

（3）整个板块启动，要追先涨停的领头羊，在大牛市或极强市场中更是如此。

涨停股的卖出时机一般可在5日均线走平或转弯时即可抛出股票，或者在MACD指标中红柱缩短或走平时果断抛出。第二天开盘30分钟左右又涨停的则再大胆持有，第二天不涨停的，可在上升一段时间后，股价平台调整数日时抛出，也可第二天冲高抛出。追进后的股票如果三日不涨，则应抛出，以免延误战机或深度套牢。

（五）选择即将发动股的绝招

投资者如果善于总结和观望，就会在股票起涨前，从K线图、技术指标以及盘面发现一些明显的特征。可望在股票起涨前买进，等待主力拉抬。

一般要从以下几个方面观察这类股票。

1．观察K线图及技术指标

若出现以下几种情况，成交量温和放大，可看作是底部启动的明显信号：

（1）股价连续下跌，KD值在20以下，J值长时间趴在0附近。

（2）5日RSI值在20以下，10日RSI值在20附近。

（3）成交量小于5日均量的1/2，价平量缩。

（4）日K线的下影线较长，10日均线由下跌转为走平已有一段时间且开始上攻20日均线。

（5）布林线上下轨开口逐渐扩大，中线开始上翘。

（6）SAR指标开始由绿翻红。

2．观察个股走势及盘面

（1）股价在连续小阳后放量且以最高价收盘。

（2）股价在低位，下方出现层层大买单，而上方仅有零星的抛盘，并不时出现大手笔炸掉下方的买盘后，又扫光上方抛盘。

（3）在低价位出现涨停板，又在"打开——封闭——打开"之间不断地循环，争夺激烈，且当日成交量极大。

（4）股价低开高走，一有大抛单就被一笔吞掉，底部缓慢抬高，顶部缓慢上移，尾盘却低收。

（5）股价经历长时间的底部盘整后，向上突破颈线压力，成交量放大，并且连续多日站在颈线位上方。

出现上面这几种情况都要注意跟进的时机。

投资者将个股走势与盘面特点结合技术指标综合分析，一旦发现两者都符合，很有可能是该股中期的底部，以后的涨幅会比较大。

（六）不能碰的个股

新股民初入股市，有以下几种股票不要碰：

1. 原始股

原始股就是还没有上市的股票。现在原始股满天飞，有合法的，也有非法的；有可以上市的，也有不可以上市的；有法人股，也有内部职工股、社会个人股。很多人都以为原始股能赚钱，但这笔钱可不好赚，可能会让投资者的钱套牢甚至赔本。

如果买入的股票是企业未经国家批准私自发行的股票，这种股票是一文不值的；如果买入的是社会募集公司的社会个人股，只有等该公司经国家批准转为上市公司后，投资者的股票才可能去深沪市场交易。

所以为了安全起见，新股民最好不要碰原始股。

2. 新股

新股刚上市时，容易被炒作，因为新股无天价，也无套牢盘的解套压力，尤其是中小盘、业绩优、有题材的新股。加上一些持有原始股新股的机构大户，想拉高出货，上市公司为了维护自身形象也想托盘，故炒新股很可能获利可观，但同时风险也很大。一般的新股炒作时间都很短，散户容易被套牢。

3. 大盘股

大盘股是指流通盘在10亿股以上的股票，如申能股份（600642）、浦发银行（600000）。

一般来说，炒大盘股比炒小盘股耗费资金多，也困难得多。因为一种股票的炒作需要大成交量换手作为股价上升的推动力，一般换手率至少需占这种股票流通股的5%~10%。盘子太大，炒作资金相对不足。

倘若长线投资，大盘股也还合算，只当是买过几个月就分红的"原始股"。但是，作为炒短线的股民，这意味着资金很可能会被炒不动的大盘股"套牢"。

4. ST股

ST（Special Treatment，特别处理）股虽说有成功翻身的例子，但是就新股民而言，最好不要碰，以免血本无归。

5. 热门股和冷门股

热门股一般是指日成交量很大，日换手率达到该股流通股的5%~10%，股价大起大落，居上市股票成交股数、成交金额、涨跌幅的前几位。冷门股则是日成交量很小，日换手率不超过该股流通股的1%~3%，股价一般停滞不动。

热门股若涨幅已大，迫近上档阻力位，成交量巨大，应当心主力拉高出货，否则吃入后也会套牢。如果热门股跌幅已大，迫近下档支撑位，可抄底做反弹。但需当心，若炒作题材已过时或有新变化，主力已撤退，此时买入仍可能被套牢。

冷门股则因无主力介入，股价涨跌幅都不大，吃入后可能被套牢。

二、抢反弹的绝招

（一）大盘反弹的特征

股市上说："反弹不是底，是底不反弹"。反弹后必然继续探底，再创新低。判断是不是反弹，要了解反弹的特征：

（1）看能否连续3日上涨和连续3日放量，如果不能，就不是反弹。

（2）大盘首日单日放量要大，成交量也要大，两市日成交量最好在2000亿元以上，不能小于1500亿元。

（3）出现连续上扬的强势个股及相应板块。

（二）反弹股的表现

一般在大盘平稳、温和上扬的时候是反弹操作的时机。捕捉反弹股时要动态分析，观察个股的盘中表现。

（1）看开盘，在9：25分集合竞价完成后，投资者可以迅速通过61、63、81、83综合指标排名表快速浏览所有个股开盘价、成交量及其他要素情况，发现股价的异动，以寻找抢反弹的机会。

（2）看盘中，迅速通过61、63、81、83综合指标排名表进行切换观察，快速浏览所有个股情况，主要盯住5分钟或3分钟涨速、上涨、下跌前后5名、量比、资金流向等几个窗口，以此来捕捉有价格趋势发生明显变化的个股或板块。此外，盘中还有一个看盘关键就是均价线，这是把握进出场机会的重要参考线。如果均价线的方向朝上，表明多方在当日处于控制盘面地位；如果均价线的方向走平，表明今日多空双方力量达到平衡。

（3）要看收盘。如果收盘时的K线图是阳线，表明当日多方取得胜利；阴线则是表明当日空方取得胜利；十字星表明多空双方当日力量的对决无果，需要次日确认走势。如果当日是大阳线收盘，则次日应有更高点可寻，欲出货可等次日冲高乏力的时候；如果当日是大阴线收盘，则次日必有更低点出现，欲进货可等次日低点企稳时介入。

抢反弹时：一要注意估算风险收益比率，当个股下跌的风险远远大于收益时，不能轻易抢反弹；二要注意在趋势不明时不参与反弹；三要注意设置具体的止损价位，做好止损的心理准备；四要注意不要满仓操作，因为一旦研判失误，将损失巨大；五要注意不要设盈利预期，以免延误清仓出货的时机。

三、抄底逃顶的绝招

（一）识别抄底逃顶的信号

识别抄底逃顶信号是一般投资者、包括长线投资者扩大盈利或是确保盈利的最有效手段。主要从五个方面来综合识别信号，即移动平均线、趋向指标、相对强弱指标、K线和成交量。

1. 移动平均线

移动平均线是从时间上来追踪短、中、长期股价波动的方向。移动平均线周而复始、不断地出现峰与谷，产生反方向变动往往是转折点出现的时机。

短线应用日移动平均线作参考，中线则以周移动平均线作参考，两者互相印证，抛股一定能抛在高峰区域。以上升行情来说，移动平均线的波动方向会在K线的下方，托着K线往上涨，经过一段上升以后，K线走平，继而跌破5日移动平均线，甚至跌破10日移动平均线，这就是一波行情的拐点也就是抛点。以下跌行情看，移动平均线会压制着K线向下移动，一直到K线穿越移动平均线形成谷底，包括下跌当中的反弹和上升当中的回档无不如此。

2. 趋向指标（MACD）

股票市场的预测难就难在能否果断地作出决定，这时技术指标可以起辅助的作用。MACD就是一种重要的趋势类的指标。

MACD的提示买卖点有四个：两个卖点、两个买点。红色柱状线缩短、快慢线由上向下交叉时卖出；绿色柱状线缩短、快慢线由下向上交叉时买进。强势市场卖出选快慢线交叉，弱势市场选红色柱状体缩短时卖出；强势市场买进选绿色柱状体缩短时，弱势市场买进选快慢速线交叉。特强市场选快慢速线两次交叉以后卖出，特弱市场选快速线两次交叉时买进。

短线可以把动态参数修改为6、13、5；中线可把参数设为12、26、9；空头市场可把参数改为24、52、18。

3. 相对强弱指标（RSI）

利用相对强弱指标来测量股价的强弱、超买超卖、形态、交叉及背离，特别是周RSI的背离，是一种很典型的抄底逃顶信号。

RSI如出现连接两个短线底部，画出一条由左向右倾斜的切线，跌破切线——卖出；RSI连接两个短线底部，画出一条由左向右下方倾斜的切线，向上突破切线——买进。

4. K线

股票交易活动中，K线是最权威最有效的分析方法之一，整个K线就是多空双方的争斗体现。

将行情用K线表示法画下来，就会发现不同的种类隐含着不同的意义，买卖双方力量的增减、转变可以从K线的影线或实体部分表现出来。上影线表示卖方稍强，下影线表示较低价格有较强的买气。因此利用K线系统进行抄底逃顶的操作时必须要会辨别K线的含义，正确认识K线所揭示的行情变动方向。

只要股票市场存在多空之战，就会在K线的形态上表现出来。要认识到股价（指数）受到各种因素而调整，涨跌过程中多空双方力量的表现和形成一个个循环的规律，因此在经过一段时间上涨以后的乌云盖顶、十字阳线、十字阴线，俗称为射击之星、死亡之星，都是逆变或者回档的信号；同样道理，经过一轮下跌以后，阴包阳、小阴小阳横走，特别是缩量以后的十字小阴、十字小阳，俗称希望之星，都是K线抄底的信号。

5. 成交量

成交量是股市的元气，股价则不过是它的表面现象而已。成交量是一个重要的信号，但较难掌握，有经验的投资者才能辨别。成交量能反映出股价波动有高潮也有低潮，有高峰也有低谷，这种循环过程反映了人气的聚和散。

一波行情初起时，成交量增加是渐进的并非急剧的，直到成交量萎缩，行情便告一段落。另一波行情再起时，股价继续上升，成交量再度逐渐增加。

市场突然反转时，多空必然展开搏斗。股价突然突破盘整，成交量大增，而股价仍继续上涨，是多头市场来临的征兆，也是抄底买进的信号。

空头市场行情的初期，成交量依然是巨大的，直到出现大跌，使多头受到重创，不敢再买入股票，交易逐步停滞，而股价远离大成交量聚集的价位，继续下跌，这就是空头市场来临的征兆，也就是卖出的信号。

（二）从K线识别底部特征的绝招

在实战中，投资者要学会通过看K线图来预测底部，底部一般有以下特征：

（1）总成交量持续萎缩或者处于历史低量区域。

（2）周K线、月K线处于低位区域或者处于上升通道的下轨。

（3）指数越向下偏离年线，底部的可能性越大，一般如果在远离年线的位置出现横盘抗跌或者V形转向，至少表明中级阶段性底部已明确成立。

（4）当涨跌幅榜呈橄榄形排列时，即最大涨幅3%左右，而最大跌幅也仅3%左右，市场绝大多数品种处于微涨、微跌状态。

（5）虽然时有热点板块活跃，显示有资金运作，但明显缺乏持久效应，更没有阶段性领涨、领跌品种。

（6）相当多的个股走势凝滞，买卖委托相差悬殊，按买一、买二价格挂单100股做测试，成交率很低。

（7）消息面上任何轻微的利空就能迅速刺激大盘走中阴线，这种没有任何实质性的做空力量却能轻易引发下跌，表明市场人气已经低到了极限。

（三）从图形识别顶部的绝招

当一个顶部出现时，技术分析方法可以给出明确的头部信号或卖点信号。如果投资者掌握好技术分析，将可以在图形上提前发现顶部。

第二章 新股民炒股成功法则

投资者逃顶时要坚决果断，一旦发现信号，要坚决卖出，绝不能手软和抱有幻想。即使是卖错了，也没有关系，因为股价通常运行在头部时间非常短，大大少于在底部的时间，一旦逃顶不坚决，很可能被长期套牢。

（1）在K线图上，高位日K线出现穿头破脚（图2-1）、乌云盖顶、高位垂死十字都是股价见顶的信号。

图2-1 穿头破脚

（2）当K线图在高位出现双重顶形态（M头）（图2-2）、头肩顶形态、圆弧顶形态和倒V字形态时，都是非常明显的顶部形态。

（3）当股价已经经过数浪上升，涨幅很大时，如5日均线从上向下穿10日均线，形成死叉时，显示头部已经形成。

（4）周KDJ指标在80以上，形成死叉，通常是见中期顶部和大顶的信号。

（5）MACD指标在高位形成死叉或M头时，红色柱状不继续放大，并逐渐缩短时，头部已经形成。

（6）5、10周RSI指标如运行到80以上，预示着股指和股价进入极度超买状态，头部即将出现；宝塔线经过数浪上涨，在高位两平头、三平头或四平头翻绿时，是见顶信号。

（7）在一个强势市场中，股价连续上升，通常股价会运行在BOLB上轨和BOLB下轨曲线之间，当股价连续上升较长时间，股价上穿BOLB上轨，次日又下穿BOLB下轨且进一步打破BOLB下轨，带动BOLB1曲线，出现由上升转平的明显拐点，此时为卖出信号。

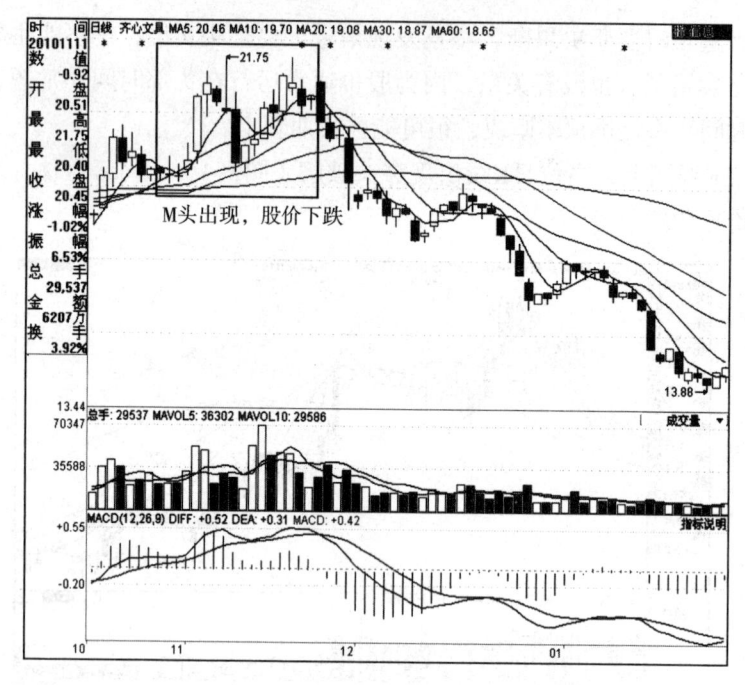

图2-2 双重顶形态

四、止损绝招

止损，也叫"割肉"，是指当某一投资出现的亏损达到预定数额时，及时斩仓出局，其目的就在于投资失误时把损失限定在较小的范围内，以避免形成更大的亏损。

止损的方法有很多种，下面介绍几种比较常见的。

（一）定额止损法

这是最简单的止损方法，它是指将亏损额设置为一个固定的比例，一旦亏损大于该比例就及时平仓。

（1）适用类型。一般适用于两类投资者：

①刚入市的投资者。

②弱市中的投资者。

定额止损的强制作用比较明显，投资者无需过分依赖对行情的判断。

（2）设定止损比例。止损比例的设定是定额止损的关键。定额止损的比例由两个数据构成：

①投资者能够承受的最大亏损。

②交易品种的随机波动。

定额止损比例的设定是在这两个数据里寻找一个平衡点。

投资者应根据经验来设定这个比例。一旦止损比例设定,投资者可以避免被无谓的随机波动震出局。市场进入盘整阶段后,通常出现箱形或收敛三角形态,价格与中期均线(一般为10~20日线)的乖离率逐渐缩小。此时投资者可以技术上的最大乖离率处介入,获取差价。一旦价格与中期均线的乖离率重新放大,则意味着盘整已经结束,投资者应果断离场。盘整初期,交易者可以大胆介入。盘整后期则应将止损范围适当缩小,提高保险系数。

(二)技术止损法

技术止损法是将止损设置与技术分析相结合,剔除市场的随机波动之后,在关键的技术位设定止损线,从而避免亏损的进一步扩大。这一方法要求投资者有较强的技术分析能力和自制力。

技术止损法对投资者的要求更高一些,很难找到一个固定的模式。一般而言,运用技术止损法,无非就是以小亏赌大盈。例如,在上升通道的下轨买入后,等待上升趋势的结束再平仓,并将止损位设在相对可靠的移动平均线附近。就沪市而言,大盘指数上行时,5日均线可维持短线趋势,20日或30日均线将维持中长线的趋势。一旦上升行情开始后,可在5日均线处介入,而将止损设在20日均线附近,既可享受阶段上升行情所带来的大部分利润,又可在头部形成时及时脱身,确保利润。

在上升行情的初期,5日均线和20日均线相距很小,即使看错行情,在20日均线附近止损,亏损也不会太大。

(三)无条件止损法

不计成本,斩仓抛售的止损称为无条件止损。当市场的基本面发生了根本性转折时,在短时期内往往是难以扭转的。基本面恶化时投资者应摒弃任何幻想,当机立断不计成本地斩仓出局,以求保存实力,择机再战。

止损是控制风险的必要手段,在交易中,投资者对市场的总体位置、趋势的把握是十分重要的。在高价圈多用止损,在低价圈少用或不用,在中价圈应视市场运动趋势而定。顺势而为,用好止损法是投资者保证资金安全的根本方法。

五、解套绝招

解套,也就是反套牢,是投资者在高价套牢后所寻求的解脱方法。套牢,这一现象在股票市场中十分常见,套牢就意味着亏本,它是每一位股票投资者都不愿遇到的,但在充满机遇与风险的股票市场中,要想永远不被套牢是不可能的。

面对套牢,首先,投资者要冷静,要经得住赔本的打击。其次,投资者还需具备一定的解套技能,掌握一些解套的绝招。

（一）停损了结法

停损了结就是将被套牢的股票全盘卖出，即把高价买进的股票低价抛出，以免股价继续下跌而遭受更大的损失。以投机为目的的短期投资者和持有劣质股票的投资者多采取这种方法。

通常一名成熟的股民是敢于赔钱了结的。一般出现以下这两种情况投资者一定要注意观察股市走势，选择合适时机，果断地停损了结。

（1）当大盘要反转下跌时要停损了结，因为这时持有股票是很危险的，投资者要迅速抛出手中的股票，否则，损失可能加大。

（2）误购了估值偏高的股票要停损了结。在人为的炒作下，有些股票的价格远远高于它的价值，且脱离大盘运行的轨道，有些投资者欠缺思考，盲目跟风追涨，错将这些被炒高的股票购入。这类股票已属天价，一旦下跌，难有回升的机会，除了停损了结，别无选择。

（二）多头排列分析解套法

多头排列是指各平均线之间，呈现由上而下的排列，顺序为：6日平均线、12日平均线、24日平均线、季平均线、半年平均线、年平均线与10年平均线格局，这代表较短期交易日股价的平均数高于较长期股价的平均数。这种格局显示此档股票涨势凌厉，尚无反转下跌的可能。

以这种方法来解套就需要放宽视野，万一多头格局被破坏，而来不及抛出股票，且越跌越离谱，就必须静待反转的时机。

运用多头排列进行分析可从以下几方面进行：

（1）如为空头转为多头，6日平均线必带量向上突破年平均线，若有较高价格套牢的股票，可于突破年线时先行卖出，待形成6日平均线、12日平均线、24日平均线与季平均线成多头排列格局时，再加码买进股票。

（2）如果为融资买进的股票，当多头排列格局被破坏时，一定要设停损点，暂时出场。

（3）6日平均线向下穿过10年平均线，为多头反转信号，应加码摊平所套牢之个股。

（4）若于各短期平均线向下与年线死叉时买进股票，却因行情太坏而套牢时，可于半年平均线与年平均线交会处补入套牢量的倍数，待其反转后解套。

（三）长期投资解套法

如果投资者有做长期投资的打算，就不用担心被套，只要坚持下去，最后总有解套的机会。

长期投资者通常认为，要成功地预测股价的趋势，从而掌握市场时机是极其困难的。人算不如天算，频繁进出，往往是买高卖低，极易招致损失。既然认为国家的经济从长期来看，总是不断向上发展的，那么就应以适当的价格买进股票后，长抱不放，静待经济景气的到来，分享长期经济发展带来的巨大利润。

长期投资者的投资理念是，一旦持股，就长期拥有，不关心股价短期内的升跌起伏，或是待股票的分红、派息和增资，或是静候股价长期爬升后待价而沽。

（四）拨档子法

拨档子就是多头先卖出股票，即先止损了结，然后等股价处于较低价位时，给予补进，待到上升时再抛出，以本次盈利抵补上次亏损，减轻或轧平上档解套的损失。

例如，某投资者以每股60元买进中信证券（600030），当市价跌至58元时，他预测市价还会下跌，即以每股58元赔钱了结，而当股价跌至每股54元时又予以补进，并待股价上升到57元时卖出。正确使用这种方法，不仅能减少和避免套牢损失，有时还能反亏为盈。

拨档子法多适用于资金有限的股民，尤其在熊市中有明显的效果。

（五）向下摊平法

随着股市的下跌，投资者可采用该种方法，在不同的界限点多次加码买进股票，以降低所持股票的平均成本，并在股价回升至平均成本之上时，即可解套。

例如，以每股20元价格买进浦发银行（600000）1000股，跌至19元时，加码买进1000股，跌至18元时，又加码买进2000股，继续下跌至17元时，再加码买进3000股，若此时该股止跌回升，只需涨至18元多时即可解套。

采用摊平法，一般须有较充实的资金，并以整体环境尚未恶化、股市并未由多头市场转入空头市场为前提，否则，就会陷入越套越多的困境。

（六）换股解套法

换股是一种主动性的解套策略，运用得当的话，可以有效降低成本，增加解套机会。但换股也是风险较大的解套方法，因为，一旦操作失误就会"赔了夫人又折兵"，加重投资者的损失。因此，操作时一定要把握好换股的时机和方法。

换股应在整个市场处于相对低位的时候进行，不要在大盘暴涨暴跌的时候进行；此外，换股要在被套个股处于相对高位，或者反弹失败的时候进行，而不要在被套个股大幅下跌后换股。

换股有以下几种换法：

（1）去弱留强，即先忍痛把手中的弱势股抛出，然后换进市场中的强势股。当投资者发现手中所持股票为明显的弱势股，且在短期内难有翻身机会时，采用此方法有明显效果。

（2）去高换低，因为低价股一般容易被市场忽视，而且低价股由于绝对价位低，进一步下跌空间相对较小，风险较低。所以，换股时要换出高价股，留住低价股。

（3）去老换新，新股、次新股由于上市时间不长且上档套牢盘较轻，再加上次新股刚刚上市募集了大量现金，常具有新的利润增长点，这些因素都很容易引起主流资金的炒作热情。

（4）去热留冷，因为这时热门股的股价已很高，难有再上升的机会，此时可把热门股卖出，换进未上涨的冷门股，低价冷门股一般有补涨行情，这样，避免了被套牢的危险，又加大了胜算。该方法对选股的要求非常高，建议新股民慎用此方法。

（5）去题材明朗股换有潜在题材的股，市场中经常传一些朦胧题材，至于是否真实并不重要，只要能得到投资大众的认同即可。可是题材一旦明朗，炒作便宣告结束了。所以，换股时，要注意选择一些有潜在朦胧题材的个股，不要选利好已经兑现的个股。

【新股民寄语】

散户都想在股市的大浪中寻找一些甜头，想从高手那学到一些炒股的要领和绝招。其实想要拥有炒股的成功法则，关键还是在股民自己——了解股市、了解自己的经济实力、了解自己的思维状态、拥有良好的心态、树立科学的炒股思维，再加上学习一些适合自己的投资方法和炒股的技巧，不断在实战中总结经验，才能在股市中游刃有余。

第三章
股市的基本面分析

受各种各样的因素影响，股票市场瞬息万变，股票价格上下反复波动，投资者一旦决策失误，就会招致金钱损失。因此，在入市之前，首要的当然是做好"功课"，先对股票市场情况进行充分的了解分析，制订可行的投资方案，再进入实际买卖程序。

基于对市场价格决定机制和决策出发点的不同，投资者决策分析的方法主要有两大类：一是基本面分析法；二是技术分析法。在这一章主要论述一下基本面分析。

基本面分析是指证券投资者对决定证券价值与价格的基本要素，如宏观经济指标、经济政策走势、行业发展状况、产品市场状况、公司销售和财务状况等进行分析，评估证券的投资价值，判断证券的合理价位，再根据分析所得结果进行投资。

第一节　股市的宏观面分析

一、经济政策

经济政策是政府调控经济的重要手段，也是影响股市的要素。主要的经济政策有货币政策、财政政策以及股市的调控政策。

（一）货币政策

货币政策是指政府为实现稳定物价、充分就业、经济增长和国际收支平衡等宏观经济目标所制定的关于货币供应和货币流通组织管理的基本方针和基本准则。

货币政策是由中央银行根据客观经济形势，采取适当的政策措施调控货币量和信用规模，使之达到预定的货币政策目标，并以此影响经济运行的政策。中央银行主要运用利率、公开市场业务、再贴现、存款准备金等手段来调节货币供给量，对股票市场与股票价格的影响非常大。

1. 货币政策的分类

货币政策可以分为紧缩的货币政策和宽松的货币政策。

（1）如果市场物价上涨、需求过度、经济繁荣，被认为是社会总需求大于总供给，当经济过热的时候，为减少需求，中央银行会采取紧缩的货币政策，如调高利率、提高银行法定准备金率、收紧商业银行持未到期的票据向中央银行融资的条件规定、在金融市场上出售所持有的有价证券，从而减少货币供应量，也就是平时所说的"紧缩银根"。

（2）如果社会需求不足，经济衰退，中央银行会采取较宽松的货币政策，如调低利率、降低银行法定准备金率、放松再贴现条件、在金融市场购买有价证券，从而扩大货币供应量，以增加需求，刺激经济回升。

2. 货币政策对股票市场的影响

货币政策对股票市场的影响是通过影响投资者和上市公司来实现的。

（1）宽松的货币政策一方面为企业发展提供了充足的资金，另一方面扩大了社会总需求，刺激了生产，提高了上市公司的业绩，增加了居民的收入，剩余部分的社会购买力就会投入到股市，有利于经济发展和证券市场繁荣，通常会带动股价的上升。

（2）紧缩的货币政策使上市公司的运营成本上升，社会总需求不足，上市公司业绩下降，居民收入下降，消费者信心下降，市场资金吃紧，资金流出股市，将带来股价的下跌。

从总体上说，宽松的货币政策将使得证券市场价格上扬；紧缩的货币政策将使得证券市场价格下跌。

3. 货币调控手段

和股市联系最紧密的货币调控手段就是利率和存款准备金率。

（1）利率与股价运动在通常情况下呈反向变化，但不能绝对化。在股市发展的历史上，也有一些相对特殊的情形。当形势看好、股票行情暴涨的时候，利率的调整对股价的控制作用就不会很大。

（2）存款准备金是银行经常保留在中央银行，用来应付储户提取存款和资金清算需要的一定存款金额。储户可以随时提取存款，但很少会出现所有储户在同一时间取走全部存款的现象。所以银行可以把绝大部分存款用来从事贷款或购买短期债券等盈利行为，只需要留下一部分存款作为应付提款需要的准备金就可以了。这种准备金在存款中应当占的比率是由政府（具体由中央银行代表）规定的，即法定存款准备金率。政府采取紧缩的货币政策，中央银行就会提高存款准备金率，间接调控货币供应量，抑制货币信贷过快增长，取得信贷变得困难了，投入股市的资金也相应缩减；反之，亦然。

（二）财政政策

财政政策是政府制定的指导财政工作和处理财政关系的一系列方针、准则和措施的总称。财政政策的手段主要包括国家预算、税收、国债、财政补贴、财政管理体制、转移支付制度等。这些手段可以单独使用，也可以配合协调使用。

财政政策包括扩张性财政政策、紧缩性财政政策和中性财政政策。

实行扩张性的财政政策，增加财政支出，减少财政收入，可增加总需求，使公司业绩上升，经营风险下降，居民收入增加，对股市来讲是利好因素。

实行紧缩性财政政策则与之相反，减少财政支出，增加财政收入，可减少社会总需求，使过热的经济受到抑制，从而使得公司业绩下滑，居民收入减少，这样，股票价格就会下跌。

（三）国家对股市的调控政策

在我国，国家对股市的调控政策会对股价产生较大的影响，其中调整证券交易印花税是一个重要手段。在股市低迷的时候，下调印花税，鼓励人们投资于证券；股市暴涨的时候，上调印花税，防止股市泡沫。其实印花税的升降不仅仅是一个经济政策，投资者更关注的是调整印花税背后政府的态度。

例如，2014年11月22日，央行下调存款基准利率，受此利好消息影响，当日券商股纷纷走强，跳空高开且开始出现放量。如图3-1所示的光大证券（601788）的走势图。

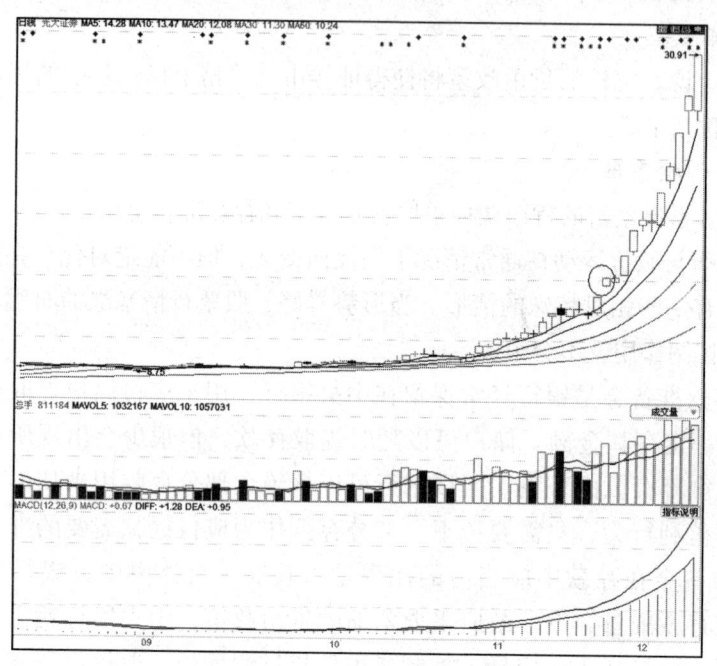

图3-1 光大证券日K线图

二、经济指标

新股民在日常生活中常常会接触到一些经济指标，如国内生产总值、物价指数、外贸形势等。这些指标由国家统计局定期公布，对判断宏观经济形势具有重要作用。

（一）国内生产总值（GDP）与经济增长率

国内生产总值（GDP）和经济增长率是最常见的两个宏观经济指标。

第三章 股市的基本面分析

国内生产总值（GDP）是指在一定时期（一般按年统计），在一国领土范围内，本国居民和外国居民在一定时期内所生产的、以市场价格表示的产品和劳务的总值。举个例子说，海尔集团在美国开设的电冰箱厂，其产值不予计入我国当年国内生产总值；而法国的空中客车在中国设厂，其产值计入我国当年国内生产总值。

经济增长率也称经济增长速度，它是反映一定时期经济发展水平变化程度的动态指标，也是反映一个国家经济是否具有活力的基本指标。

国内生产总值变动是一国经济成就的根本反映，指标在宏观经济分析中占有重要地位。至于指标与股市的关系，不可简单地认为只要GDP增长，股市就该涨。

只有当国内生产总值持续、稳定地增长，说明社会总需求与总供给协调增长，经济结构合理，经济发展势头良好，企业经营环境不断改善，产销两旺，同时个人收入也不断提高，人们生活水平改善，投资欲望增强，股票的内在含金量以及投资者对股票的需求增加促使股票价格上涨，股市才会上扬。

当经济结构不合理，高通胀下呈现的GDP高速增长，反映社会总需求大大超过总供给，是泡沫经济的表现，经济形势有在矛盾激化中恶化的可能。企业成本上升。重复建设最终导致供大于求，而居民收入上涨水平远不及物价升幅，实际收入下降，各种因素引发股票价格的下跌。

如果国家对经济进行宏观调控，国内生产总值出现减速增长，股票价格有一个下跌的过程。随着宏观调控的有效性显现，社会经济结构趋于合理，经济矛盾逐步缓解，股票市场也会体现对经济向好的预期而出现平稳渐升的态势。

（二）物价、通货膨胀和通货紧缩

普通商品价格变动对股票市场有重要影响。一般情况下，物价上涨，股价随之上涨；物价下跌，股价也随之下跌。反映物价变动水平常使用CPI指数和PPI指数。

CPI是居民消费价格指数的英文缩写，是反映居民家庭所购买的消费品和服务价格水平变动情况的指标，通常作为观察通货膨胀水平的重要指标。PPI是生产者物价指数的英文缩写，在我国，PPI一般指统计局公布的工业品出厂价格指数。

当物价指数衡量的一般价格水平持续上涨，易引发通货膨胀；反之，则易发生通货紧缩。

通货膨胀对股票市场的影响则比较复杂，一般来说，温和的、稳定的通货膨胀对经济增长未必是坏事，如果通货膨胀在一定的可容忍范围内增长，宏观经济处于扩张阶段，企业盈利和个人收入都保持上升，那么股价也将持续上升。严重的通货膨胀则是政府不能长期容忍的，由于货币快速贬值，物价飞涨，人们大量囤积商品，购买房屋以期保值，资金流出金融市场，股票价格下跌，企业筹集不到必需的生产资金，原材料、劳务价格等成本飞涨，使经营严重受挫，盈利水平下降，在这种情况下，政府必然会动用某些宏观经济调控工具来抑制通货膨胀，这些政策对经济运行造成影响,这种影响将改变资金流向和企业的经营利润,从而影响股市。

（三）失业率

失业率是指失业人口占劳动人口的比率（一定时期全部就业人口中有工作意愿而仍未有工作的劳动力数字），旨在衡量闲置中的劳动产能。

失业率的变动与国民经济形势可以说是相反的。经济繁荣旺盛时，失业率低，也就是就业率高，居民生活稳定，消费、投资欲望强，对股市走强有利。经济疲软时，失业率上升，过高的失业率不仅影响个人投资意愿，而且会影响社会整体情绪，引发一系列社会问题，股市因此震荡走低。

（四）汇率

汇率是一个国家的货币折算成另一个国家货币的比率，是一种货币用另一种货币表示出来的价格。

汇率变动受到经济、政治等多种因素影响，其中的经济因素集中到一点，就是国家的经济实力。如果国内经济结构合理，财政收支状况良好，物价稳定，经济实力强，商品在国际市场具有竞争力，出口贸易增长，其货币汇率坚挺；反之，则货币汇率疲软，面临贬值压力。汇率的变动也会对经济、政治等多方面产生重大影响。本币贬值，可以刺激出口，抑制进口，也会导致资金外流，影响一国国际收支平衡。

外汇行情与股票价格有着密切的联系。从具体行业来说，汇率上升，本国货币贬值，则国产产品竞争力强，出口型企业将受益，股票价格将上涨，而依赖于进口的企业成本增加，利润受损，股票价格将下跌。就市场的整体而言，如果一个国家的货币稳中有升，吸引外资流入，经济形势稳步发展，股市就会上涨，一旦其货币贬值，导致资本流出，股市随之下跌。

（五）固定资产投资规模

固定资产投资规模是指一定时期国民经济各部门、各行业固定资产在再生产中投入资金的数量。固定资产投资规模增加，意味着生产资料需求增加，失业率下降，居民收入增长，消费增加，从而整个产业链启动，经济增长加快。但这并不是说固定资产投资规模越大越好。如果缺乏计划，盲目扩大投资规模，社会总需求膨胀，物资供应紧张，物价大幅上涨，则只有采取紧缩政策，抑制过度的通货膨胀，这样易引起经济从过热到过冷的大起大落。

固定资产投资规模的变动对股市影响是深远的。合理安排固定资产投资，经济呈良性循环，股市自然向好；投资规模失控，盲目地重复建设，使经济出现过热现象，在供求关系变化、市场饱和后，恶性竞争出现，企业效益大幅滑坡，股市就会下滑。

三、经济周期

经济周期是指经济运行中周期性出现的经济扩张与经济紧缩更迭、循环往复的一种现象，是国民总产出、总收入和总就业的波动，是国民收入或总体经济活动扩张与紧缩的交替或周期性波动变化。经济周期一般分为复苏、繁荣、衰退和危机四个阶段。

（一）复苏

随着经济结构的调整，经济经过最低谷之后出现缓慢复苏的势头，产出、就业、消费开始增加，企业业绩回稳，开始派发股利，投资者发觉持股有利可图，于是纷纷购买，使股市开始回升。

（二）繁荣

经济增长加速，人们对前景预期乐观，消费欲望刺激物价和生产，企业盈利大增，股利相应增多，股票价格上涨。

（三）衰退

市场供求发生变化，利率高企，企业成本上升，产品滞销，利润相应减少，股利也随之不断减少，持股的股东因股票收益不佳而开始抛售，使股市低迷。

（四）危机

整个经济处于百业待兴的萧条局面，需求严重不足，大量的企业倒闭，失业率高，人们对未来预期悲观。企业整体盈利水平极低，股票持有者纷纷卖出手中的股票，从而使整个股市价格大跌。

经济周期会影响股价的变动，但是两者的变化又不是同步的，不管在周期的哪一阶段，股价变动总是比实际的经济变动要领先一步。即在衰退以前，股价已开始下跌，而在复苏之前，股价已经回升。经济未步入高峰时期，股市已经见顶，经济仍处于衰退期间，股市已开始从谷底回升，这是因为股市股价的涨落包含着投资者对经济走势变动的预期和心理反应的因素。

四、其他因素

（一）政治因素

政治因素泛指那些对股票价格具有一定影响力的国际政治活动，如重大发展计划、政府法令、政治措施等。股票价格对政治形势的变化越来越敏感，其主要表现在以下几个方面：

（1）国际形势的变化。如外交关系的改善会使有关跨国公司的股价上升，投资者应在外交关系改善时，不失时机地购进相关跨国公司的股票。

（2）战争的影响。战争使各国政治经济不稳定，人心不稳，股价下跌，这是战争造成的广泛影响。但是战争对不同行业的股票价格影响又不同，比如战争会使军需工业兴盛，凡是与军需工业相关的公司的股票价格必然上涨；在战争中可能受损的公司的股票则会下跌。

（3）国内重大政治事件，如政治风波等也会对股市产生重大影响。即对股票投资者的心理产生影响，从而间接地影响股价。

（4）国家重点扶持、发展的产业，其股票价格会被推高；而国家限制发展的产业，股票价格会受到不利影响。例如，政府对社会公用事业的产品和劳务进行限价，包括交通运输、煤气、水电等，这样就会直接影响此类公司的盈利水平，导致此类公司的股价下跌。

政治因素对股票市场本身产生影响，即通过公司盈利和市场利率产生一定的影响，进而引起股票价格的变动。

（二）国际金融环境因素

国际金融市场按照经营业务的种类划分，可以分为货币市场、证券市场、外汇市场、黄金市场和期权期货市场。

国际金融市场对我国证券市场的影响，主要通过人民币汇率预期影响证券市场、通过宏观面和政策面间接影响证券市场。

自从中国加入WTO，与世界的联系更加紧密，中国股市同样也会受到外围股市波动的影响。同样中国股市也会对周边国家和地区的股市产生影响。例如，随着我国2014年11月份沪港通的开闸，内地的股市大幅飙升。

第二节　上市公司分析

要想投资股票，就要了解股票背后上市公司的各种情况，而且越详细越好，尤其要关注上市公司的经营状况。因为影响股价的内在因素就是上市公司本身。

一、公司所属的行业

行业是上市公司的大环境，上司公司的成长受制于所属行业的好坏。只有进行行业分析，才能更加明确地知道某个行业的具体发展状况以及上市公司处于行业的哪个生命周期，并据此作出正确的投资决策。

（一）行业性质

了解公司的行业性质，就能了解公司的总体成长环境和性质，也就能从全局来观察该公司。

分析上市公司行业的性质主要从以下三个方面进行：

（1）从商品形态上分析公司产品是属于生产资料还是消费资料。一般情况下，生产资料受经济环境变动的影响较大，当经济好转时，生产资料的生产增长比消费资料快，反之萎缩得也快。分析消费资料时，还要看产品是奢侈品还是必需品，这两者所受的影响又有所不同，奢侈品对经济环境更为敏感。

（2）从需求形态上分析产品的销售对象和销售范围。不同的销售对象对产品的性能、质量、档次有不同要求；不同的销售范围，如国别、地区等受不同范围内的经济形式的影响。尤其要清楚产品是内销还是外销，内销产品受国内政治经济因素影响，外销产品则受国际政治经济形式、贸易环境的影响。

（3）从生产形态上分析行业是属于劳动密集型还是资本密集型或是知识技术密集型。劳动密集型行业以劳动投入为主，资本密集型行业以资本投入为主，而知识密集型行业以知识技术投入为主。不同类型的行业，劳动生产率和竞争力不同，将影响到企业产品的销售和盈利水平，使投资收益产生差异。

（二）行业周期

行业一般都有其自身的发展周期，上市公司及其股价也受行业发展周期各阶段的影响。

一般来看，行业的一个周期有以下三个阶段。

1. **开创期**

一个行业处于开创期，都是在技术革新时期，由于行业的前景光明，吸引了多家公司进入该行业，投入到新技术和新产品的创新和改造的潮流之中。经过一段时间的竞争，一些公司的产品为市场消费者所接受，逐渐占领和控制了市场，而更多的公司则在竞争中遭到淘汰。因此行业处在开创期，技术进步非常迅速，利润可观，但风险也大，此时的股价往往会出现大起大落的现象。

2. **扩张期**

到了这一阶段，少数大公司基本上控制了该行业，这些大公司已经具备雄厚的实力，并取得了较高的经济效益。在这一阶段，技术表现得较为平缓，利润增长显得比较平稳，公司利润的提高主要取决于公司经营规模的扩大。所以这一阶段公司股价基本上是处于稳定上升阶段。

3. **停滞期**

在这一阶段，由于市场开始趋向饱和，行业生产规模的成长开始受阻，甚至萎缩。但这时行业内部的各家公司利润出现下降的趋势。在停滞期，该行业的股票市场表现平淡或出现下跌。

(三) 行业变动

行业的变动会给上市公司带来极大的影响，进而影响该公司的股价。

行业的变动主要有以下三种情况：

（1）如果相关行业的产品是该行业生产的投入，那么相关行业产品价格上升，就会造成该行业的生产成本提高，利润下降，从而股价会出现下降趋势。比如大豆价格上涨，就可能会使生产食用油的公司股票价格下跌。

（2）如果相关行业的产品是该行业产品的替代品，那么若相关行业产品价格下降，就会降低对该行业产品的市场需求，从而使市场销售量减少，公司盈利也因此降低，股价下跌。反之亦如此。

（3）如果相关行业的产品与该行业生产的产品是互补关系，那么相关行业产品价格上升，对该行业内部的公司股票价格将产生不好的反应。如1973年石油危机爆发后，美国消费者开始偏爱省油的小汽车，结果对美国的传统汽车制造业造成巨大的打击，其股价大幅下跌。

二、公司的盈利能力

上市公司的盈利能力是影响股票市场价格的主要因素，因为股价是未来各期股息收益的折现值，股息来自于公司的利润，因此盈利能力的强弱影响股票的内在价值，也就影响了股票市场价格。

公司的盈利能力要从以下几个方面来分析。

（一）盈利模式

盈利模式就是公司赚钱的方式。它可以用来解释公司的销售收入是通过什么方式产生的，又需要支出哪些成本和费用。

投资者需要更深一步知道公司的收入和利润是如何实现的。例如，投资者对于某互联网公司进行分析，就要了解它的盈利模式是广告盈利、销售盈利还是渠道盈利，此外要了解它提供的产品与服务是什么，是靠什么来运作等。这些因素也是投资者在了解公司盈利模式时需要认真思考的内容，它们决定了公司的优劣势。

好的盈利模式既要符合当前的市场状况，又要可以实现利润。公司有一个稳固的盈利模式，这是确保投资者投资成功的重要因素。投资者需要学会分析和评估一家公司的盈利模式，才能分辨出哪些公司是真正值得投资的。

（二）公司产品

分析预测公司主要产品或服务的市场前景和盈利水平趋势，能够帮助投资者更好地预测公司成长性和盈利能力。上市公司产品或服务的竞争能力、市场份额、品牌战略等的不同，通常对其盈利能力会产生比较大的影响。

（1）一般而言，公司的产品在成本、技术、质量方面具有相对优势，就更有可能获取高于行业平均盈利水平的超额利润；产品市场占有率越高，公司的实力越强，其盈利水平也越稳定。品牌已成为产品质量、性能、可靠性等方面的综合体现。

（2）此外，开发新技术、新产品和新服务，也能提高公司的生产效率，降低生产成本，提升公司的盈利能力，刺激股价上扬。

（三）经营管理能力

公司的经营管理对公司的盈利能力有很大的影响。一个经营管理能力很强的团队才能创造出良好的效益和利润。

公司的经营管理能力主要有三个方面：

（1）公司管理人员的素质和能力。这是公司经营管理能力的重要组成部分。在一定意义上，是否有卓越的企业管理人员，直接决定着企业的经营成败。不同层次的管理人员所需要的能力构成也是不同的。

（2）公司的管理风格和经营理念。公司的管理风格和经营理念是对公司经营范围、成长方向以及竞争策略等的长期规划，直接关系着公司未来的成长和发展。

（3）公司员工的素质和创新能力。员工素质的高低直接影响到企业竞争的成败。提高员工队伍的整体素质，是增强企业竞争力、促进企业发展的重要途径。公司员工创新能力对公司的发展也有很重要的作用，是企业持久发展的动力。

（四）盈利能力指标

盈利能力通常会通过一定的方式表现出来，投资者要学会看懂一些反映盈利能力的指标。反映公司盈利能力的指标很多，通常使用的主要有主营业务净利润率、销售净利率、销售毛利率、净资产收益率等。

1. 主营业务净利润率

主营业务净利润率是公司净利润与主营业务收入净额的比率。

计算公式为：

$$主营业务净利润率 = （净利润/主营业务收入净额） \times 100\%$$

$$净利润 = 利润总额 - 所得税额$$

主营业务净利润率是反映企业盈利能力的一项重要指标，这项指标越高，说明企业从主营业务收入中获取利润的能力就越强。影响该指标的因素较多，主要有商品质量、成本、价格、销售数量、期间费用及税金等。

2. 销售净利率

销售净利率是指净利润与销售收入的百分比。其计算公式为：

$$销售净利率 = （净利润/销售收入） \times 100\%$$

净利润，也称净利，在我国会计制度中是指税后利润。

例如，Y公司2013年净利润为15000万元，销售收入为300000万元，则该公司销售净利率为：

$$销售净利率=（15000/300000）\times 100\%=5\%$$

该指标反映每1元销售收入带来的净利润是多少，表示销售收入的收益水平。公司在增加销售收入额的同时，必须相应获得更多的净利润，才能使销售净利率保持不变或有所提高。通过分析销售净利率的升降变动，可以促使公司在扩大销售业务的同时，注意改进经营管理水平，从而提高盈利水平。

3. 销售毛利率

销售毛利率是毛利占销售收入的百分比，其中毛利是销售收入与销售成本的差。其计算公式为：

$$销售毛利率=[（销售收入-销售成本）/销售收入]\times 100\%$$

销售毛利率表示每1元销售收入扣除销售成本后，有多少钱可以用于各项期间费用和形成盈利。销售毛利率是公司销售净利率的基础，没有足够大的毛利率便不能盈利。

4. 净资产收益率

净资产收益率是反映企业所有者权益对企业投资部分的盈利能力，又称所有者权益报酬率或净资产利润率。

$$净资产收益率=（净利润/所有者权益平均余额）\times 100\%$$

$$所有者权益平均余额=（期初所有者权益余额+期末所有者权益余额）/2$$

净资产收益率越高，说明企业所有者权益的盈利能力越强。影响该指标的因素，除了企业的盈利水平以外，还有企业所有者权益的大小。对所有者来说，该比率越大，投资者投入资本盈利能力越强。在我国，该指标是上市公司对外必须披露的信息之一。

三、关联交易

上市公司关联交易是指上市公司及其控股子公司与关联人之间发生的转移资源或义务的事项。

关联交易因为关联方相互了解，交易就能进行得有序、高效，从而降低交易成本，增加流动资金的周转率，提高资金的营运效率，增加企业集团的规模经济效益，双方通过并购、联合等形式扩大规模，有利于向集团化和跨国公司方向发展。

（一）上市公司的关联人

上交所颁布的《股票上市规则》规定：上市公司关联人包括关联法人、关联自然人和潜在关联人。

1. 关联法人

（1）直接或间接地控制上市公司以及与上市公司同受某一企业控制的法人（包括但不限于母公司、子公司、与上市公司受同一母公司控制的子公司）。

（2）关联自然人直接或间接控制的企业。

2. 关联自然人

（1）持有上市公司5%以上股份的个人股东。

（2）上市公司的董事、监事及高级管理人员。

（3）上述人士的亲属包括父母、配偶、兄弟姐妹、年满18周岁的子女；配偶的父母、兄弟姐妹；子女的配偶；兄弟姐妹的配偶等。潜在关联人是指因与上市公司关联法人签署协议或作出安排，在协议生效后符合关联法人和关联自然人的条件的人。

关联人的范围非常广。除直接控制关系外，关联法人中还包括了间接控制方和被间接控制方。例如，上市公司母公司的母公司也是上市公司的关联人，而同受母公司控制的企业也是上市公司的关联人。对于上市公司而言，只要是从与其同一个控制人（法人或自然人）中发展出来的企业都是他们的关联人。

（二）关联交易形式

关联交易的形式包括但不限于下列事项：购买或销售商品，购买或销售除商品以外的其他资产，提供或接受劳务、代理、租赁，提供资金（包括以现金或实物形式）、担保、管理方面的合同、研究与开发项目的转移、许可协议、赠与、债务重组、非货币性交易、关联双方共同投资以及交易所认为应当属于关联交易的其他事项。

（三）年报中的关联交易信息

上市公司年报中关于交易及关联方的披露主要在以下地方：

（1）年报的第三部分：股本变动及股东情况。此部分中有上市公司主要股东的名单，大股东及其控制的企业就是上市公司的关联人。

（2）年报的第七部分：董事会报告。其中有上市公司董事、监事和高级管理人员名单，他们是上市公司的关联人，他们控制的企业也是上市公司的关联人。

（3）年报的第九部分：重要事项。其中有重大关联交易事项，该部分对公司的重大关联交易有详细描述。

（4）年报的第十部分：财务报告。财务报告中的会计报表附注中有专门的关联方及关联交易部分，在该部分中有所有的关联方及关联交易的会计资料。

值得投资者注意的是，在关联交易的操作中，存在着很多不规范的地方，容易产生后患。例如，上市公司的控股股东可能会从上市公司低价买进产成品，转身又把原材料高价卖给上市公司，目的是为了规避税收；也有可能侵占上市公司公开募集的资金或无偿拖欠上市公司的贷款，抢占公司前景好的投资项目，掠夺了公司的利润；提出上市公司为自身或其他关联方提供担保的要求等，这在一定程度上影响公司自身的业务发展。从长远看，更损害中小投资者、债权人的利益。

四、公司的利润分配

公司利润的分配包括缴税、提取公积金和公益金、分红派息等。投资者首先要了解当年可供分配利润量大小，然后要搞清楚各种分配比率的大小及变化，特别要了解股息支付的情况，如普通股利分配量及每股利息，因为股利，尤其是预期未来股利是决定股票价格的根本因素。

股份公司的股息派发政策对股票价格的影响最直接。通常情况是股利高，股价涨；股利低，股价降。

公司盈利的增加并不一定就意味着股利能够同时增加，盈利的增加只是提供了增加股利派发的可能性。公司盈利增加后，可能不增加股利而是用于扩大投资，使其利润资本化，也可能在盈利增加后增加股利派发，这取决于公司实行的股利政策。

不同的股利政策会对股票价格产生不同的影响，而且股利政策比公司盈利对股价的影响更为直接和迅速。一般的情况是，公司宣布增加股利时，股价上升；减少股利，则股价下降。如果是不增不减，则对股票的价格不会产生太大影响。

五、资产重组

资产重组是指将原企业的资产和负债进行合理划分和结构调整，经过合并、分立等方式，将企业资产和组织重新组合和设置。狭义的资产重组仅仅指对企业的资产和负债的划分和重组，广义的资产重组还包括对企业机构和人员的设置与重组、业务机构和管理体制的调整。目前所指的资产重组一般都是指广义的资产重组。资产重组的主要形式有股权转让、股份转让、并购、资产置换等。

资产重组带给市场的获利机会远远超过其他任何题材，带给投资者的想象空间更是难以估量，重组给市场带来的增量收益，甚至会超过市场本身的业绩增长。其巨大的财富效应使得具有重组概念的个股成为投资者竞相追逐的热点。

例如，金丰投资（600606），因重组的题材，股价在2014年3月27日创出新高11.22元，仅仅9个月的时间涨幅高达138%，如图3-2所示。

（一）资产重组类型

企业资产重组与兼并归纳起来有以下三种类型：

（1）大型非上市公司入驻小型上市公司。这就是通常所说的"借壳上市"或"买壳上市"。

（2）上市公司内部资产重组或资产置换。一些上市公司为了利用"壳"的融资功能，借此提高业绩，以达到国家规定的增资配股的条件。通过资产剥离和资产置换，将一些不良资产剥离出去，并注入一些成长性很强的优质资产来提高上市公司的业绩。

（3）上市公司兼并收购非上市公司。

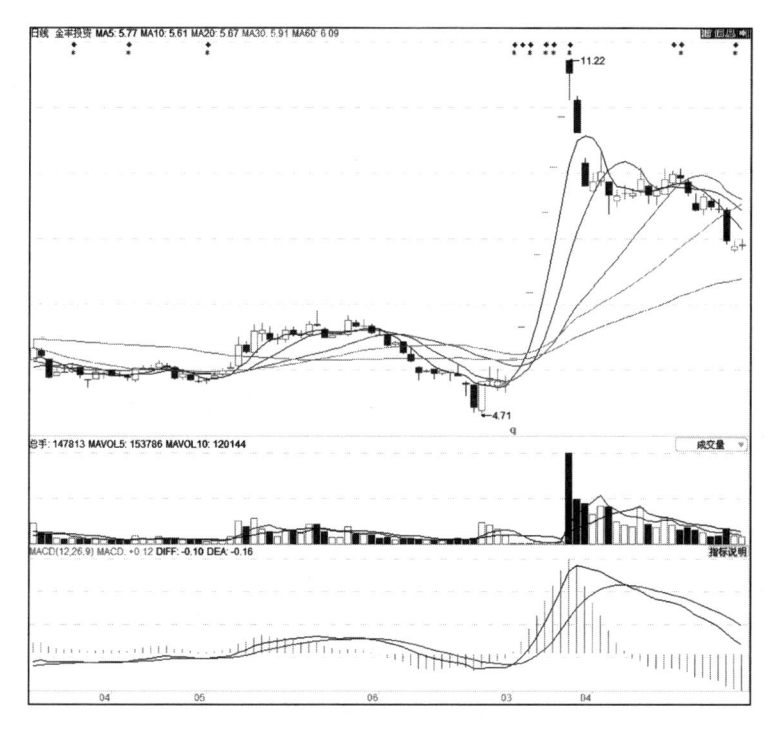

图3-2 金丰投资走势图

（二）防范重组股风险

资产重组一直是市场热衷炒作的题材，介入重组题材股，虽然收益可能很高，但是风险也较大，新股民要考虑清楚再做投资决定。新股民要防范资产重组股的风险，就要了解具体有哪些风险。

1. 虚假重组消息

市场上有关重组预期的消息众多，中小投资者由于信息不对称，不知道谁会真重组，谁仅仅是炒作。如果判断有误，所介入的股票没有实质重组题材或重组失败，股价被远远高估后，将来的下跌难以避免。

就资产重组的现实情况来看，假重组主要有：

（1）以"圈钱"为目的进行的"报表重组"。
（2）ST公司以保上市资格为目的的进行的"资格重组"。
（3）以拉抬股价为目的进行的"题材重组"。
（4）利用上市公司的担保或回报为目的的"资产重组"。

2. 透支预期

很多上市公司的资产重组是以企业逃避债务或市场炒作为目的的短期交易，不是正常的优化资源配置行为，也不是真正立足产业整合和企业重构的实质性重组和战略性重组。这些资产重组本身对于上市公司带来的有限利好也可能因为已经在停牌前的股价中反映出来，因此在复牌之后反而出现"利好出尽是利空"，获利盘兑现，导致连续跌停。

3. 重组方案低于预期

如果上市公司重组方案出台之后低于之前市场对它的预期，则同样会出现股价下跌的问题。

第三节 财务分析

财务分析是指以财务报表和其他资料为依据和起点，采用专门方法，系统分析和评价企业的过去和现在的经营成果、财务状况及其变动，将大量的报表数据转换成决策信息，目的是为了了解企业的过去，评价企业的现在和预测企业的未来，以帮助分析者进行决策。

在上市公司基本面分析中，对公司财务报告的分析具有重要的地位。公司的经营状况是决定股价的长期的、重要的因素。而上市公司的经营状况，则通过财务报表反映出来。新股民可以通过查阅公司公开刊登的招股说明书、定期业绩报告中的财务报告，从中分析上市公司的经营业绩，判断其股票的优劣，从中选出具有高成长性的股票。

一、分析的基本依据

公司财务分析的基本依据就是财务报表。上市公司的财务报表是投资者了解公司、决定投资行为的最全面、最可靠的第一手资料。财务报表主要包括资产负债表、利润及利润分配表（损益表）、现金流量表。

（一）资产负债表

资产负债表是反映公司某一特定时点（如年末12月31日或年中6月30日）财务状况的静态会计报表，反映的是公司资产、负债（包括股东权益）之间的平衡关系。通过分析资产负债表，可以了解公司的基本财务状况；

资产负债表依据"资产=负债+所有者权益"的等式，按照一定的分类标准和一定的顺序，将公司的资产、负债和所有者权益项目予以适当排列、编制而成。它主要包括三方面的内容：一是公司在某一时点所拥有的资产总额；二是公司在某一时点的负债总额；三是股东权益。

资产负债表是一张平衡表，分为"资产"和"负债+股本"两大部分，"资产"部分在左边,"负债+股本"列在右边(有时候因为版面不够,将两部分上下排列),表格左右两列数值的总额是相等的,即资产=负债+股东权益。另外,为了与以前情况进行对比,资产负债表分别列示期初和期末数据。

资产负债表的资产部分,反映企业的各类财产、物资、债权和权利,说明公司所拥有的各种资源以及公司偿还债务的能力。一般按变现先后顺序表示,包括了流动资产、长期投资、固定资产和无形资产、递延资产等。

负债部分表示公司所应支付的所有债务,显示公司所负担的各种债务与其偿还期限,包括流动负债和长期负债。

股东权益部分表示除去所有债务后公司的净值,即在偿清各种债务之后,公司股东所拥有的资产价值,包括股本、资本公积金、盈余公积金(含公益金)、未分配利润等。

浏览一下资产负债表中资产、负债、股东权益的变化,可以对公司经营有一个初步认识。

(二)利润及利润分配表

利润表(也就是损益表)是一定时期内(通常是一年或半年、一季度)经营成果的反映,它是公司在一定时间的业务经营状况的动态报告,它是依据"收入-费用=利润"这一平衡关系编制而成。它主要包括销售收入、销售成本、销售毛利、营业外收入及支出、税前及税后盈利等科目及金额。通过分析利润表,可以了解分析公司的盈利能力、盈利状况、经营效率,预测企业收益的发展趋势。

利润分配表则反映公司税后盈利的分配情况以及公积金与未分配利润的增减变动的原因。

利润及利润分配表除了列出本期数,还列出上期数据以供对比,如在编报中期财务报告时,填列上年同期累计实际发生数;在编报年度财务报告时,填列上年全年累计实际发生数。

(三)现金流量表

现金流量表主要向股民提供公司在年度内经营活动、投资活动和筹资活动所产生的现金流入和流出的信息。它以现金及现金等价物为基础编制,是反映公司财务状况变动及其原因的主要财务报表。

现金流量表提供公司在年度内有关现金收支的资料,帮助股民分析公司的生存能力、发展能力和适应市场变化的能力。

现金流量表所指的现金,是指公司库存现金以及可以随时用于支付的存款;现金等价物是指公司持有的期限短、流动性强、易于转换为已知金额现金、价值变动风险很小的投资,如短期债券。

在现金流量表中将公司的经济活动所引起的现金流量的变化分为来自经营活动

的现金流量、来自投资活动的现金流量和来自筹资活动的现金流量等几类内容。

二、分析的主要内容

投资者根据财务分析的几种表格，来分析上市公司的获利能力、偿债能力、扩展经营能力和经营效率等内容。

（一）公司的获利能力

公司获利状况如何，是衡量公司有无活力、经济效益优劣的标志，也是投资者选择公司或证券的主要依据。作为证券投资者，当然应该选择利润丰厚、投资回报率高的公司进行投资。

（二）公司的偿债能力

公司的获利能力与偿债能力并不完全成正比。有的公司当前盈利不错，但资金结构不合理，偿债能力差，这样的公司就潜藏着极大的风险。因此，投资者应加强对公司流动性状况及资本结构的分析。

具体可以从两方面进行分析：

（1）分析公司的短期偿债能力。

（2）分析公司的长期偿债能力。

投资者在追求股票高收益的同时，应注意防范公司的偿债风险，以确保投资的安全。如出现偿债能力下降因素，投资者应及时做出决策以转移风险。

（三）公司的扩展经营能力

公司的扩展经营能力也就是公司的成长性。投资者不能只看到公司的当前效益或者短期效益，而应注重公司未来的发展前景和发展能力，因为股票投资是现在投入一笔资金以求将来收回更多的资金。一个公司当前盈利虽低，或者因把大部分盈利转化为投资而目前分红派息少，但成长速度快、潜力大，则该公司股价升值速度就会很快，就值得投资。

（四）公司的经营效率

一个公司经营效率的高低，可通过分析财务报表中各项资金和资产周转速度的快慢而反映出来。从资金周转速度的快慢，可以说明资金利用效率的高低以及公司经营是否顺畅，进而看出购买该公司股票是否有利可图。

三、财务比较分析法

比较分析法是财务报表分析的基本方法之一，是通过某项财务指标与性质相同的指标评价标准进行对比，揭示企业财务状况、经营情况的一种分析方法。比较分析法按比较标准不同有三种形式。

（一）横向比较

横向比较是根据一个公司连续数期的财务报表，就其中的同一项目或同一比率进行数值比较，以判断公司未来经营状况的发展变化趋势。这种比较既可以是同一项目绝对数值的比较，也可以是增长率的比较。

（二）纵向比较

纵向比较是指将财务报表中各个具体项目数据与一个基本项目数据进行比较，算出百分比，并就不同时期或时点的数值进行对比，以判断某一具体项目与基本项目的关系、某一具体项目在表中的地位以及这种地位增强或减弱的趋势。

（三）标准比较

标准比较是将公司各个会计项目数据与一个设定的标准数据进行比较，以考察上市公司各项指标是否达到或超过社会平均经营水平。

标准比较的关键是确定反映社会平均经营水平的标准数据。这一般可通过大量经验数据统计而得到，其中有些是国际或国内公认的既定标准。如国际公认的流动比率正常标准为2∶1，速动比率为1∶1；我国公认的资本利润率平均水平为10%等。

此外，还应将公司的有关数据指标与公司所在行业的平均值或最佳值进行比较，以判断公司的有关指标在同行业中处于何种水平。当然，在做这种比较时，应具体情况具体分析，不能生搬硬套。

四、财务比率分析法

财务比率分析是将两个有关的会计数据相除，用所求得的财务比率来提示同一会计报表中不同项目之间或不同会计报表的相关项目之间所存在逻辑关系的一种分析技巧。运用财务比率进行各种维度的比较分析，有助于会计报表使用者正确评估企业的经营业绩和财务状况，以便及时调整投资结构和经营决策。

财务比率分析根据分析的主要内容不同，可以分为以下四类。

（一）收益性比率

收益性比率是测量公司获利能力的指标，是投资者最关心的财务比率。主要有以下一些具体指标。

1. 资产报酬率

资产报酬率也叫投资盈利率，是指企业净利润与平均资产总额的比率，是用以衡量公司运用所有投资资源所获经营成效的指标。其公式为：

$$资产报酬率 = 税后盈利/平均资产总额 \times 100\%$$

式中：

$$平均资产总额 = （初期资产总额 + 末期资产总额）/2$$

资产报酬率是用以衡量公司运用所有投资资源所获经营成效的指标。其比率越高，则表明公司越善于运用资产。

2. 资本报酬率

资本报酬率就是净收益与股东权益的比率，或税后盈利与资本总额的比率。其公式为：

资本报酬率＝税后盈利（净收益）/资本总额（股东权益）×100%

资本报酬率是用以衡量公司运用所有资本所获得经营成效的指标。比率越高，表明公司资本的利用效率越高。

3. 股本报酬率

股本报酬率是税后盈利与股本的比率，是企业股本总额中平均每百元所获得的利润。其公式为：

股本报酬率＝税后盈利股本×100%

从股本报酬率的高低，可以观察到公司分配股利的能力。当这一比率高时，则公司分配股利自然高。

4. 股东权益报酬率

股东权益报酬率又称净值报酬率，是指普通股的投资者委托公司管理人员应用其资金所能获得的投资报酬率。其公式为：

股东权益报酬率＝（税后盈利-优先股利）/股东权益×100%

这一比率，可以衡量出普通股权益所得报酬率的大小，因而最为股票投资者关心。这一比率还可用于检测一个公司产品利润的大小及销售收入的高低，其比率越高，说明产品利润越大。

5. 每股净值

每股净值也称每股账面价值或每股净资产额，是股东权益与股本总数的比率。一般来说，股票市价高于其资产净值，而每股资产净值又高于其面额。其公式为：

每股净值＝股东权益/股本总数

每股净值的数额越高，表明公司的内部积累越是雄厚，即使公司处于不景气时也有抵御能力，股东所享有的权益就越多。一般来说，那些净资产较高而市价不高的股票，具有较好的投资价值；相反，如果净资产较低，但市价却居高不下的股票，投资价值小。

6. 每股盈利

每股盈利也称每股收益，是扣除优先股股息后的税后利润与普通股股数的比率。其公式为：

每股盈利＝（税后利润-优先股股息）/普通股发行数

通过对每股盈利的分析，投资者不但可以了解公司的获利能力，而且可预测每股股利以及股利增长率，并据此分析股票的投资价值。

7. 市盈率

市盈率指在一个考察期（通常为12个月）内，股票的价格和每股收益的比值。投资者通常利用该比例值估量某只股票的投资价值，或者比较不同公司的股票之间的该指标。市盈率通常用来作为比较不同价格的股票是否被高估或者低估的指标。其公式为：

$$市盈率 = 每股现行市价 / 普通股每股净收益$$

一般来说，经营前景良好、很有发展前途的公司的股票市盈率趋于升高。

8. 营业比率

营业比率就是营业成本与销售收入之间的比率。其公式为：

$$营业比率 = 营业成本 / 销售收入$$
$$= (销售成本 + 营业费用) / 销售收入 \times 100\%$$

投资者可以通过分析这一比率，测知公司的营业效能。如果某公司的这一比率超过了100%，则显示亏本状况；反之，这一比率越小，则公司的纯利润越高，获利能力越强。

（二）安全性比率

安全性比率是分析公司偿债能力的指标，其内容包括两个方面，即短期偿债能力与长期偿债能力。

短期偿债能力，即将公司资产转变为现金用以偿还短期债务能力，它的比率主要有流动比率、速动比率以及流动资产构成比率；长期偿债能力，即公司偿还长期债务能力，它的比率主要有股东权益对负债比率、负债比率、举债经营比率、产权比率、固定资产对长期负债比率。

1. 流动比率

流动比率也称营运资金比率，是衡量公司短期偿债能力最通用的指标。其公式为：

$$流动比率 = 速动资产 / 流动负债$$

投资者通过分析流动比率，就可以知道公司一元的短期负债，能有几元的流动资产可做清偿保证。流动比率越大，表明公司的短期偿债能力越强，并表明公司有充足的营运资金。

财务健全的企业，其流动资产应高于流动负债，流动比率不得低于1∶1，一般认为流动比率大于2∶1较合适。

2. 速动比率

速动比率是速动资产和流动负债的比率，是用于衡量公司到期清算能力的指标。投资者通过分析速动比率，就可以测知企业在极短时间内取得现金偿还短期债务的能力。其公式为：

$$速动比率 = 速动资产 / 流动负债$$

公式中，速动资产是指那些能立即变现的资产，一般是指从公司流动资产中扣除流动性较差的存货、预付款等之后的余额。

速动比率最低限为1∶2，如果保持在1∶1，则流动负债的安全性较有保障。因为，当此比率达到1∶1时，即使公司资金周转发生困难，也不致影响其即时偿债能力。

3. 流动资产构成比率

流动资产构成比率是计算资产负债表上每一项流动资产在流动资产总额中所占的比率。其公式为：

$$流动资产构成比率 = 每一项流动资产 / 流动资产总额$$

分析这一比率能够了解每一项流动资产所占用的投资额，弥补流动比率的不足，达到检测流动资产构成内容的目的。

4. 股东权益对负债比率

股东权益对负债比率是股东权益与负债总额之间的比率，用以表示在公司的每百元负债中，有多少资本可以抵债。其公式为：

$$股东权益对负债比率 = 股东权益 / 负债总额 \times 100\%$$

股东权益对负债比率越大，表明公司自有资本越雄厚，负债总额小，债权人的债权越有保障；反之，公司负债越重，财务可能陷入危机，可能无力偿还债务。

5. 负债比率

负债比率即负债与股东权益之间的比率。它表明公司每1元资本吸收了多少元负债。其公式为：

$$负债比率 = 负债总额 / 股东权益$$

通过分析这一比率，可以测知公司长期偿债能力的大小，负债比率越小，表明股东所投资的资产越多，债权人的债权越有保障，并表明公司对外负债与利息负担减少，财务危机发生的可能性减少。但是，负债比率过低则可能表明没有新的项目投资，或是企业的融资能力比较差。

6. 举债经营比率

举债经营比率即债权人权益对总资产比率，它表明公司的资产总额中，债权人的投资额的大小。其公式为：

$$举债经营比率 = 负债总额 / 总资产净额 \times 100\%$$

举债经营比率可以测知公司扩展经营能力的大小，并揭示股东权益运用的程度。其比率越高，公司扩展经营的能力越大，股东权益越能得到充分利用，越有机会获得更大的利润，为股东带来更多的收益，但举债经营要承担较大的风险。

7. 产权比率

产权比率又叫自有资本比率，就是股东权益与总资本之间的比率，是与举债经营比率相配合的。其公式为：

$$产权比率 = 股东权益/总资产净额 \times 100\%$$

产权比率越高，公司自有资本占总资产的比重越大，从而其资产结构越健全，长期偿债能力越强。产权比率必须达到25%以上，该公司的财务才算是健全的。

8. 固定资产对长期负债比率

固定资产对长期负债比率就是指公司有多少固定资产可供长期借贷的抵押担保，也可表明长期债权人权益安全保障的程度。其公式为：

$$固定资产对长期负债比率 = 固定资产/长期负债 \times 100\%$$

就一般公司而言，固定资产尤其是已作为抵押担保的，应与长期负债维持一定的比例，以作为负债安全的保证。一般认为，这一比率超过100%为宜，越大则越能保障长期债权人的权益。

（三）成长性比率

成长性比率是财务分析中比率分析法的重要比率之一，它一般反映公司的扩展经营能力。成长性比率同安全性比率有密切的关系，因为安全性乃是收益性、成长性的基础，公司偿债能力比率的指标合理，财务结构才健全，才有可能扩展经营。成长性比率的主要指标有利润留存率和再投资率。

1. 利润留存率

利润留存率是指公司税后盈利减去应发股利的差额和税后利润的比率。其公式为：

$$利润留存率 = (税后利润 - 应发股利)/税后利润 \times 100\%$$

它表明公司的税后利润有多少用于发放股利，多少用于留存收益和扩展经营。利润留存率越高，表明公司发展的后劲越强；利润留存率越低，则公司发展的后劲越弱。

2. 再投资率

再投资率又称内部成长性比率，它表明公司用其盈余所得再投资，以支持公司成长的能力。其公式为：

$$再投资率 = 税后利润股东权益 \times 股东盈利 - 股息支付$$

式中：

$$股东盈利 = 资本报酬率 \times 股东盈利保留率$$

其中，股东盈利保留率即股东盈利减股息支付的差额与股东盈利的比率。股东盈利则指每股盈利与普通股发行数的乘积，实际上就是普通股的净收益。

再投资率越高，公司扩大经营的能力则越强，发展前景就越好。

（四）周转性比率分析

周转性比率是用来分析一个公司经营效率的比率。常用的周转率有以下五种：

1. 应收账款周转率

应收账款周转率是指销售收入与应收账款之间的比率。其公式是：

应收账款周转率＝销售收入/［（期初应收账款+期末应收账款）/2］

＝销售收入/平均应收账款

一般来说，应收账款周转率越高越好。应收账款周转率高，表明公司收账速度快，平均收账期短，坏账损失少，资产流动快，偿债能力强。

这一比率是应收账款每年的周转次数。如果用一年的天数即365天除以应收账款周转率，便求出应收账款每周转一次需多少天，即应收账款转为现金平均所需要的时间。其公式为：

应收账款变现平均所需时间＝一年天数/应收账款年周转次数

2. 存货周转率

存货周转率是指销售成本与商品存货之间的比率。其公式为：

存货周转率＝销售成本/［（期初存货+期末存货）/2］

＝销售成本/平均商品存货

存货的目的在于销售并实现利润，因而公司的存货与销货之间，必须保持合理的比率。存货周转率是衡量公司销货能力强弱和存货是否过多或短缺的指标。其周转率越高，说明存货周转速度越快，说明公司对存货的利用率越高，存货积压少，因持有存货所支付的利息以及仓储费也低，表明公司的经营管理效果越好。

3. 固定资产周转率

该比率指销售收入与固定资产之间的比率，它表示固定资产周转次数。其公式为：

固定资产周转率＝销售收入/平均固定资产余额

固定资产的周转率越高，表明固定资产周转速度越快，固定资产的闲置越少。不过这一比率也不是越高越好，太高则表明固定资产过分投资，会缩短固定资产的使用寿命。

4. 资本周转率

资本周转率又叫净值周转率，是销售收入与股东权益的比率。其公式为：

资本周转率＝销售收入/股东权益平均金额

资本周转率越高，表明资本周转速度越快，运用效率越高。资本周转率越低，则表明公司的资本运用效率越低。但如果比率过高则表示公司过分依赖举债经营，即自有资本少。

5. 资产周转率

资产周转率是指销售收入与资产总额之间的比率。其公式为：

第三章 股市的基本面分析

资产周转率＝销售收入/资产总额

这一比率是衡量公司总资产是否得到充分利用的指标。该项指标反映资产总额的周转速度。周转越快，反映企业资产的利用效果越好，销售能力越强，进而反映出企业的偿债能力和盈利能力令人满意。企业可以通过薄利多销的办法，加速资产的周转，带来利润绝对额的增加。

在财务分析中，比率分析用途最广，但也有其局限性，比率分析属于静态分析，对于预测未来并非绝对合理可靠，另外，比率分析所使用的数据为账面价值，难以反映物价的影响。

在运用比率分析时，一是要注意将各种比率有机联系起来进行全面分析，不可单独地看某种或各种比率，否则便难以准确地判断公司的整体情况；二是要注意审查公司的性质和实际情况，而不光是着眼于财务报表；三是要注意结合差额分析，这样才能对公司的历史、现状和将来有一个详尽的分析和了解，达到财务分析的目的。

【新股民寄语】

新股民炒股如果不想懵懵懂懂地跟风炒股，就要学会对股票进行分析研究。其中股票的基本面就是股票分析的主要内容。新股民要对股市及股票的各种资讯消息进行收集、整理、分析，总结出影响股价变动的主要因素，才能了解和预测股价的走势，从而作出合理的投资决策，降低投资的风险。

第四章
股票投资的技术分析

第一节　技术分析理论

一、什么是技术分析

技术分析是指通过一定的技术手段，对过去和现在的市场行为（包括交易价格、成交量或涨跌时间、涨跌幅度等）作出图形描绘和指标计算，以推测未来价格的变动趋势，寻找买卖时机的一种方法。技术分析的基本用意是总结历史经验，根据过去股市上曾经多次出现过的情况，来比较和分析当前的股市，从而找出其可能的趋势倾向，以此决定操作方法。

技术分析方法有数学的、有图表的，比较著名的方法已有数十种。这些方法各有优劣和不同的适用范围，本章只介绍最常用的几种方法。不过对于大多数人来说，也不需要了解和掌握太多的方法，找几种自己较熟悉并在实践中认为有效的方法，长期坚持去做，经过一段时间后就可以摸索出其中的规律，就可能取得较好的收益。

基本面分析着重于对一般经济情况以及各个公司的经营管理状况、行业动态等因素进行分析，以此来研究股票的价值，衡量股价的高低；而技术分析则是透过图表或技术指标的记录，研究市场过去及现在的行为反应，以推测未来价格的变动趋势。其依据的技术指标的主要内容是由股价、成交量或涨跌指数等数据计算而得出的，技术分析只关心证券市场本身的变化。

任何分析方法都有它的优点和缺点，技术分析同样也有缺点。在使用技术分析时，应注意如下问题。

（1）技术分析是根据统计学原理得来的，它得到的是概率，并不是百分之百准确，有一定的误差。

（2）技术分析的一些指标是根据常态统计而成的，在非常态情况下，会失效。投资者要学会当市场进入非常态时，要放弃使用常态指标；当大势恢复常态时，再继续使用常态指标。

（3）技术分析的种类非常多，有些时候会相互出现矛盾。这时投资者可以采用两种方式：

①根据多数指标指导的方向去做。

②直到看懂了再操作。

（4）有一些技术分析方法有测市功能，如波浪理论和江恩理论等。投资者如果没有很丰富的实战经验，要特别谨慎小心，在实践中，必须配有一套止损措施。

（5）在应用技术分析时，要了解分析方法的理论基础，不能生搬硬套记住几个法则了事。

（6）技术分析是短线操作的主要工具，但是由于技术分析的局限性，投资者在做投资分析时要将基本面分析与技术分析结合起来。

二、技术分析的内容

技术分析认为所有股票的实际供需量及其背后起引导作用的种种因素，包括股票市场上每个人对未来的希望、担心、恐惧等，都集中反映在股票的价格和交易量上，投资的答案应尽可能从市场中寻找。道氏理论的创立者查尔斯·亨利.道是技术分析的先驱，之后，产生的技术分析理论和方法有艾略特波浪理论、移动平均线、强弱势分析等。各种技术方法都从不同的角度对股市进行系统的分析。对新股民而言，掌握一些简单的技术分析方法，有助于更好地把握机会，作出正确的决断。

技术分析的作用是通过分析来预测由于供需变化而形成的股票的未来价格。它是根据过去积累的价格变动资料来预测未来市场的变化。技术分析的各种方法是把过去的价格资料用图形表示，这样更直观，分析更方便。但技术分析仅能帮助投资者做中短期决策，对长期决策没有作用。

技术分析的理论基础是空中楼阁理论。空中楼阁理论是美国著名经济学家凯恩斯于1936年提出的，该理论完全抛开股票的内在价值，强调心理构造出来的空中楼阁。投资者之所以要以一定的价格购买某种股票，是因为他相信有人将以更高的价格向他购买这种股票。精明的投资者无须去计算股票的内在价值，在股价达到最低点之后买进股票，而在股价达到最高点之前将其卖出。

技术分析之所以成立、可行，单纯从经济行为角度看待价格变动，其分析方法是建立在以下三个假定基础之上的，即：

（1）市场行为反映一切信息。技术分析的基础，是建立在市场的任何变化总是反映在现在的价格水平上，市场行为涵盖一切信息这一假设上。影响股价的外因和内因都体现在市场的走势之中。

（2）价格沿既定方向发展。技术分析假定价格总是在既定的方向变化直到发生某种事情才会改变。价格趋势本身不会反转，只有在外界影响下才可能发生。因此，价格趋势的继续总比反转的可能性大。这是用图形预测的基础。这是进行技术分析最根本、最核心的因素。

（3）历史往往会重演。在市场的千变万化之中，总会发现与过去类似的情况出现。从心理学角度看投资者每次在相同的市场条件下会作出同样的决策。这些决策变成市场中的买和卖的交易。每天，市场中都有非常大量的投资者进行交易，虽然每个投资者对买和卖的选择是偶然的，但总体上价格的反应还是有规律可循的。

三、道氏理论

道氏理论是公认的图表走势分析的开山鼻祖，它是由查理斯·亨利.道创立的证券分析理论，诞生于一百多年前。

查理斯·亨利.道是美国麻省一家共和党报纸的编辑，后来到纽约参与股票买卖，接着设立了道·琼斯公司。于1884年，发布了道琼斯指数，登载于道琼斯公司的《华尔街日报》上。

道氏并没有对他的理论做系统的阐述，仅是在《华尔街日报》上以社论的形式，发表过一系列文章，在讨论中有他对股票市场行为的研究心得片段性的描述。直到他去世一年后的1903年，这些文章才被收编在S.A.纳尔逊所著的《股市投机的基础知识》一书中，得以出版。这本书首次将查理斯·亨利.道的心得称为"道氏理论"，从而以"道氏理论"正式定名。到了1922年，《华尔街日报》的继任主编汉米尔顿出版了《股票市场晴雨表》一书，集中论述了道氏理论的精华。

（一）基本理论

道氏的基本理论就是股价沿趋势变动的理论。道氏理论认为，变动有三种趋势——基本趋势、次级趋势和短期趋势。

1. 基本趋势

这是最重要的股价趋势，即从大的角度来看的上涨和下跌的变动。这种趋势持续的时间通常为一年或一年以上，股价总的升（降）幅度超过20%。对投资者来说，基本趋势持续上升就形成了多头市场，持续下降就形成了空头市场。长期投资者最关心的是股价的基本趋势，其目的是想尽可能地在多头市场上买入股票，而在空头市场形成前及时地卖出股票。

（1）多头市场。只要下一轮上涨的升幅超过前期高点，而每一次下跌回档的波底又比前一次高，那么，主要趋势是上升的，主要趋势持续上升就形成了多头市场。

多头市场可以分为三个阶段：

①第一个阶段是入货期。此时市场氛围悲观，多杀多现象导致股价持续下跌了很长时间，不少人已经或完全退出了股票市场。在这个阶段中，一些有远见的投资者察觉到市场的转机，开始暗中吸纳股票。

②第二阶段是回升阶段。随着市场的多次反复，价格和交易量开始稳步攀升，各种利好吸引了投资者的注意。资金不断回流入市场之中，使用技术性分析的交易通常能够获得最大的利润。

③第三个阶段是出货阶段。此时，市场人气沸腾。人们聚集在交易大厅之中，

第四章 股票投资的技术分析

大盘不断创新高的消息经常出现在报纸的头版。随着投机气氛的高涨，成交量持续地上升，垃圾股迅速补涨，市场达到狂热状态，而对于理性的投资者来说，这正是卖出股票的好机会。

（2）空头市场。当每次下跌至更低点，而接着的反弹无法超过上次反弹的高点，那么，主要趋势是下跌的，持续下跌就形成了空头市场。

空头市场，也分为三个阶段：

①第一阶段是出货期。这是顺延了多头市场的一个阶段。在这个阶段，市场成交量继续维持在高位，人们热衷于短线投机，但是开始感觉到获利逐渐变成难事。有远见的投资者提前将手中的股票在高位卖出。

②第二个阶段是转势时期，似乎在突然之间，大家都意识到要变盘了，想要买进的人减少，而想要卖出的人则急于脱手。价格下跌的趋势猛然加速，股价走势接近于垂直的回落。

③第三阶段是杀多时期。这是市场的最后一跌，前期抗跌的绩优品种开始下跌，市场信心丧失，将最后的筹码抛出。市场利空不断兑现，但对股价的影响越来越弱，因为最坏的消息已经被预期，该跌的都跌了。

2. 次级趋势

股价运动的第二种趋势称为股价的次级趋势。因为次级趋势经常与基本趋势的运动方向相反，并对其产生一定的牵制作用，因而也称为股价的修正趋势。这种趋势持续的时间从3周至数月不等，其股价上升或下降的幅度一般为30%~60%。

在多头市场里，次级趋势表现为中级下跌或调整行情；在空头市场里，次级趋势表现为中级的上升或反弹行情。

3. 短期趋势

股价运动的第三种趋势称为短期趋势，反映了股价在几天之内的变动情况，它们是短暂的波动，很少超过3个星期。它们本身尽管没有什么意义，但是使得主要发展趋势的全过程富于神秘多变的色彩。

通常，不管是次级趋势或两个次级趋势所夹的主要趋势部分都是由一连串的三个或更多可区分的短期变动所组成的，由于短期趋势的分析得出的结论很容易有误导的成分，不便作为趋势分析的对象。因为，无论一个市场成熟与否，短期变动是在三种趋势中唯一可以被"操纵"的。

新股民一定要注意，投机者对股价的次级趋势和短期趋势比较感兴趣，目的是想从中获取短期的买卖差价。

（二）其他理论

1. 股市波动反映市场行为

股市指数的收市价和波动情况反映了一切市场行为。这是道氏理论对证券市场的重大贡献。

股价指数的上升反映了人们的乐观情绪,这种乐观情绪可能来自于对政局稳定的预期,可能来自于对公司业绩增长的预期,可能来自于对利率调低的预期,也可能来自于有利的内幕消息。不管原因何在,其终究反映了股价上升的事实。

反之,当预期政局不稳、经济滑坡、公司业绩不振,或听到不好的内幕消息,投资者的决策当然是卖出股票。所以,不论什么因素,市场的恐惧都会反映在股价下挫上。

股民应该分析反映整个市场心态的股市指数,股市指数代表了投资者的心态以及市场行为的总和。

2. 收盘价最重要

道氏理论并不注意一个交易日当中的最高价、最低价,而只注意收盘价。因为收盘价是时间很紧的人看财经版唯一阅读的数字,是对当天股价的最后评价,大部分人根据这个价位做买卖的委托。

3. 成交量判断趋势

道氏理论认为,根据成交量也可以对基本趋势作出一个判断,因为成交量会随着主要的趋势而变化。

在多头市场,价位上升,成交量增加;价位下跌,成交量减少。在空头市场,当价格下跌时,成交量增加;在反弹时,成交量减少。

当然,这些规则有时也有例外。因此只根据几天的成交量是很难作出正确的结论的,只有在持续一段时间的整个交易水准的分析中才能够作出。

不过在道氏理论中,成交量仅仅是在一些有疑问的情况下提供解释的参考,判定市场的趋势,最终结论性的信号只由价位的变动产生。

(三)道氏理论缺陷

道氏理论还有其自身的缺陷。

(1)道氏理论的主要目标是探讨股市的基本趋势,一旦基本趋势确立,道氏理论假设这种趋势会一路持续,直到趋势遇到外来因素破坏而改变为止。

(2)道氏理论每次都要两种指数互相确认,这样做已经慢了半拍,失去了最好的入货和出货机会。

(3)道氏理论缺乏量度工具,不能回答大趋势里面的升幅或者跌幅将会达到什么程度,可操作性比较差。

(4)道氏理论注重长期趋势,在中、短期趋势上,则不能给投资者明确的启示。

四、波浪理论

波浪理论的创始人是拉尔夫·纳尔逊.艾略特，1934年，艾略特与股市通讯编辑柯林斯建立了联系，随后开始了自己的华尔街生涯，并出版《波浪理论》一书。但是一直到20世纪70年代末，帕切特将波浪理论发扬光大，并在实际的交易竞赛中取得骄人成绩，波浪理论才开始受到证券分析界的重视。

波浪理论是一套全凭观察得来的规律，可用以分析股市指数、价格的走势，它也是世界股市分析上运用最多，而又是最难以完全了解和精通的分析工具。

艾略特认为：不管是股票还是商品价格的波动，都像大自然的潮汐、波浪一样，一浪跟着一波，周而复始，具有相当程度的规律性，展现出周期循环的特点，任何波动均有迹可循。因此，投资者可以根据这些规律性的波动来预测未来价格的走势，在买卖策略上做恰当的选择。

完整浪和调整浪是价格波动的两个最基本形态，完整浪可以细分成五个小浪，一般用第一浪、第二浪、第三浪、第四浪、第五浪来表示；调整浪可以划分为三个小浪，通常用a浪、b浪、c浪表示。在上述八个波浪完毕之后，一个循环即告完成，走势将进入下一个八波浪循环中。

从理论来看，当市场是上升的，完整的八波浪循环表现为五上三落；反之，如果市场一直是下降的，那么完整的八波浪循环就表现五下三上。在实际分析中，从整体上看，股指总是向上的，所以，一般都采用五上三落来分析。

（一）完整浪

完整浪也就是推动浪（即与大市走向一致的波浪）可以再分割成五个小浪，一般用第一浪、第二浪、第三浪、第四浪、第五浪来表示。

1. 第一浪

多数的第一浪，是属于营造底部形态的一部分，第一浪是八浪循环的开始。由于这段行情的上升出现在空头市场跌势后的反弹和反转，买方力量并不强大，加上空头继续存在卖压，因此，在此类第一浪上升之后出现第二浪调整回落时，其回档的幅度往往很深。另外，有的第一浪，出现在长期盘整完成之后，在这类第一浪中，其行情上升幅度较大。

从经验看来，第一浪的上涨行情通常是五浪中最短的。

2. 第二浪

这一浪是下跌浪。由于投资者误以为熊市尚未完结，其调整下跌的幅度相当大，几乎吃掉第一浪的升幅，当行情在此浪中跌至接近底部（第一浪起点）时，市场出现惜售心理，抛售压力逐渐衰竭，成交量也逐渐缩小时，第二浪调整才会宣告结束。

在此浪中经常出现图表中的转向形态，如头肩底、双底、多重底等形态等。

3. 第三浪

第三浪的涨势往往是最大、最有爆发力的上升浪，也称为主升浪。这段行情持续的时间与幅度，经常是最长的，市场投资者信心恢复，成交量大幅上升，常出现传统图表中的突破记号，如缺口跳升等。这段行情的走势非常激烈，一些图形上的关卡，非常轻易地被突破，尤其在突破第一浪的高点时，是最强烈的买进信号。由于第三浪涨势强劲，经常出现延长波浪的现象。

4. 第四浪

一旦疯狂买进的现象变弱，第三浪进入了停滞期，获利回吐开始蔓延，在低点做多的投资者决定套现以保护胜利果实，这又引发了一次价格回落。第四浪是行情大幅上升后的调整浪，通常以较复杂的形态出现，经常出现倾斜三角形的走势，但第四浪的底不会低于第一浪的顶。

5. 第五浪

在第五浪中，二、三线股票通常是市场内的主导力量，其涨幅常常大于一线股（绩优蓝筹股、大盘股），即股民常说的"鸡犬升天"，此期市场情绪表现相当乐观。在股市中第五浪的涨势通常小于第三浪，且经常出现失败的情况。最后当这种缺乏能量的行情到了头部，市场将进入下一阶段。

（二）调整浪

1. a浪

在a浪中，市场投资人士大多数认为上升行情尚未逆转，此时仅为一个暂时的回档现象，实际上，a浪的下跌，在第五浪中通常已有警告信号，如成交量与价格走势背离或技术指标上的背离等，但由于此时市场心态仍较为乐观，a浪有时出现平势调整或者"之"字形态运行。

2. b浪

b浪表现经常是成交量不大，一般而言是多头的逃命线，然而由于是一段上升行情，很容易让投资者误以为是另一波段的涨势，形成多头陷阱，许多股民易在此惨遭套牢。

3. c浪

这是一段破坏力较强的下跌浪，跌势较为强劲，跌幅大，持续的时间也较长久，而且出现全面性下跌。

（三）延伸浪

延伸浪可出现在第一、第三、第五浪的任何一浪之中，但极少出现在连续的两个波浪之中，通常情况下，延伸浪发生在第五浪中。这种情况甚至可以延续到延伸浪的延伸浪。这是波浪理论非常不好把握、也有争议的地方。

（四）浪中浪

每一个上升或下跌的完整过程中均包含有一个八浪循环，大循环中有小循环，小循环中有更小的循环，即大浪中有小浪，小浪中有细浪，也就是浪中有浪。

（五）波浪理论基本要点

（1）一个完整的循环包括八个波浪，五上三落。

（2）波浪可合并为高一级的大浪，亦可以再分割为低一级的小浪。

（3）跟随主流的波浪可以分割为低一级的五个小浪。

（4）第一、第三、第五三个波浪中，第三浪不可以是最短的一个波浪。

（5）假如三个推动浪中的任何一个浪成为延伸浪，其余两个波浪的运行时间及幅度会趋于一致。

（6）调整浪通常以三个浪的形态运行。

（7）第四浪的底不可以低于第一浪的顶。

（8）波浪理论包括三部分：形态、比率及时间，其重要性以排行先后为序。

（9）波浪理论主要反映群众心理。越多人参与的市场，其准确性越高。

（六）波浪理论缺陷

同道氏理论一样，波浪理论也有其局限性与缺陷。波浪理论的缺陷是：

（1）波浪理论家对现象的看法并不统一。每一个波浪理论家，包括艾略特本人，很多时候都会受同一个问题的困扰：就是一个浪是否已经完成而开始了另外一个浪了呢？一套不能确定的理论用在风险很高的股票市场，运作错误足以使人损失惨重。

（2）没有明确定义怎样才算是一个完整的浪。现在股票市场的升跌次数绝大多数不按五升三跌这个机械模式出现，但波浪理论家却解释说，有些升跌不应该计入浪里面。数浪没有非常明确的标准。

（3）波浪理论最大的缺点在于应用上的困难，从理论上讲及事后的划分比较容易，但浪中有浪，加上延伸浪等变化形态的复杂性使得对浪的准确划分难以界定。与道氏理论一样，波浪理论对选股也没有帮助。

五、江恩理论

江恩理论是以研究测市为主的，通过数学、几何学、宗教、天文学的综合运用建立的独特分析方法和测市理论。它是由20世纪最著名的投资大师江恩（Willian D. Gann）结合其在股票和期货市场上的骄人成绩和宝贵经验提出的。

江恩理论认为股票和期货市场里也存在着宇宙中的自然规则，市场的价格运行趋势不是杂乱的，而是可通过数学方法预测的。它的实质就是在看似无序的市场中建立了严格的交易秩序，其中包括江恩线、江恩循环周期理论、江恩回调法则、江恩波动法则等。

（一）投资失败的原因

江恩认为，有三大原因导致投资者遭受重大损失：

（1）过度买卖，也就是操作过于频繁。短线投机要求有很高的操作技巧，故投资者在没有掌握这些操作技巧之前，过分强调做短线常会导致重大损失。

（2）不设置止损。投资者没有通过设置止损点的办法来控制风险，或者设了止损点，但没有严格执行，结果会使亏损扩大。

（3）缺乏足够的市场知识。不注重学习市场知识，对消息盲目听从，或者对书本知识生搬硬套，不按实际情况灵活应用，结果往往要吃大亏。

（二）江恩线

江恩线是江恩理论与投资方法的重要概念，江恩线的数学表达有两个基本要素，即价格和时间。江恩在 x 轴上建立时间，在 y 轴上建立价格，江恩线符号由"TXP"表示。江恩线的基本比率为1∶1，即一个单位时间对应一个单位价格，此时的江恩线为45度。通过对市场的分析，江恩还分别以3和8为单位进行划分，如1/3、1/8等，这些江恩线构成了市场回调或上升的支持位和阻力位。

江恩通过江恩圆形、江恩螺旋正方形、江恩六边形、江恩"轮中轮"等图形将价格与时间完美地融合起来。在江恩的理论中，"七"是一个非常重要的数字，江恩在划分市场周期循环时，江恩经常使用"七"或"七"的倍数，江恩认为"七"融合了自然、天文与宗教的理念。

（三）江恩循环周期理论

江恩把他的理论用按一定规律展开的圆形、正方形和六角形来进行推述。这些图形包括了江恩理论中的时间法则、价格法则、几何角、回调带等概念，图形化地揭示了市场价格的运行规律。

江恩认为较重要的循环周期有：

短期循环：1小时、2小时、4小时……18小时、24小时、3周、7周、13周、15周、3个月、7个月。

中期循环：1年、2年、3年、5年、7年、10年、13年、15年。

长期循环：20年、30年、45年、49年、60年、82年、84年、90年、100年。

30年循环周期是江恩分析的重要基础，因为30年共有360个月，这恰好是360度圆周循环，按江恩的价格带理论对其进行1/8、2/8、3/8……7/8等分，正好可以得到江恩长期、中期和短期循环。

10年循环周期也是江恩分析的重要基础，江恩认为，10年周期可以再现市场的循环。例如，一个新的历史低点将出现在一个历史高点的10年之后，反之，一个新的历史高点将出现在一个历史低点的10年之后。同时，江恩指出，任何一个长期的升势或跌势都不可能不做调整地持续3年以上,其间必然有3~6个月的调整。因此,10年循环的升势过程实际上是前6年中,每3年出现一个顶部,最后4年出现最后的顶部。

长短不同的循环周期之间存在着某种数量上的联系,如倍数关系或平方关系。江恩将这些关系用圆形、正方形、六角形等显示出来,为正确预测股市走势提供了有力的工具。

江恩将"七"及其倍数的周期视作重要的转折点。地球自转一周为360度,每4分钟旋转1度,因此,最短的循环可以是4分钟,地球自转一周需24小时,也是4的倍数,所以4×7天的周期也是一个很重要的短期周期。而上述一系列数字构成了价格变化的时间窗,一旦市场进入了时间窗,新股民要依靠其他技术工具做过滤器,如摆动指标KDJ、W%、RSI等,过滤伪杂信息来判断转折点的出现,并得出交易信号。一般来说市场规模越大,参与的人数越多,就越符合上述理论。

(四)江恩回调法则

回调是指价格在主运动趋势中暂时的反转运动。回调法则是江恩价格理论中重要的一部分。根据价格水平线的概念,50%、75%、100%作为回调位置对价格运动趋势构成强大的支持或阻力。

江恩认为:不论价格上升或下降,最重要的价位是在50%的位置,在这个位置经常会发生价格的回调,如果在这个价位没有发生回调,那么,在63%的价位上就会出现回调。在江恩价位中,50%、63%、100%最为重要,他们分别与几何角度45度、63度和90度相对应,这些价位通常用来决定建立50%回调带。当然,价格的走势是难以准确预测的,投资者在预测走势上应该留有余地,实际价格也许高于或低于50%的预测。

(五)江恩波动法则

江恩认为市场的波动率或内在周期性因素,来自市场时间与价位的倍数关系。当市场的内在波动频率与外来市场推动力量的频率产生倍数关系时,市场便会出现共振关系,令市场产生向上或向下的巨大作用。

共振可以产生势,而这种势一旦产生,向上向下的威力都极大。它能引发人们的情绪和操作行为,出现一边倒的情况。向上时人们情绪高昂,蜂拥入市;向下时,人人恐慌,股价狂泻,如同遇到世界末日,江恩称之为价格崩溃。

共振是使股价产生大幅波动的重要因素,投资者可以从短期频率、中期频率和长期频率以及其倍数的关系去考虑。共振是一种合力,是在同一时间多种力量向同一方面推动而产生的力量。投资者一旦找到这个点,或可以获得巨大利润或能够回避巨大风险。

股票投资者,应对共振现象充分留意。如下情况将可能引发共振现象:

（1）当长期投资者、中期投资者、短期投资者在同一时间点，进行方向相同的买入或卖出操作时，将产生向上或向下的共振。

（2）当时间周期中的长周期、中周期、短周期交汇到同一个时间点且方向相同时，将产生向上或向下共振的时间点。

（3）当长期移动平均线、中期移动平均线、短期移动平均线交汇到同一价位点且方向相同时，将产生向上或向下共振的价位点。

（4）当K线系统、均线系统、成交量KDJ指标、MACD指标、布林线指标等多种技术指标均发出买入或卖出信号时，将产生技术分析指标的共振点。

（5）当金融政策、财政政策、经济政策等多种政策一致时，将产生政策面的共振点。

（6）当基本面和技术面方向一致时，将产生极大的共振点。

（7）当某一上市公司基本面情况、经营情况、管理情况、财务情况、周期情况方向一致时，将产生这一上市公司的共振点。

（六）江恩常胜法则

江恩告诫投资者，进行交易必须依照既定的交易规则，不可依靠猜测随意、盲目地买卖。投资者要细心研究市场，及时跟随市场的变化。江恩总结了如下一些常胜规则：

（1）每次买卖，应该设定止损位，以不超过成交金额的10%为宜，否则，止损就没有意义了。止损一经设置，要坚决执行，不可随意撤销。

（2）顺势而为，不要为了图3%～5%的小差价而逆市操作。只在市场活跃的时候参与买卖，如果无法把握市场的趋势，就不要入市。

（3）股票的买卖相当的收益来自于差价收入，而不是红利，如果只是为了等待分红的利息，不应该进行股票买卖。

（4）不过量买卖，这包含了两层意思：一是不要频繁交易；二是不要透支买股票。

（5）避免反胜为败，要会买，还要会卖，不要让手中的股票从盈利变为亏损，只要对走势有怀疑，就要立即平仓出局。

（6）股票走势有强弱之分，不要因为价位低就吸纳，也不要因为价位高而不敢持股。

（7）在买卖中获得很多利润后，可将部分利润提取，以备急时之需，这样可以保持健康、稳定的操作心态。

（8）不轻易加码。买入股票下跌，不轻易做成本摊平；买入股票上涨时，也不可随意加码，此时最易出错。

（9）买卖出现亏损的时候，敢于承认错误，及时减低仓位，直至退出观望，切忌"只能赢，不能输"的心态。

（10）除非知道别人水平确实比自己高，否则不要轻信他人言论。凡事先详细研究，不要被动、盲目入市，也不要盲目平仓。

第二节　K线分析

一、什么是K线

K线起源于日本德川幕府时代（1603~1867年）的米市交易，最初是用来计算米价每天的涨跌，后来人们把它引入股票市场价格走势的分析中，目前已成为股票技术分析中的一种重要方法。

K线是用红、绿线（本书中用白色代表红K线，黑色代表绿K线）分别表示单位时间段内价格变化情况的技术分析图。由于它的形状像蜡烛，所以又称蜡烛曲线图。"蜡烛"和"曲线"的英文分别是Candle和Curve，头一个字母发音均为〔k〕，所以简称K线。由于K线是表示买卖双方争夺的结果，是对立的，故又称为阴阳线或红黑线，亦称为开心或实（失）心线。

二、什么是K线图

所谓K线图，就是将各种股票每日、每周、每月的开盘价、收盘价、最高价、最低价等涨跌变化状况，用图形的方式表现出来。

K线图按时间划分可分为：日线图、周线图和月线图。日线图用当日的最高价、当日的最低价、当日的开盘价和当日的收盘价四个数据来画K线图。周线图用1周内的最高价、最低价、该周第一个交易日的开盘价和最后一个交易日的收盘价四个数据来画K线图。月线图则用1个月内的最高价、最低价、该月第一个交易日的开盘价和最后一个交易日的收盘价四个数据来画K线图。

为了满足不同的需要，K线图还可以细分为：5分钟K线图、15分钟K线图、30分钟K线图、60分钟K线图等。

三、单根K线图的画法

K线图绘制方法十分复杂，是众多走势图中最难制作的一种。画K线图时需要四个数据——开盘价、最高价、最低价和收盘价。

首先要找到当日或某一周期的最高和最低价，垂直地连成一条直线；然后再找出当日或某一周期的开盘价和收盘价，用一小短横线来表示，把这两个价位连接成一条狭长的长方柱体，就是通常所说的实体。

当开盘价低于收盘价时，便以红色来表示，或是在柱体上留白，这种柱体就称之为阳线。当开盘价高于收盘价时，则以绿色表示，或是在柱体上涂黑色，这柱体就是阴线了。在阳线中，当最高价与收盘价不同时，最高价与收盘价之间的连线称为上影线；当最低价与开盘价不同时，最低价与开盘价之间的连线称为下影线。在阴线中，当最高价与开盘价不同时，最高价与开盘价之间的连线称为上影线；当最低价与收盘价不同时，最低价与收盘价之间的连线称为下影线。如图4-1所示。

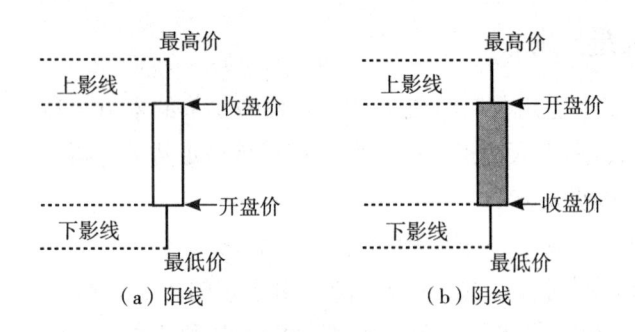

图4-1　阳线与阴线

绘图周期可以根据需要灵活选择，用同样的方法，如果我们用1分钟价格数据来绘K线图，就称为1分钟K线。用1个月的数据绘制K线图，就称为月K线图。

四、K线图的作用

K线图是分析股票走势的主要方法。大盘的点数有以上K线图，每一只股票也有以上K线图。新股民做短线时就要随时观察5分钟K线图、15分钟K线图；做长线就要看周K线图和月K线图。

K线图基本用途就是为了寻找买卖点，K线图千变万化，要领悟其中的玄妙，必须长期认真观察。此外还要结合均线来综合分析股市。

一般新股民判断股市的大势要看长期图，如周K线图和月K线图，当周K线图和月K线图处于高位，股市整体的价格风险较大，注意仓位要清；当周K线图和月K线图处于低位，股市整体的价格风险较小，在买入时，可以结合短线图（5分钟K线图、15分钟K线图、30分钟K线图、60分钟K线图、日K线图）寻找低位介入，卖出也是同样的道理。

K线图能够全面透彻地观察到市场的真正变化。从K线图中，既可看到股价（或大市）的趋势，也同时可以了解到每日市况的波动情形。但是阴线与阳线的变化繁多，对新股民来说，在掌握分析方面会有相当的困难。新股民需要注意的是，初学K线，不能只看表面现象。K线在不同的价位、不同的时间，表达的信息是不同的。

五、K线图的分析技巧

新股民初学K线图，要了解下面一些前人总结出来的分析技巧，这样能更好地入门。

（一）看阴阳

阴阳代表趋势方向，阳线表示股价上涨，阴线表示股价下跌。以阳线为例，在经过一段时间的多空拼搏，收盘价高于开盘价表明多头占据上风，阳线预示下一阶段仍将继续上涨，最起码下一阶段初期能惯性上冲。阴线则相反。

（二）看实体

看实体主要是看实体的长短，实体长短代表内在动力，实体越长，表明上涨或下跌的趋势越明显，反之趋势则不明显。以阳线为例，其实体就是收盘价高于开盘价的那部分，阳线实体越长说明了上涨的动力越足，代表其内在上涨动力也越大，其上涨的动力将大于实体短的阳线。同样阴线实体越长，下跌动力也越足。

（三）看影线

看影线也是要观察影线的长短。影线代表转折信号，同一个方向的影线越长，越不利于股价向这个方向变动，即上影线越长，越不利于股价上涨，下影线越长，越不利于股价下跌。以上影线为例，在经过一段时间多空争斗之后，多头败下阵来，不论K线是阴还是阳，上影线部分已构成下一阶段的上档阻力，股价向下调整的概率居多。同样下影线预示着股价上攻的可能多一些。

第三节　形态分析

一、形态分析的基本理论

（一）形态分析

形态分析理论是技术分析领域中应用较早，也是发展最为成熟的一种方法。多根K线组合的问题由于排列数量的增加使分析变得过于复杂。由此派生出一种简化和比较合理的方法：不看单根K线的阴阳变化，而是通过一段时间以来的股价运行轨迹所形成的形态来反映多空双方力量的对比，从而得到有价值的结论。由此产生了所谓的形态学说。

形态分析理论是技术分析的重要组成部分，它通过对市场横向运动时形成的各种价格形态进行分析，并且配合成交量的变化，推断出市场现存的趋势将会延续或反转。价格形态可分为反转形态和持续形态，反转形态表示市场经过一段时期的酝酿后，会改变原有趋势，而向相反的方向发展，持续形态则表示市场将顺着原有趋势的方向发展。

形态分析理论是通过研究股价所走过的轨迹，分析和挖掘出曲线的一些多空双方力量的对比结果，进行决策。

（二）股价移动规律

股价的移动是由多空双方力量大小决定的。股价移动的规律是完全按照多空双方力量对比而行动的。

股价的移动应该遵循这样的规律：

（1）股价应在多空双方取得均衡的位置上下来回波动。

（2）原有的平衡被打破后，股价将寻找新的平衡位置。即持续整理，保持平衡→打破平衡→新的平衡→再打破平衡→再寻找新的平衡……一直延续下去。

（三）两种形态类型

股价曲线的形态分成两个大的类型：一是持续整理形态；二是反转突破形态。前者保持平衡，后者打破平衡。

1. 持续整理形态

持续整理形态是指股价经过一段时间的快速变动后，即不再发展而在一定区域内上下窄幅变动，待时机成熟后再继续以往的走势。市场事先确有趋势存在，是持续形态成立的前提。市场经过一段趋势运动后，积累了大量的获利筹码，随着获利盘纷纷套现，价格出现回落，但同时对后市继续看好的交易者大量入场，对市场价格构成支撑，因而价格在高价区小幅震荡，市场采用横向运动的方式消化获利筹码，重新积聚了能量，然后又恢复原先的趋势。持续形态即为市场的横向运动，它是市场原有趋势的暂时休止。

持续整理形态形成的时间较短，这可能是市场惯性的作用，保持原有趋势比扭转趋势更容易。持续整理形态形成的过程中，价格震荡幅度应当逐步收敛，成交量也应逐步萎缩。最后在价格顺着原趋势方向突破时，应当伴随大的成交量。

持续整理形态包括三角形、矩形、旗形、楔形、碟形、头肩形等。

2. 反转形态

反转形态是指股票价格改变原有的运行趋势所形成的运动轨迹。反转形态存在的前提是市场原先确有趋势出现，而经过横向运动后改变了原有的方向。

反转形态的规模，包括空间和时间跨度，决定了随之而来的市场动作的规模，形态的规模越大新趋势的市场动作也越大。

在底部区域，市场形成反转形态需要较长的时间，而在顶部区域，则经历的时间较短，但其波动性远大于底部形态。

交易量是确认反转形态的重要指标，而在向上突破时，交易量更具参考价值。

反转突破形态包括单顶和单针探底、双重顶底、头肩顶底、三重顶底、潜伏顶底、圆形顶底、V形反转。

二、持续整理形态

（一）三角形

三角形的走势，反映股价在盘整过程中，不断地被高抛低吸，振幅从宽到窄，呈现三角形的变化。

1. 对称三角形

对称三角形（图4-2）由一系列的价格变动所组成，其变动幅度逐渐缩小，也就是说每次变动的最高价，低于前次的水准，而最低价比前次水准高，呈一压缩图形，如从横向看股价变动领域，其上限为向下斜线，下限为向上斜线，把短期高点和低点，分别以直线连接起来，就可以形成一相当对称的三角形。对称三角形的成交量，因股价变动幅度越来越小而递减，然后当股价突然跳出三角形时，成交量随之变大。

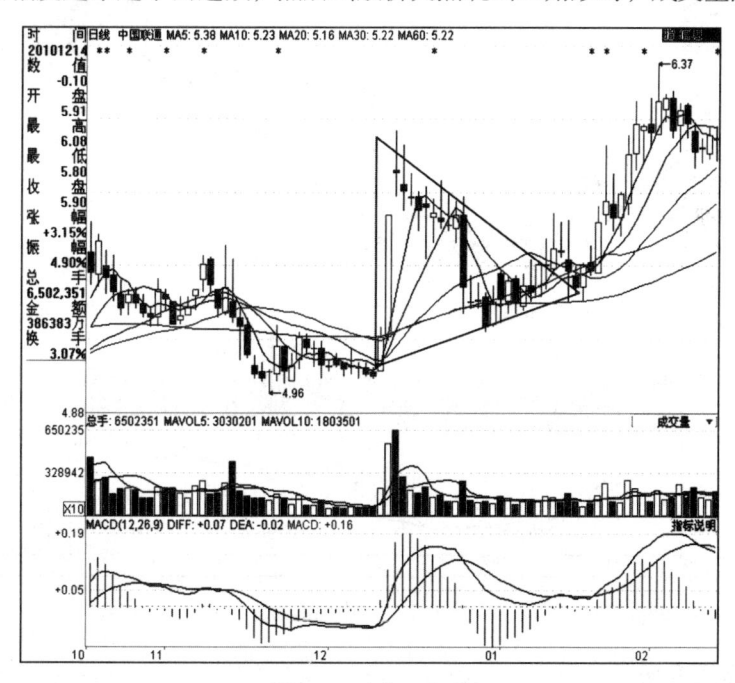

图4-2 对称三角形

根据经验，对称三角形在走到尖端后，行情突破的方向极可能是股价原来的变动方向。

2. 上升三角形

上升三角形（图4-3）是股价在某水平虽遇到强大的卖压，但市场的购买力十分强，股价未回至上次低点即告弹升，日K线图上表现为股价在一条水平阻力线下波动，并日渐收窄。如果把每一个短期波动高点连接起来，可画出一条水平阻力线；而每一个短期波动低点则可相连出另一条向右上方倾斜的线，这就形成了上升三角形，成交量在形态形成的过程中不断减少。

上升三角形显示买卖双方的较量，买方的力量在争持中已稍占上风，卖方在其特定的股价水平虽然不急于出货，但却不看好后市，于是股价每升到理想的水平便卖出，这样在同一价格的沽售，形成了一条水平的供给线。不过，市场的购买力量较强，不待股价回落到上次的低点便购进，因此形成一条向右上方倾斜的需求线。

另外，也可能是主力有计划的行为，故意把股价暂时压着，以达到逢低大量吸纳的目的。

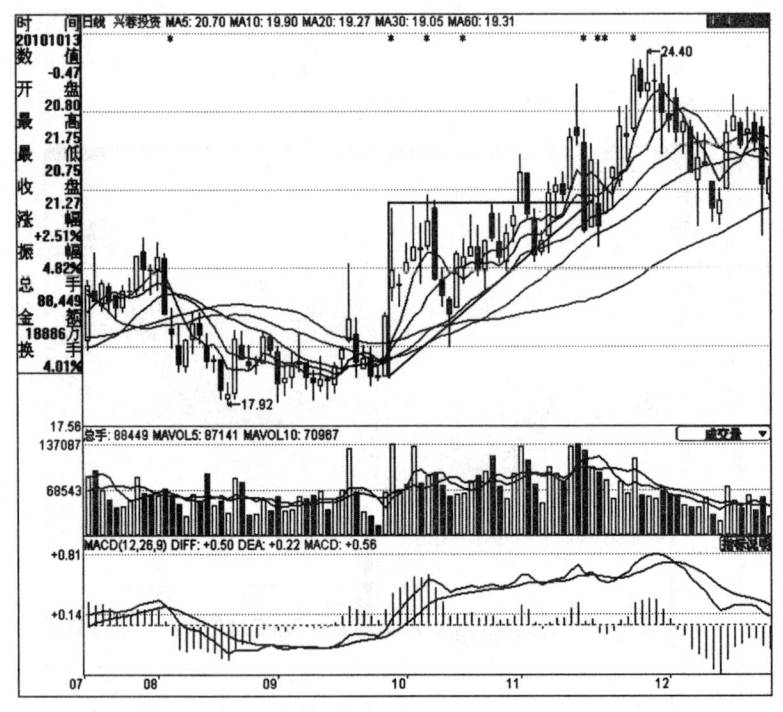

图4-3 上升三角形

3. 下降三角形

下降三角形（图4-4）与上升三角形正好相反，股价在低位遇到承接，因此每回落至该价位便告回升，形成一条水平的需求线。但市场的沽售力量却不断加强，股价每一次波动的高点都较前次低，于是形成一条下倾斜的压力线，如此反复，反弹不再，股价突破低点再续跌势。其跌幅的测算方法与上升三角形一致。成交量在完成整个形态的过程中，一直是十分低迷的。

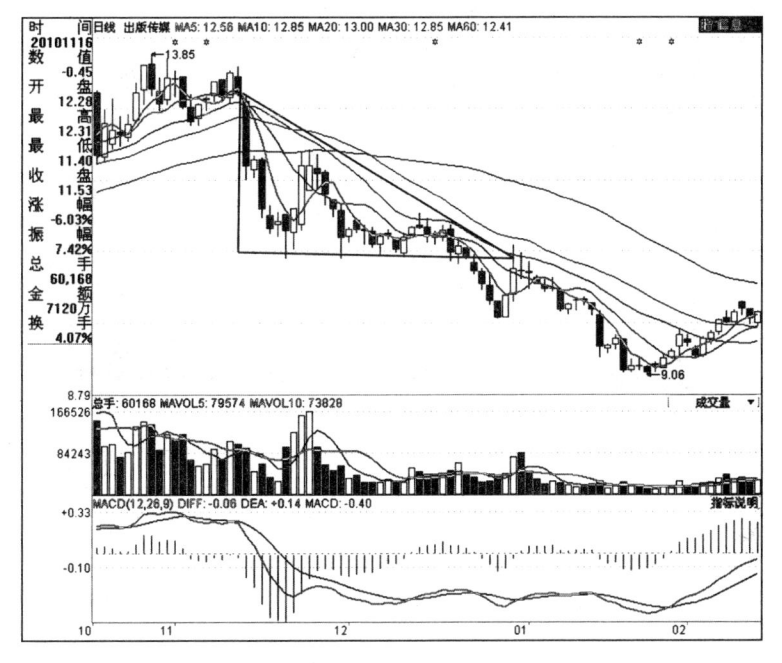

图4-4 下降三角形

下降三角形同样是多空双方在某价格区域内较量的表现，然而双方力量却与上升三角形所显示的情形相反。空方不断地增强沽售力量，股价还没回升到上次高点便再沽出，而多方只是坚守着某一价格的防线，使股价每回落到该预定点位便获得支撑。这有可能是主力在低位托价，以达到出货的目的。

4. 喇叭形

喇叭形（图4-5）和菱形是三角形的演化形态。

股价经过一段时间的上升后出现回调，然后不断上涨、下跌，把高点和低点分别连接起来，形成向上下两方扩大的喇叭形。

喇叭形是大跌市来临前的先兆，它绝少在跌市的底部出现，可以认为是一种下跌形态。

5. 菱形

菱形（图4-6）也称钻石形，左半部和喇叭形一样，右半部的变化则类似于对称三角形，股价的波动从往外扩散转为向内收窄。

菱形通常在中级下跌行情前的顶部出现，也是一种顶部看跌的形态。菱形最小跌幅量度从股价向下跌破菱形右下线开始计算，为形态内最高点和最低点的垂直距离。与喇叭形一样，菱形在市场上出现的次数也不多。

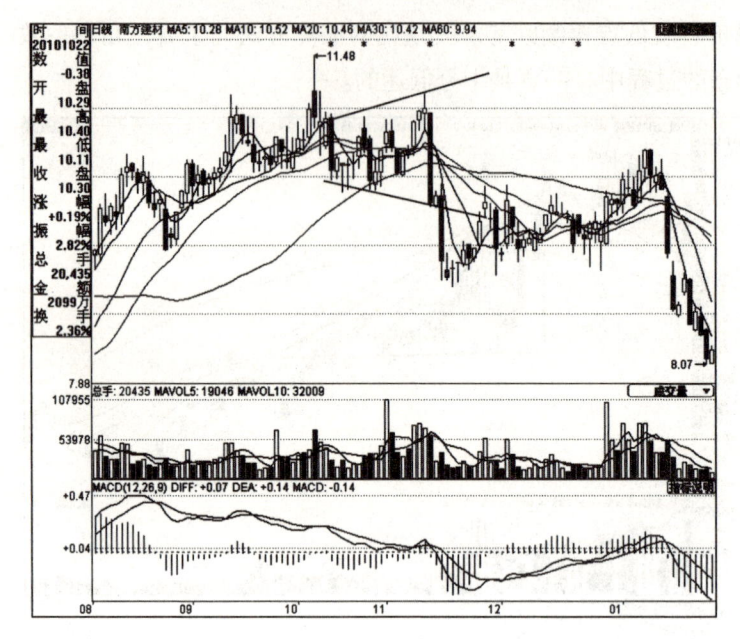

图4-5 喇叭形

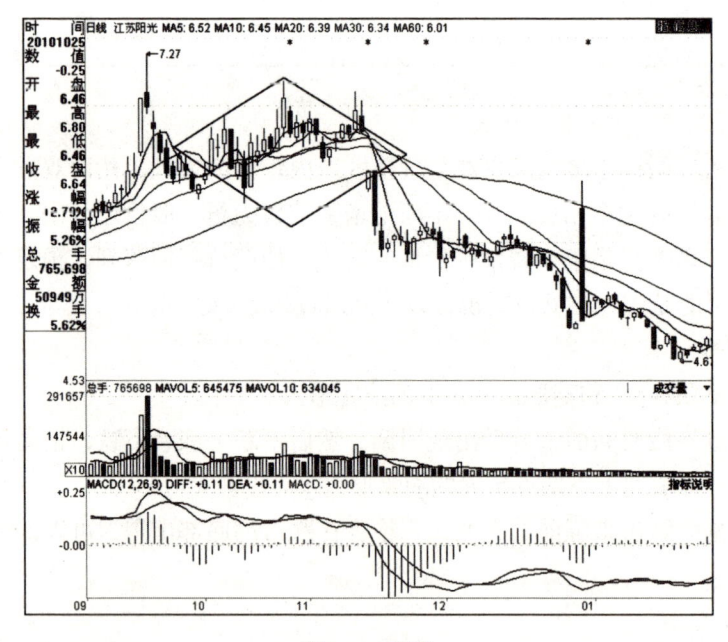

图4-6 菱形

(二) 矩形

如图4-7所示，矩形是因股价在两条水平的上下界之间变动而成的形态。股价在其范围之内出现整理，价格上升到某水平时遇阻回落，但很快便获得支撑而回升，但回升到上次同一高点时再一次受阻而回落，当回落到上次低点时则再次得到支撑。将这些高点和低点分别以直线连接起来，便可以绘出一条通道，这个通道既非上倾也非下降，而是平行发展，这就是矩形形态。

形态说明多空双方的力量在该范围之间达到均衡状态，在这段期间谁也占不了谁的便宜。从另一个角度看，矩形也可能是投资者因后市发展不明朗，投资态度变得迷惘而形成的。

一般来说，矩形是整理形态，牛市、熊市和平衡市都有可能出现。

长而窄且成交量小的矩形在原始底部较常出现，突破上下限后有买入和卖出的信号，涨跌幅度通常等于矩形本身宽度。

新股民需要注意的是，在矩形形成的过程中，除非有突发性的消息扰乱，其成交量应该是不断减少的。矩形呈现突破后，股价经常出现反抽，这种情形通常会在突破后的3~4周内出现。通常反抽将在矩形上边得到支撑，如果往下跌破矩形上边则为假突破。

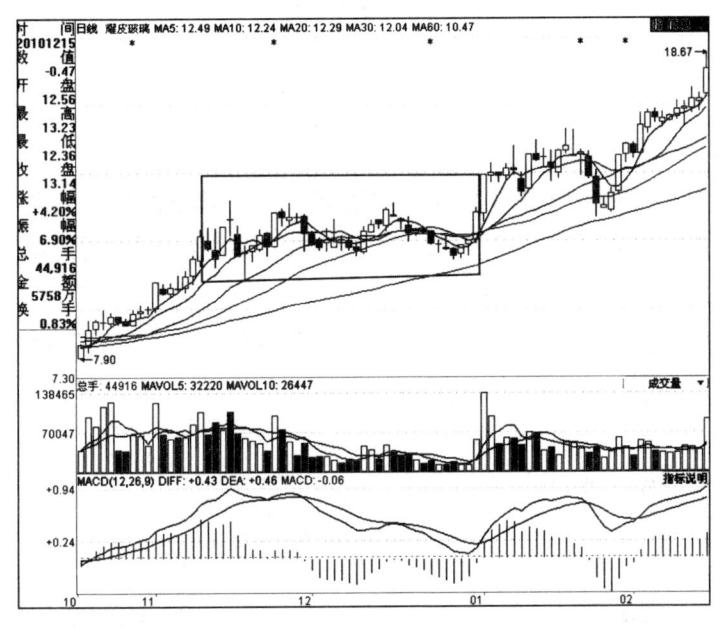

图4-7 矩形

（三）旗形

旗形在形状上是一个上倾或下倾的平行四边形，就像一面挂在旗杆顶上的旗帜。旗形走势又可分作上升旗形和下降旗形。

1. 上升旗形

如图4-8所示，股价经过陡峭的飙升后，接着形成一个紧密、狭窄和稍微向下倾斜的区域，把这个区域的高点和低点分别连接起来，就可以划出两条向下倾斜的平行线，这就是上升旗形。

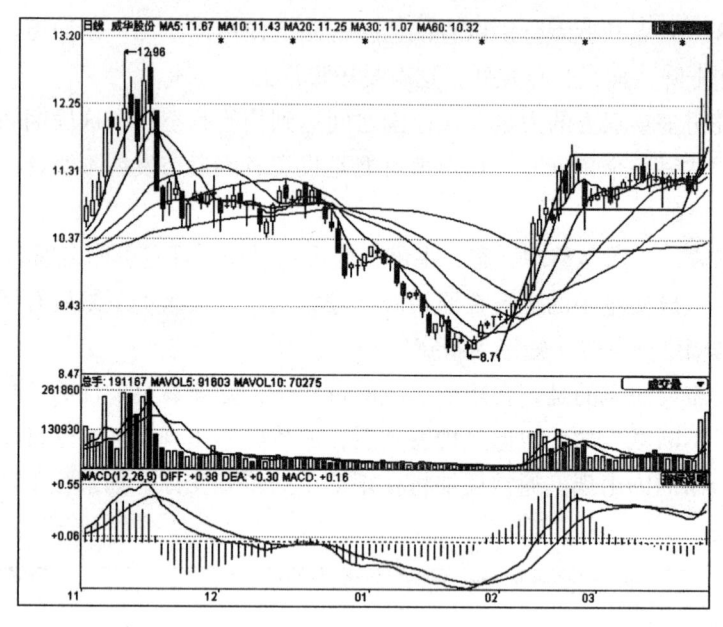

图4-8　上升旗形

2. 下降旗形

下降旗形（图4-9）则刚刚相反，当股价出现急速下跌后，接着形成一个波动狭窄而又稍微上倾的区域，像是一条上升通道，这就是下降旗形。成交量在旗形的形成过程中，是显著地渐次递减的。

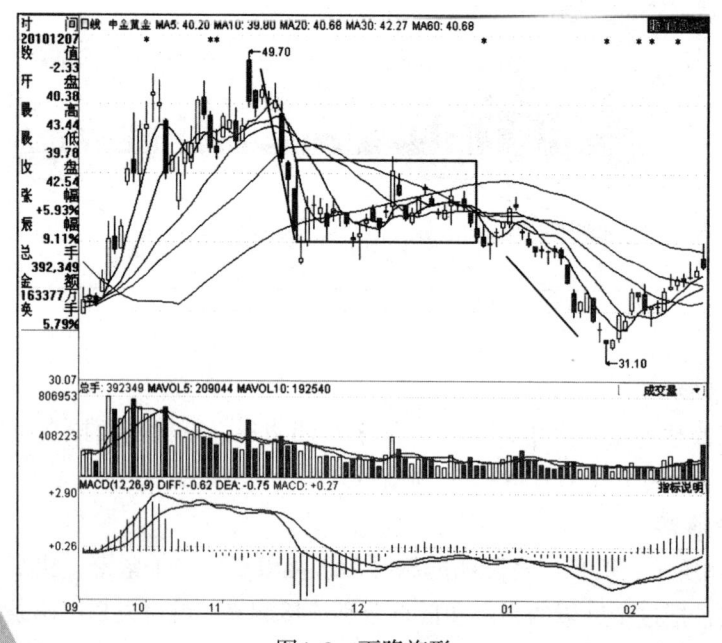

图4-9　下降旗形

旗形是整理形态，即形态完成后股价将继续沿原来的趋势移动，上升旗形将向上突破，而下降旗形则是向下突破。上升旗形大部分在牛市第三期中出现，因此，此形态暗示升市可能进入尾声阶段。下降旗形大多在熊市第一期出现，因此，此形态预示大市可能做垂直式的下跌。所以，这阶段中形成的旗面十分细小，可能在三四个交易日内已经完成。如果在熊市第三期中出现，旗形形成需要较长的时间，而且跌破后跌幅不大。

旗形形态最小升（跌）幅是突破旗形（上升旗形和下降旗形相同）后最小升（跌）幅度，相等于整支旗杆的长度。旗杆的长度是自形成旗杆的突破点开始，直到旗形的顶点为止。

（四）楔形

股价介于两条收敛的直线中变动，最终形成楔形。与三角线不同，楔形两条边线同时上倾或下斜，成交量变化和三角形一样向顶端递减，楔形又分为上升楔形和下降楔形。

1. 上升楔形

如图4-10所示，股价经过一次下跌后反弹，价格升至一定水平又掉头向下，但回落点较前次高，随后又上升至新高点，比上次反弹点高，再一次出现回落，形成一浪高出一浪之势，把短期高点相连，短期低点相连形成两条向上倾斜的直线，且下面一条较为陡峭，从而形成上升楔形。

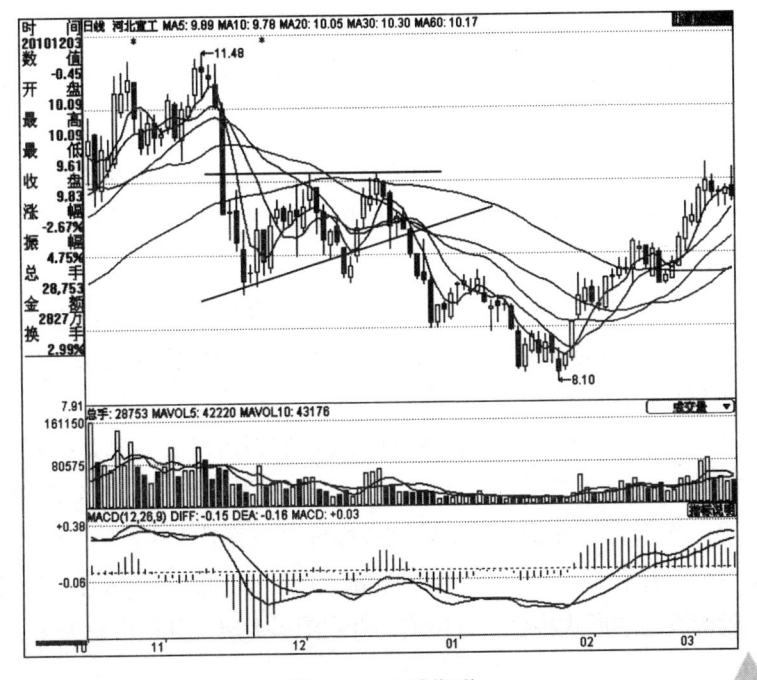

图4-10 上升楔形

上升楔形是一个整理形态，常在跌市的回升阶段出现，上升楔形显示下跌尚未见底，只是一次跌后技术性反弹而已，当其下限跌破后，就是卖出信号。

2. 下降楔形

如图4-11所示，股价经过一段时间的上升后，出现了获利回吐盘，但是市场的卖压有所减弱，高点一个比一个低，低点也一个比一个低，形成两条同时向下倾斜的线，从而形成下降楔形。下降楔形越接近顶端成交量越少。

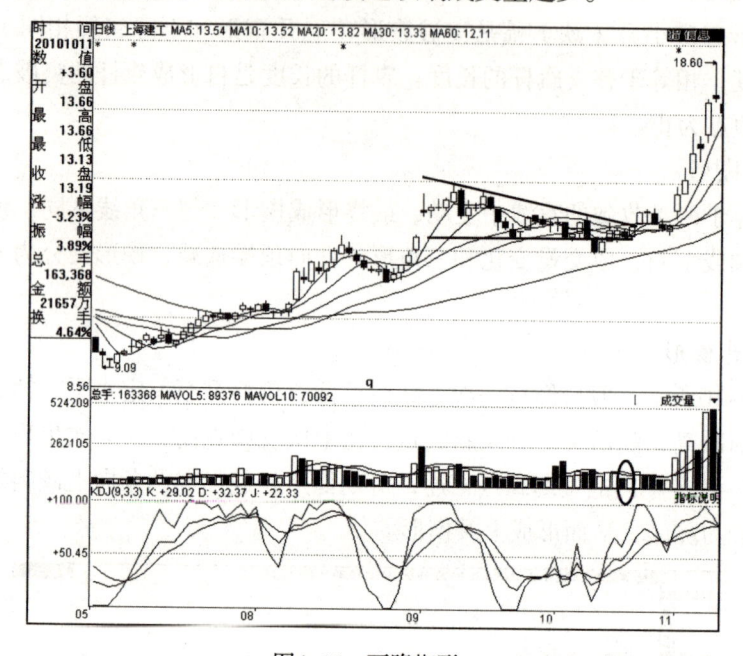

图4-11　下降楔形

下降楔形也是一个整理形态，通常在中长期升市的回落调整阶段中出现。一般来说，形态大多是向上突破，当其突破上限阻力时，就是一个买入信号。

（五）碟形

碟形（图4-12）中的股价与成交量的变动情形和圆形反转形态差不多，标准的碟形是以一个以上的圆形底的形态出现，后一个的平均价格要比前一个高，每一个碟形的尾部价格比开始时高出一些。

碟形代表着上升的意义，不过上升的步伐稳健而缓慢，并非是大幅上涨，每当股价升势转急时，便马上遭受回吐的压力，但回吐的压力不强。当成交量减少到一个低点时，另一次上升又开始，股价就是这样反复地移升上去。

碟形是一个上升形态，每一个圆形的底部都是一个理想的买入点。当碟形走势可以肯定时，股价波动的形式将会一直持续，直到图形上出现其他形态为止。

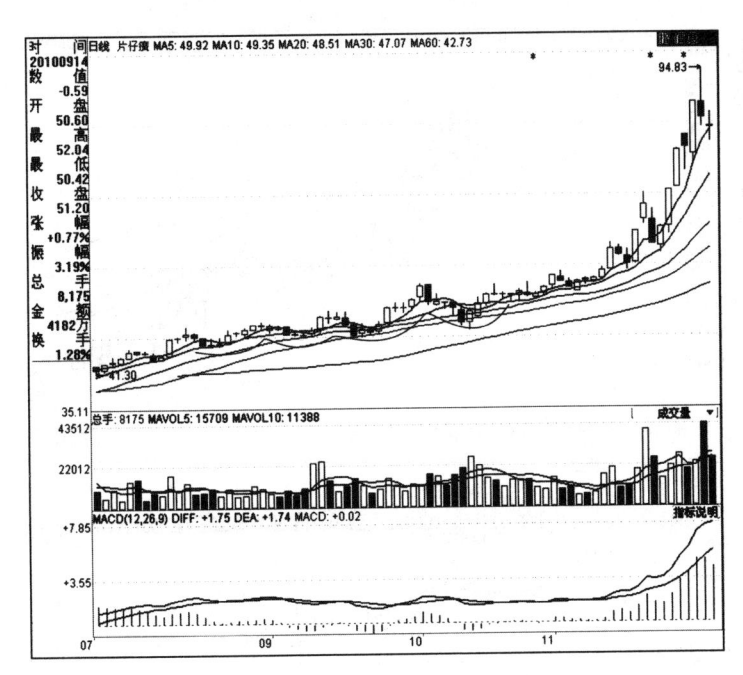

图4-12 碟形

三、反转形态

（一）双重顶底

1. 双重顶

双重顶（图4-13）是指股价上升到某一价格水平时，成交量出现放大，股价随后下跌，成交量随之减少，接着股价又升至与前一个价格几乎相等之顶点，成交量再随之增加却不能达到上一个高峰的成交量，于是出现第二次下跌，股价的移动轨迹就像字母M，又称"M"头走势。双重顶必须突破颈线，形态才算完成。

股价持续上升为投资者带来了相当的利润，于是出现了获利回吐盘，令上升的行情转为下跌。当股价回落到某水平，吸引了短期的投资者，另外较早前卖出获利者也可能再次买入补回，于是行情又开始出现了回升；与此同时，对该股信心不足的投资者会因觉得错过了在第一次的高点出货的机会而马上在市场出货，加上在低水平回补获利的投资者也同样再度卖出，强大的卖出压力令股价再次下跌。由于两次受阻于高点，令投资者感到该股无法再继续上升（至少短期是如此），假如越来越多的投资者卖出，使股价跌破上次回落的低点（即颈线），于是整个双头形态便告形成。

当出现双头时，即表示股价的升势已经终结。所以当双头形成时，投资者就可以肯定双头的最高点就是该股的顶点。跌破了双头颈线位，就是一个可靠的出货信号。

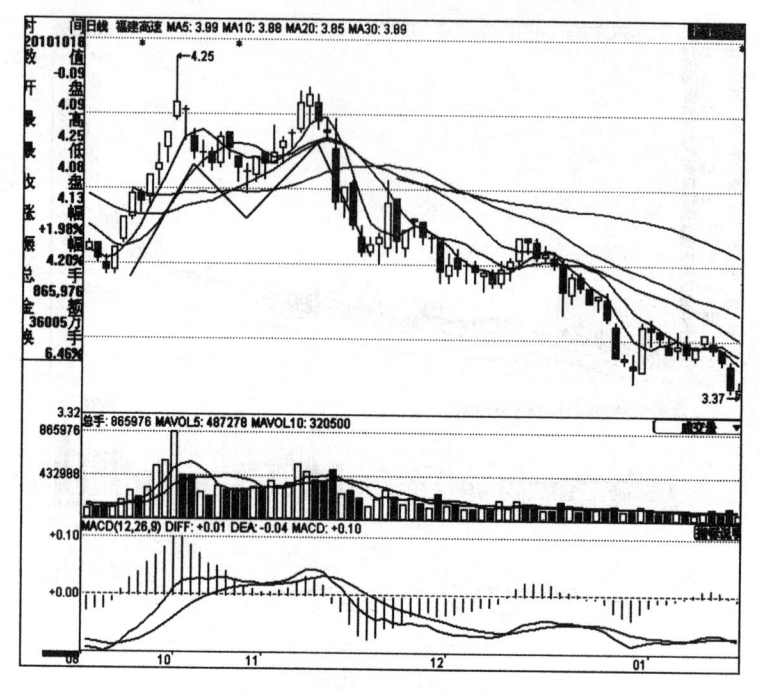

图4-13 双重顶

2. 双重底

股价持续下跌到某一水平后出现技术性反弹，但回升幅度不大，时间也不长，股价又再一次下跌，当跌至上次低点时却获得支撑而再一次回升，这次回升时成交量要大于前次反弹时成交量，股价在这段时间的移动轨迹就像字母"W"，这就是双重底（图4-14），又称"W"走势。双重底必须突破颈线，形态才算完成。

股价持续的下跌令一些投资者觉得股价太低而惜售，而另一些投资者则因为新低价的吸引尝试买入，于是股价呈现回升。当上升至某水平时，较早短线投机买入者获利回吐，因此股价又再一次下挫。但对后市充满信心的投资者觉得他们错过了上次低点买入的良机，所以这次股价回落到上次低点时便立即跟进，当越来越多的投资者买入时，求多供少的力量便推动股价上升，而且还突破上次回升的高点（即颈线），扭转了过去下跌的趋势。

双底形态是一个反转形态，当出现双底时，即表示跌势告一段落。通常出现在长期性趋势的底部，所以双底的最低点就是该股的底部了。双底的颈线冲破，则是买入的信号。

（二）头肩顶底

头肩顶（底）是最经典的反转形态，其他的反转形态大都是头肩形的变化形态。

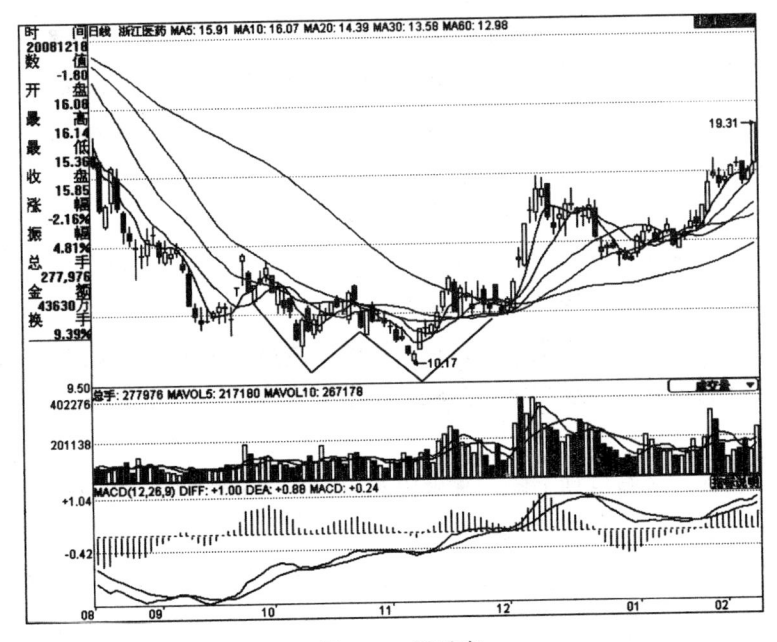

图4-14 双重底

1. 头肩顶

当头肩顶（图4-15）形成的时候，通常在强势上涨趋势中形成左肩，小幅回调后再次上行形成头部，再次回调后上行形成右肩，由此形成最简单的头肩顶形态。

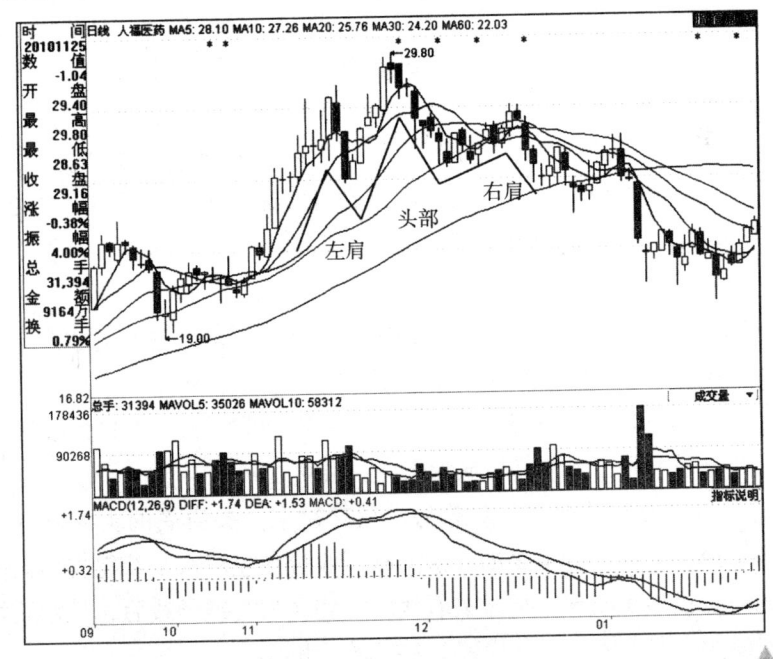

图4-15 头肩顶

头肩顶走势，可以划分为以下不同的部分：

（1）左肩部分——持续一段上升的时间，成交量很大，过去在任何时间买进的人都有利可图，于是开始获利卖出，令股价出现短期的回落，成交量较上升到其顶点时有显著的减少。

（2）头部——股价经过短暂的回落后，又有一次强力的上升，成交量也随之增加。不过，成交量的最高点较之于左肩部分，明显减少。股价升破上次的高点后再一次回落，成交量在此回落期间也同样减少。

（3）右肩部分——股价下跌到接近上次的回落低点又再获得支撑回升，可是市场投资的情绪明显减弱，成交量较左肩和头部明显减少，股价没法抵达头部的高点便告回落，于是形成右肩部分。

（4）突破——从右肩顶下跌，穿破由左肩底和头部底所连接的底部颈线，其突破颈线的幅度要超过市价的3%以上。

总的来说，头肩顶的形状呈现三个明显的高峰，其中位于中间的一个高峰略高于其他两个高峰的高点。至于成交量方面，则呈现梯级的下降。

头肩顶是一个长期性趋势的转向形态，通常会在牛市的尽头出现。当最近一个高点的成交量较前一个高点少时，就暗示了头肩顶出现的可能性；当第三次回升的股价没有上升到上次的高点，成交量继续下降时，有经验的投资者就会把握机会卖出。

当股价跌破头肩顶颈线时，就是一个卖出信号。股价和最高点相比，已回落了相当的幅度，且跌势还会继续，此时未出货的投资者应该卖出。

2. 头肩底

如图4-16所示，头肩底左肩形成时，股价下跌，成交量相对增加，接着出现一次成交量较小的次级上升。接着股价又再下跌且跌破上次的最低点，成交量再次随着股价下跌而增加，较左肩反弹阶段时的成交量多——形成头部；从头部最低点回升时，成交量有可能增加，整个头部的成交量较左肩的多。

当股价回升到上次的反弹高点时，出现第三次的回落，这时的成交量很明显少于头部，股价在跌至左肩的水平时，跌势便稳定下来，形成右肩。

最后，股价正式策动一次升势，且伴随成交量的增加，当其颈线阻力被冲破时，成交量便显著上升，整个头肩底形态便告成立。

头肩底说明过去的长期性下跌趋势已扭转过来。头肩底的头部显然较左肩更低，但很快地掉头反弹，接下来的一次下跌，股价在左肩水平获得支撑而回升，反映出看好的力量正逐步改变市场过去看淡的形势。当突破颈线后，显示看好的一方已完全把看淡的一方击倒，买方代替卖方控制了市场。

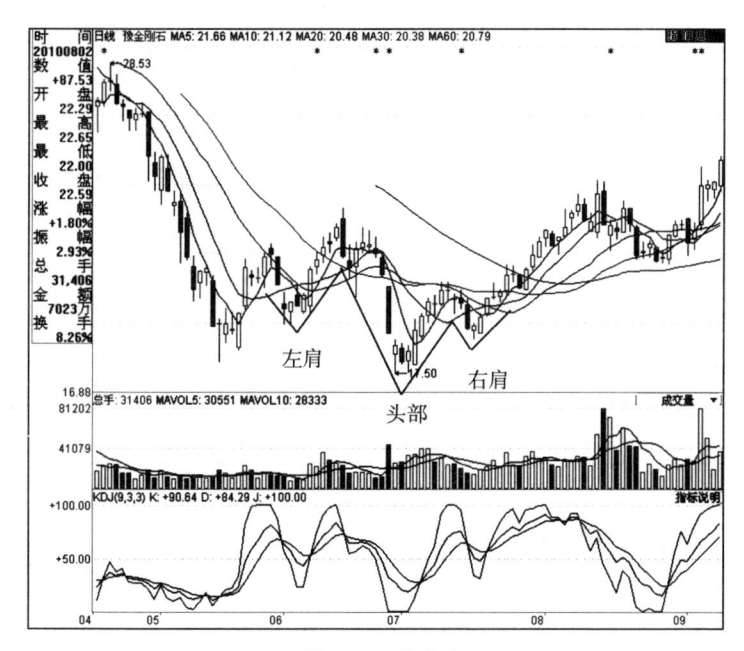

图4-16 头肩底

(三) 三重顶底

1. 三重顶

三重顶（图4-17）形态也和双顶形态十分相似，只是多一个顶。

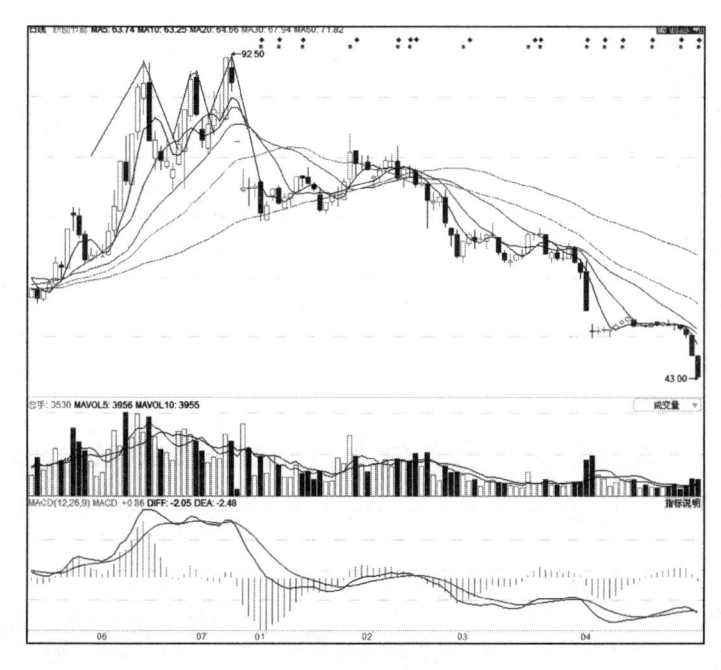

图4-17 三重顶

股价上升一段时间后投资者开始获利回吐，市场在此卖压下从第一个峰顶回落，当股价落至某一区域即吸引了一些看好后市的投资者，另外以前在高位卖出的投资者也可能逢低回补，于是行情再度回升。但在股价回升至前一高位附近时，即遇抛盘，令股价再度走软，但在前次低点附近被错过前次低点买进的投资者及短线客的买盘拉起。由于股价在两次高点都受阻而回落，令投资者在股价接近前两次高点时都纷纷卖出，股价逐步下滑至前两次低点。此时，股价再次被拉起，若越来越多的投资者意识到大势已去，都选择卖出，令股价跌破颈线，于是整个三重顶形态便告形成。

三重顶的峰顶与峰顶的间隔距离与时间不必相等，同时三重顶之底部不一定要在相同的价位形成。三个顶点价位不必相等，可大致相差3%左右。

2. 三重底

如图4-18所示，股价下跌一段时间后，由于股价的调整，使得部分胆大的投资者开始逢低吸纳，而另一些高抛低吸的投资者也开始回补，于是股价出现第一次回升。当升至某一水平时，短线投机者及解套盘开始卖出，股价出现再一次下挫。当股价回落至前一低点附近时，一些短线投资者高抛后开始回补，由于市场抛压不重，股价再次反弹，当反弹至前次高点附近时，前次未能获利而沽出的持仓者纷纷沽出。令股价重新回落。但这次回落在前两次反弹的起点处遇活跃买盘。当越来越多的投资者跟进买入，股价放量突破颈线时，三重底走势正式成立。

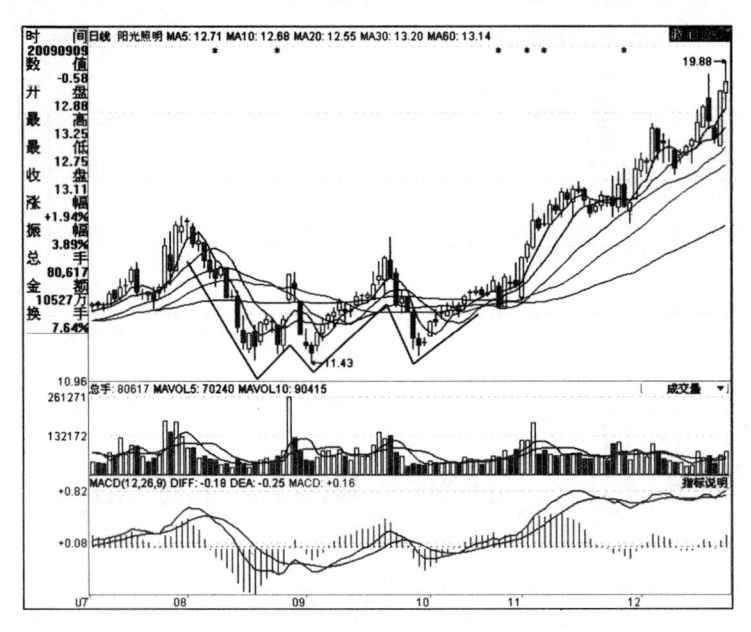

图4-18 三重底

三重底的谷底与谷底的间隔距离与间隔时间不必一样，同时三重底的顶部不一定要在相同的价位形成。三个低点价格不必相等，大致相差3%左右。

（四）潜伏顶底

1. 潜伏顶

股票经过一段时间下跌之后，股价在相对高位一个狭窄的范围内横向移动，每日股价的波幅极小，且成交也十分稀疏，图形上形成一条横向窄带，这种形态称为潜伏顶（图4-19）。

图4-19 潜伏顶

一段时间的潜伏静止后，股价大幅向下，成交量也同时放大。

潜伏顶大多出现在下降过程的中间。短线操作者在下跌初期已经出局，剩下的是一些心存幻想的股民，此时，很少有新的投资者看好这种股票。于是股价就在一个狭窄的区域里一天天地移动，既没有上升的趋势，也没有下跌的现象。最后，该股突然出现大的成交量，同时伴随着大幅度下跌。

2. 潜伏底

股价在相对低位一个狭窄的范围内横向移动，每日股价的波幅极小，且成交量也十分稀疏，图形上形成一条横向的窄带，这种形态称为潜伏底（图4-20）。

经过一段长时间的潜伏静止后，价位和成交量同时摆脱了沉寂不动的闷局，股价大幅向上攀升，成交量同时放大。

潜伏底大多出现在市场淡静之时以及非热点的冷门股上。持有股票的人找不到急于卖出的理由，有意买进的也找不到急于追入的理由，于是股价就在一个狭窄的区域里波动，既没有上升的趋势，也没有下跌的现象，表现令人感到沉闷，就像是处于冬眠时期的蛇虫，潜伏不动。

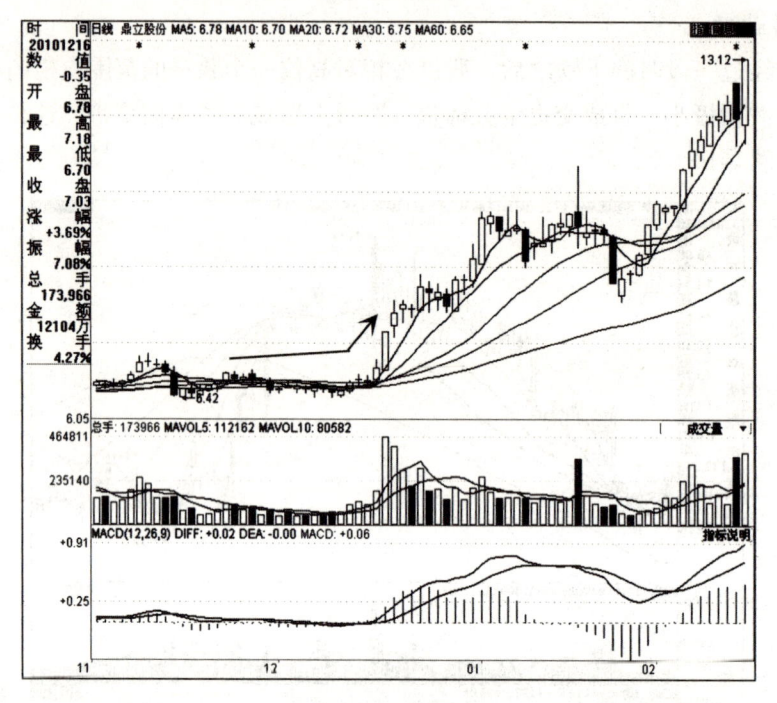

图4-20 潜伏底

最后，该股突然出现放量成交现象，原因可能是受到某些突如其来的消息，如公司盈利大增、分红前景好等的刺激，股价也脱离潜伏底，大幅向上攀升。

潜伏底中，先知先觉的投资者在潜伏底形成期间不断在做收集性买入，当形态突破后，未来的上升趋势将会强而有力，而且股价的升幅甚大。所以，当潜伏底明显向上突破时，值得投资者马上跟进，跟进这些股票风险很低，利润十分可观。

（五）圆形顶底

1. 圆形顶

圆形顶（图4-21）是典型的高位滞涨后的下跌形态。股价走势呈弧形，即虽不断升高，但每一个高点也高不了多少就回落，先是新高点较前点高，后是高点略低于前高点，这样把短期高点连接起来，就形成一圆形顶。

经过一段买方力量强于卖方力量的升势之后，买方趋弱或仅能维持原来的购买力量，使涨势缓和，而卖方力量却不断加强，最后双方力量均衡，此时股价会保持没有涨跌的状态。如果卖方力量超过买方，股价就回落，开始只是慢慢改变，跌势不明显，但后期则由卖方完全控制市场，跌势便告形成。一个大跌市即将来临，未来下跌之势将加剧，先知先觉者会在形成圆形顶前离市。

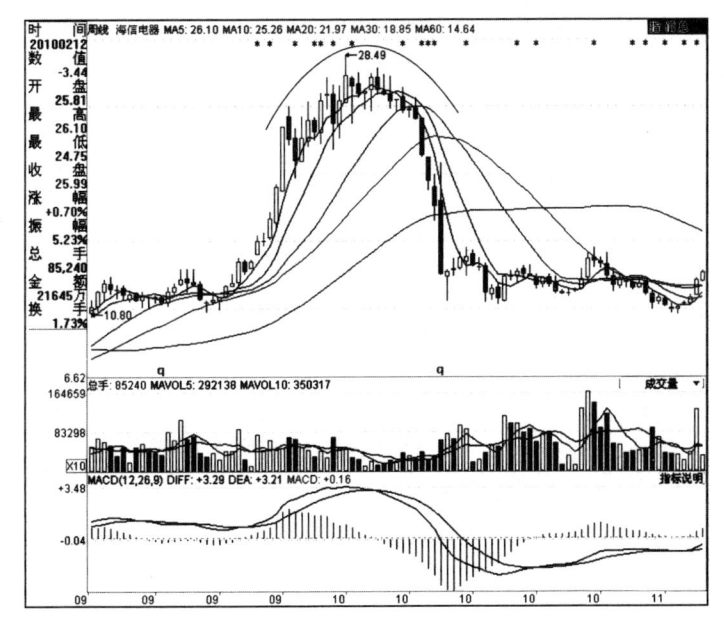

图4-21 圆形顶

有时当圆形头部形成后，股价并不马上下跌，只是横向发展，形成徘徊区域，这种徘徊区称作碗柄，一般来说，碗柄很快便会被突破，股价继续朝着预期中的下跌趋势发展。投资者需要注意的是这是在圆形顶完全形成前的最后撤离机会。

2. 圆形底

圆形底（图4-22）是一种中长期的底部形态。股价经过初期的暴跌之后，虽不断降低，但幅度已经越来越小。股价先是不断创新低，然后很缓慢地回升，这样把股价的低点连接起来，就形成圆形底，在成交量方面也会呈现一个圆弧形。

股价呈圆弧形下跌，卖方的力量不断减轻，但买入的力量仍畏缩不前，于是成交量持续下降。这时候股价虽是下跌，然而幅度缓慢且较小。在底部时买卖力量达到均衡状态，然后需求开始增加，价格随之上升，最后买方完全控制市场，价格大幅上扬，出现突破性的上升局面。成交量方面，初时缓慢地减少到一个水平，然后又增加，形成一个圆弧形。

这种形态显示一次巨大的升市即将来临，投资者可以在圆形底转势之初追入。

(六) V形反转

1. 倒V形顶

倒V形顶（图4-23）走势，可分为三个部分：

（1）上升阶段：通常V形的左方升势十分陡峭，而且会持续一段时间。

（2）转势点：V形的顶部十分尖锐，一般来说形成这种转势点的时间仅两三个交易日，而且成交量在此高点明显增多。

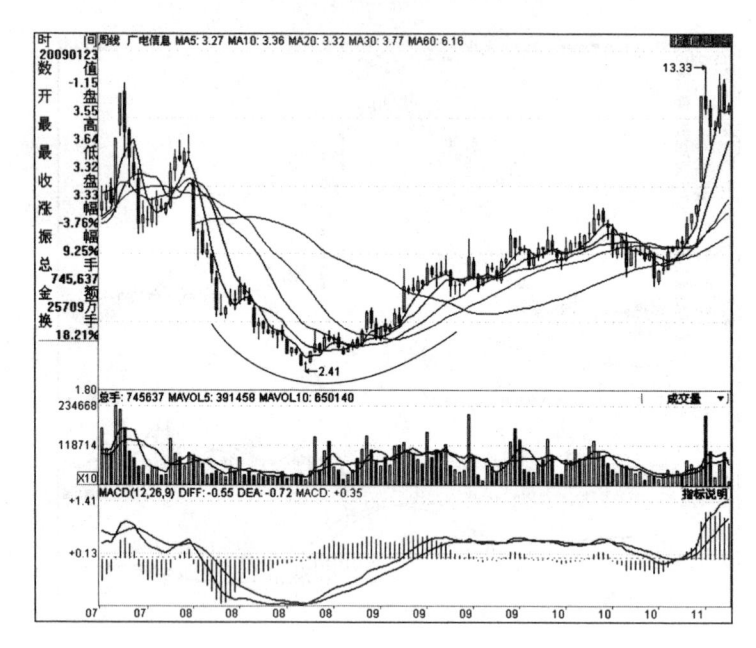

图4-22 圆形底

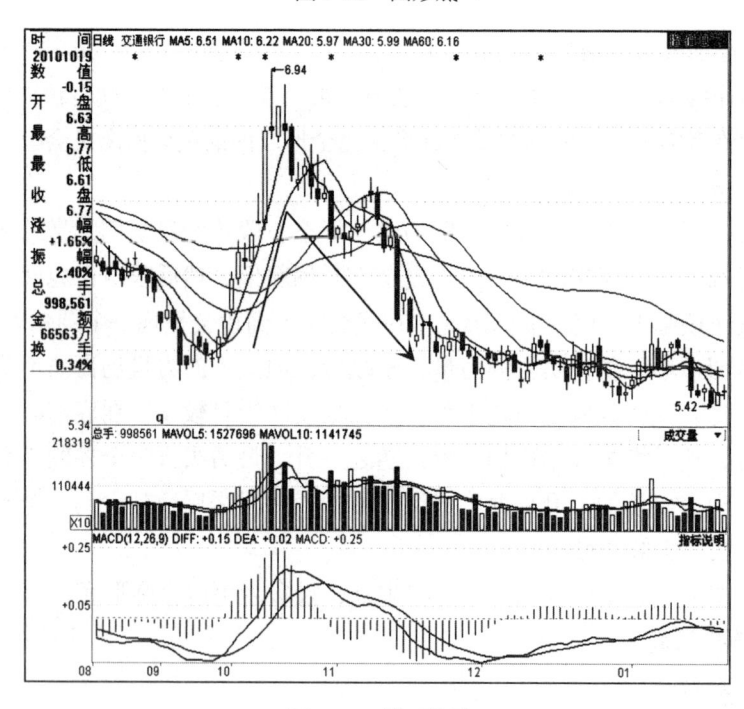

图4-23 倒V形顶

（3）下跌阶段：转势点形成后股价从高点回落。

倒V形顶在市场看好的情绪作用下股价快速攀升，可是突如其来的一个因素却扭转了整个趋势，股价以上升时同样的速度下跌，形成一个倒V形的移动轨迹。

2. V形底

V形底（图4-24）走势，可分为三个部分：

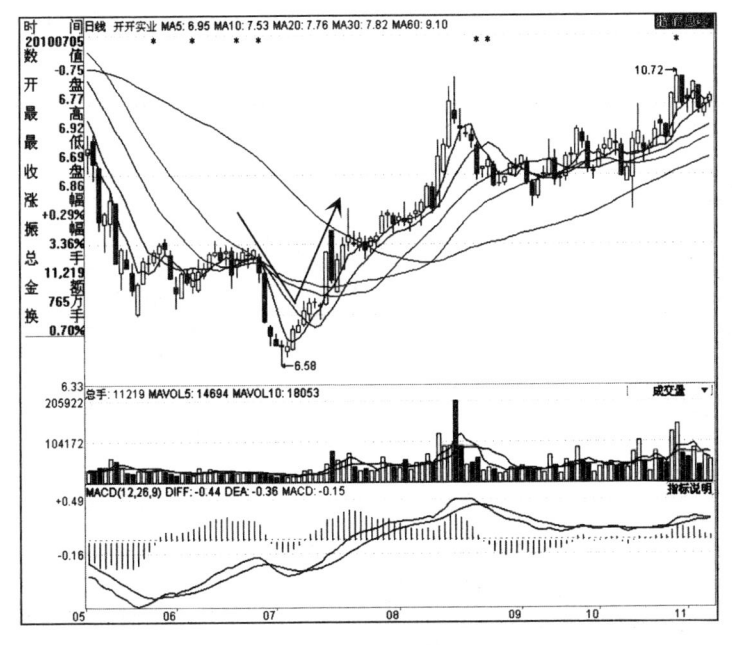

图4-24　V形底

（1）下跌阶段：通常V形的左方跌势十分陡峭，而且持续时间较短。

（2）转势点：V形的底部十分尖锐，一般来说形成这种转势点的时间仅两三个交易日，有时候转势点在恐慌交易日中出现。通常，成交量在低点明显增多。

（3）回升阶段：股价从低点回升，成交量也随之增加。

（4）伸延V形走势是V形走势的变形。在形成V形走势期间，上升（或是下跌）阶段呈现变异，股价横向发展，其后打破这一徘徊区，继续完成整个形态。

（七）岛形顶底

1. 岛形顶

如图4-25所示，股市持续上升一段时间后，某日忽然呈现缺口性上升，接着股价高位徘徊，后来股价缺口性下跌，从而形成岛形顶。岛形顶两边的缺口大约在同一价格区域内发生，使高水平争持的区域在图上看就像是一个岛屿的形状，两边的缺口令这岛屿孤耸于海洋之上，成交量在岛形顶的形成期间有效放大。

岛形顶技术含义为：股价不断上升，使原来想买入者无法在预期的价位追入，但持续的升势令他们终于忍不住不计成本买入，于是形成一个上升缺口。可是股价却没有因为这样的跳升而继续向上，在高位明显受到阻力，经过一段短时间的争持后，股价终于无法在高位继续获得支撑，而出现缺口性下跌。

形成岛形顶的第一个缺口为消耗性缺口，其后在反方向移动中出现的缺口为突破性缺口。这两个缺口出现的时间间隔最短的时间可能只有一个交易日，长的可能数天至数个星期。岛形顶从消耗性缺口开始，以突破性缺口结束，是以缺口填补缺口。

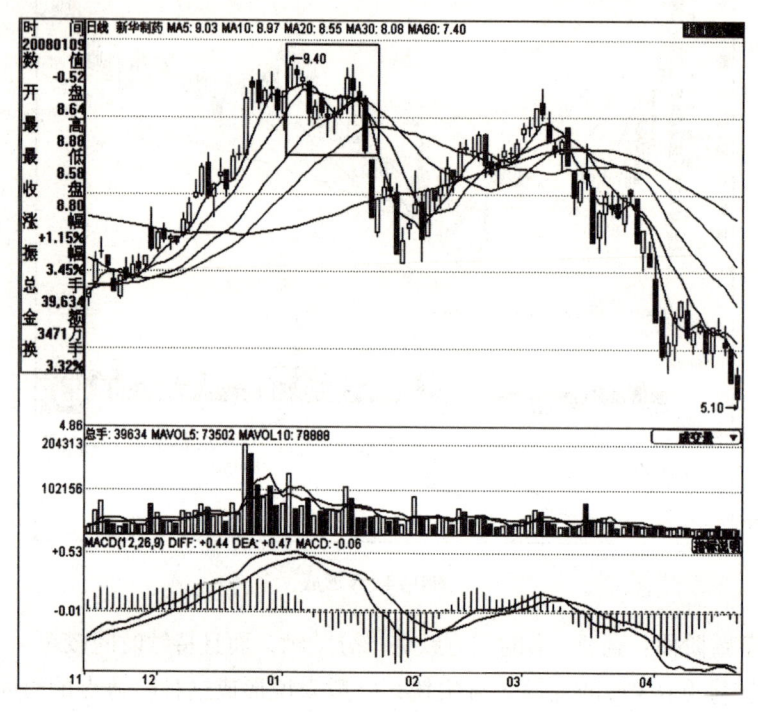

图4-25 岛形顶

2. 岛形底

如图4-26所示，股市持续下降一段时间后，某日忽然呈现缺口性下降，接着股价在低水平徘徊，后来股价又缺口性上升，从而形成岛形底。岛形底两边的缺口大约在同一价格区域发生，使低水平争持的区域在图上看来就像是一个岛屿的形状，两边的缺口令这岛屿孤耸于海洋之上，成交量在岛形底形成期间有效放大。

岛形底的技术含义为：股价不断下降，使原来想卖出的人没法在预期的价位卖出，持续地下降令他们终于忍不住不计成本"割肉"，于是形成一个下降缺口。可是股价却没有因为这样的暴跌而继续向下，在低点明显获得支撑，经过一段时间的争斗后，股价终于缺口性上升。

岛形底经常在长期或中期性趋势的底部出现，下跌时出现这一形态，就是一个买入信号。

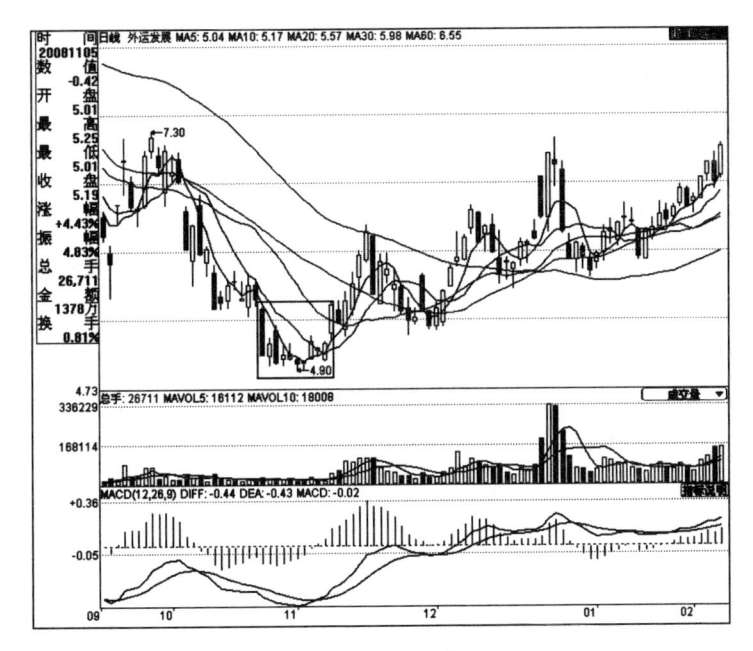

图4-26　岛形底

四、缺口

缺口是指由于行情的大幅度上涨或下跌，致使股价的日线图出现当日成交最低价超过前一交易日最高价或成交最高价低于前一日最低价的现象。通常情况下，如果缺口不被迅速回补，表明行情有延续的可能，如果缺口被回补，表明行情有反转的可能。

缺口分普通缺口、突破缺口、持续性缺口、消耗性缺口四种。从缺口发生的部位与大小，可以预测走势的强弱，确定是突破，还是已到当前趋势的尽头，它是研判各种形态时最有力的辅助材料。

（一）普通缺口

普通缺口通常在密集的交易区域中出现，因此许多需要较长时间形成的整理或转向形态，如三角形和矩形等都可能有这类缺口形成。

普通缺口一般在几个交易日内便会完全填补，它只能帮助我们辨认清楚某种形态的形成。普通缺口在整理形态出现的机会要比在反转形态时出现的机会大得多，所以当发现发展中的三角形和矩形有许多缺口时，就应该增强它是整理形态的信念。

（二）突破缺口

突破缺口是当一个密集的反转或整理形态完成后突破盘局时产生的缺口。当股价以一个很大的缺口跳空远离形态时，这表示真正的突破已经形成了。突破缺口越大，表示未来的变动就越强烈。

突破缺口经常在重要的转向形态如头肩式的突破时出现，此缺口可辨认突破信号的真伪。如果股价突破支持线或阻力线后以一个很大的缺口跳离形态，可见突破十分强而有力，很少有相反的情况发生。

假如缺口发生前有大的交易量，而缺口发生后成交量却相对地减少，则有一半的可能是不久缺口将被回补；若缺口发生后，成交量并未随着股价的远离缺口而减少，反而加大，则短期内缺口将不会被回补。

（三）持续缺口

在上升或下跌途中出现缺口，可能是持续缺口。这种缺口不会和突破缺口混淆，任何离开形态或密集交易区域后的急速上升或下跌，所出现的缺口大多是持续缺口。这种缺口可帮助股民朋友估计后市波幅的大小，因此也称之为量度缺口。

持续缺口的技术性分析意义最大，它通常是在股价突破后远离形态至下一个反转或整理形态的中途出现，因此持续缺口能大约地预测股价未来可能移动的距离，所以又称为量度缺口。其量度的方法是从突破点开始，到持续性缺口起点的垂直距离，就是未来股价将会达到的幅度。

（四）消耗缺口

消耗缺口是伴随快的、大幅的股价波动而出现在急速的上升或下跌中，股价的波动并非是渐渐出现阻力，而是越来越急，这时价格的跳位上升（或跳位下跌）可能发生，此缺口就是消耗缺口。

通常消耗缺口大多在恐慌性抛售或消耗性上升的末段出现。消耗缺口的出现，表示股价的趋势将暂告一段落。如果在上升途中，即表示即将下跌；若在下跌趋势中出现，就表示即将回升。

（五）缺口的意义

一般的缺口都会被填补，消耗缺口、普通缺口可能在短期内回补，但是突破缺口、持续缺口未必会被填补。

缺口的出现有很强的、明确的预测市场走向的功能。投资者只要分清缺口的性质，对操作就能有很大的帮助。

当缺口出现时，股价以大成交量向上突破，留下突破缺口，这是多头市场的征兆，日后仍将有高价出现，不论在下一个次级行情的顶点是否卖出，在股价回跌时仍可以加码买进。

如果股价在急速上升过程中再次出现缺口，就应该判断这是持续缺口还是消耗缺口。若是持续缺口，可继续持有股票，在达到预期价位才开始出货；若是消耗缺口，当反转出现时，就应毫不犹豫地抛出手中的股票，以保住战果。

在一次上升或下跌的过程里，缺口出现越多，显示其趋势越快接近终结。

第四节 趋势线理论

一、趋势线

（一）什么是趋势

在技术分析这种市场分析方法中，趋势是绝对的核心内容。运用各种技术分析手段的目的就是帮助我们认识市场的趋势，从而顺应趋势的方向买卖股票，或者识别既有趋势的转折信号，让我们把握最佳的买卖点。

趋势就是市场运动的方向。在股票市场，投资者已经看到，市场并不是一条直线地上涨或者下跌，市场运动的特征就是前进中的曲折迂回，它的运动轨迹就像一系列前赴后继的波浪，会出现明显的波峰与浪谷。如果要给趋势下一个简单而直观的定义，可以说趋势是由连绵不断的一系列依次上升或下降的波峰与浪谷构成的。

（二）什么是趋势线

趋势线是用画线的方法将低点或高点相连，利用已经发生的事例，推测次日大致走向的一种图形分析方法。趋势线就是用来描述一段时间内股价运行方向的直线，上涨行情中，两个以上的低点的连线被称为上升趋势线，下跌行情中，两个以上高点的连线被称为下降趋势线。在各种股票的股价图形中，若出现上升趋势线，股价波动必是向上发展；相反，若出现下降趋势线，股价波动必定向下发展，即使暂时出现反弹也不影响其总体的跌势。

正确地画出趋势线，人们就可以大致了解股价的未来发展方向，按所依据波动的时间长短不同，会出现三种趋势线：跨度在1个月之内的为短期趋势线（连接各短期波动点）；跨度在1~6个月的为中期趋势线（连接各中期波动点）；跨度在半年以上的为长期趋势线（连接各长期波动点）。

（三）趋势线的画法

在画趋势线时，可以将相继出现的调整低点连接而成一条直线，即构成上升趋势线，它位于相应的价格曲线的下部；将相继出现的明显波峰连接而成一条直线，就是市场的下降趋势线，它一般位于相应的价格曲线的上侧。

投资者在画趋势线时应注意以下几点：

（1）画趋势线时应尽量先画出不同的实验性线，待股价变动一段时间后，保留经过验证能够反映波动趋势、具有分析意义的趋势线。

（2）趋势线的修正。以上升趋势线的修正为例，当股价跌破上升趋势线后又迅速回到该趋势线上方时，应将原使用的低点之一与新低点相连接，得到修正后的新上升趋势线，能更准确地反映出股价的走势。

（3）趋势线不应过于陡峭，否则很容易被横向整理突破，失去分析意义。

（四）趋势线的应用

趋势线表明当股价向其固定方向移动时，它非常有可能沿着这条线继续移动。

（1）在趋势线没有跌破之前，上升趋势线就是每一次回落的支撑。当上升趋势线跌破时，就是一个出货信号。

（2）在没升破之前，下降趋势线就是每一次回升的阻力。当下降趋势线突破时，就是一个买入信号。

（3）一种股票随着固定的趋势移动时间越久，该趋势越可靠。

（4）在长期上升趋势中，每一个变动都比改正变动的成交量高，当有非常高的成交量出现时，这可能为中期变动终了的信号，紧随着而来的将是反转趋势。

（5）在中期变动中的短期波动结尾，大部分都有极高的成交量，顶点比底部出现的情况更多，不过在恐慌性下跌的底部常出现非常高的成交量。这是因为在顶点，股市沸腾，散户盲目大量跟进，大户与做手乘机脱手；在底部，股市经过一段恐慌大跌，一些散户信心动摇，见价就卖，而此时已达到长期下跌趋势的最后阶段，于是大户与做手开始大量买进，形成放量。

（6）每一条上升趋势线，需要两个明显的底部，才能决定，每一条下跌趋势线，则需要两个顶点。

（7）趋势线与水平所成的角度越陡越容易被一个短的横向整理所突破，因此越平越具有技术性意义。

（8）股价的上升与下跌，在各种趋势的末期，都有加速上升与加速下跌的现象。因此，市势反转的顶点或底部，大都远离趋势线。

（五）趋势线的突破

当股价突破趋势线时，其可信度可以从以下几点来把握：

（1）收盘价突破趋势线比当天最高价和最低价突破趋势线更为有效。所以，如果在一天的交易时间之中曾经突破了趋势线，但其收市价并没有超出趋势线，不算是突破。

（2）一般股价突破趋势线的幅度在3%以上才可信。如果股价向上突破趋势线，则表明逢低吸纳者多，反弹的阻力被充分消化，这是股价转势回升的信号。

（3）股价向上突破下降趋势线时，往往伴随着大的成交量配合；股价向下跌破上升趋势线时，突破当日成交量不一定增加，量的放大往往在突破前后出现。

（4）当突破趋势线时出现缺口，这种突破的力量是非常强大的。

（5）突破趋势线后，成交量上升或保持不变的突破就是有效突破。

（6）股价突破趋势线后，持续的时间越长，突破越有效。

二、通道线

通道线是趋势线的实战发展，在实际应用中很有效。

（一）什么是通道线

当上升/下降趋势线确定以后，通过第一个上升峰位/下降低谷画出趋势线的平行线，即称为轨道线，也称为通道线。通道，就是指在上述两条平行趋势线之间形成的价格区域，因此被形象地称为通道。

通道最明显的特征是股价沿着平行的趋势线往复移动，在大的通道中还会穿插着小的通道。同趋势线一样，通道线未被触及的时间越长，试探的次数越多，则其可靠性越高。

（二）上升通道与下降通道

根据趋势通道的形态可以分为上升通道和下降通道。

1. 上升通道

在一段上升趋势中，从上升趋势线的平行方向寻找股价轨迹的一个明显的相对高点，不一定是绝对高点，如高点的K线是一根带长上影线的K线，高点最好选择K线的实体高度。

从选定的高点引出一条与趋势线平行的线。这两条平行线就构成股价的上升通道。当一条趋势线被突破后，上升通道也随之改变。

2. 下降通道

在一段下降趋势中，从下降趋势线的平行方向寻找股价轨迹的一个明显的相对低点，不一定是绝对低点，例如低点的K线是一根带长下影线的K线，低点最好选择K线的实体高度。

从选定的低点引出一条与趋势线平行的线，这两条平行线就构成股价的下降通道。当一条趋势线被突破后，下降通道也随之改变。

（三）通道的上轨、中轨与下轨

一般情况下，股价如果没有改变运行趋势，都会在特定的通道中运行。两条平行线中，上面的叫通道的上轨，下面的叫通道的下轨。对于中长期的通道，还在两条平行线的中点再引出一条平行线，称为通道的中轨。

通道的上轨将形成股价的压力，下轨则是股价的支撑。上升通道中，股价涨到通道的上轨，便会回落；调整到通道的下轨，便会上升。反之，下降通道中，股价跌到通道的下轨，便会反弹；调整到通道的上轨，便会回落。

(四）通道线的应用

一般来说，在上升通道中，当股票价格上升碰到上轨线时，投资者可以卖出股票，反之，当股票价格下跌碰到下轨线时，投资者可以买进股票。

在下降通道中如果股价反弹冲破上轨，则有可能形成多头上轨，在形态没有走坏的前提下投资者可以大胆地清仓，以免被套。但当通道一旦出现走坏的情况时，投资者也应顺应市场的趋势，顺势而为，以做到跑赢大势。

投资者还可以利用轨道平移法来预计反转行情的目标价位，即当通道被有效突破后，从突破点沿着反转方向度量出通道对应的宽度，此时得到的价位便为此轮反转行情对应的目标价位。

当价格一直不敢试探通道线时，可以判断为既有趋势的力度在减弱。在上升趋势中，当价格在远离通道线时便形成转折，那么应该警觉现有的上升趋势可能发生改变。在价格无力抵达通道的上轨，那么下轨被突破的可能性开始加大；当价格拒绝向下轨靠拢，那么上轨被突破的可能性就加大。

如果市场无力抵达上侧的通道线，则构成警示信号，说明下侧的通道线将被跌破。

三、支撑线与阻力线

（一）什么是支撑线与阻力线

（1）市场上的股价在下跌到某一水平时，往往不再继续下跌，这个价位是股价的支撑点。把整个下跌途中的支撑点连接、顺延，构成一条线，起阻止股价继续下跌的作用，并预示下跌可能止步的位置，这就是支撑线。

支撑线是指股价下跌到某一高度时，由于卖方惜售，买方补仓，买气转旺而卖气渐弱，从而使股价停止下跌，甚至有所回升。

（2）在上升途中，当股价上涨到某价位附近时，往往不再继续上涨，似乎在这个价位有压力，将途中的每一个压力点相连，构成了一条线，起阻止股价继续上升的作用，并预示上升可能止步的位置，这就是阻力线。

阻力线是由于获利盘涌出，股价会停止上涨，甚至回落。

从供求关系的角度看，支撑代表了集中的需求，而阻力代表了集中的供给，股市上供求关系的变化，导致了股价的变动。

阻力线和支撑线都是图形分析的重要方法，一般若股价在某个区域内上下波动，并且在该区域内累积成交量极大，那么如果股价冲过或跌破此区域，它便自然成为支撑线或阻力线，这些曾经有过大成交量的价位时常由阻力线变为支撑线或由支撑线变为阻力线。阻力线一旦被冲过，便会成为下个跌势的支撑线；而支撑线一经跌破，将会成为下一个涨势的阻力线。

（二）内在实质

1. 支撑线的内在实质

因前阶段反复出现这一价位区间，累积了较大的成交量，当行情由上而下向支撑线靠拢时，做空者获利筹码已出清，手中已无打压抛空筹码；做多者持币趁低吸纳，形成需求；举棋不定者套牢已深，筹码锁定不轻易斩仓。故在这一价位区间供应小于需求，自然形成了强有力的支撑基础。

2. 阻力线的内在实质

阻力线同样出现于成交密集区。因为在这一区间有较大的累积成交量，当交易价位已在该密集区间以下时，说明已有大量的浮动亏损面，即套牢者。因此当行情由下向上回升，迫近阻力线时，对前景看坏者急于解套，平仓或获利回吐，故大量抛盘涌出，股票的供应量放大。对前景看好者可分为两类：一类是短线看好，因顾忌价位已高，期望待价位回档再建仓，故跟进犹豫；另一类是中长线看好，逢低便吸。

因为支撑线与阻力线均形成于成交密集区，所以同一成交密集区既是行情由下向上攀升的阻力区，又是行情由上向下回落的支撑区。当成交密集区被突破，在行情上升过程中，一般伴随有高换手率，阻力线变换为支撑线；若有特大利多消息刺激，成交密集区被轻易突破，即骤然跳空，那么获利回吐压力增大，继续上行将面临考验，多头态势往往前功尽弃。在行情下降过程中，换手率一般不明显增大，一旦有效突破，则支撑线变换为阻力线。

（三）支撑线与阻力线的应用

1. 利用支撑线分析股市

（1）上升趋势里，回档过程中，尤其接近支撑价位时，成交量萎缩，而后阳线迅速吃掉阴线，股价再上升，这是有效的支撑。

（2）上升趋势里，回档过程中，K线频频出现阴线，空头势力增加，即使在支撑线附近略作反弹，接手乏力，股价终将跌破支撑线。

（3）在支撑线附近形成盘档，经过一段时间整理，出现长阳线，支撑线自然有效。

（4）在支撑线附近形成盘档，经过整理却出现一根长阴线，投资者为减少损失，争相出逃，股价将继续下跌。

（5）股价由上向下跌破支撑线，说明行情将由上升趋势转换为下降趋势。一般来说，在上升大趋势中，出现中级下降趋势，若股价跌破中级下降趋势的支撑线，则说明上升大趋势已结束；在中级上升趋势中，出现次级下降趋势，若股价跌破次级下降趋势的支撑线，则说明中级上升趋势已结束，股价将依原下降大趋势继续下行。

（6）股价由上向下接触支撑线，但未能跌破而调头回升，若有大成交量配合，则当再出现下降调整时，即可进货，以获取反弹利润。

（7）股价由上向下跌破支撑线，一旦有大成交量配合，即说明另一段跌势形成，稍有回档即应出货，避免更大的损失。

（8）股价由上向下接触支撑线，虽未曾跌破，但也无成交量配合，则预示无反弹可能，应尽早出货离场。

2. 利用阻力线分析股市

（1）下跌趋势出现反弹，尤其在接近阻力价位时，成交量无法放大，而后阴线迅速吃掉阳线，股价再度下跌，这是强烈的阻力。

（2）下跌趋势出现强力反弹，阳线频频出现，多头实力坚强，即使在阻力线附近略作回档，但换手积极，则股价必可突破阻力线，结束下跌走势。

（3）在阻力线附近经过一段时间的盘档后，出现长阴线，阻力线自然有效。

（4）在阻力线附近经过一段时间的盘档后，出现一根长阳线向上突破，成交量增加，股价将上涨。

（5）股价由下向上突破阻力线，若成交量配合放大，说明阻力线被有效突破，行情将由下降趋势转为上升趋势。

（6）股价由下向上冲刺阻力线，但未能突破而调头回落，则可能出现一段新的下跌行情，此时无论盈亏，都应及时了结离场。

（7）当股价由下向上冲击阻力线，成交量大增，则应及时做多；若虽突破阻力线，但成交量未放出，则应观望，很有可能是上冲之力、受阻回落的假突破，不能贸然跟进。

（8）当股价由下向上突破阻力线，若成交量不见大增，可待其回落，若回落也不见量放出，则可考虑做多；若不回落，只要能确认突破阻力有效，再做多仍能获利，这是因为阻力线被有效击破，一般会有一段行情。

第五节　技术指标分析

技术指标是指根据股市的历史数据，经过一定的计算统计方法整理得出的指标参数。这些指标参数因为包含股市中的各种综合信息以及历史上的各种成功经验，所以对于后市股价的操作具有重要的指导意义。

本节介绍几种沪深两市中常用的技术指标。

一、移动平均线（MA）

（一）原理

移动平均线（MA），利用统计原理，以股票（指数）在一定时期内连续几天的价格（指数）求出平均值，每天算出的平均值相连所构成的趋势线。天数是MA的参数。如5日的移动平均线简称5日线，即MA（5）。其计算方法为：

$$n日移动平均线 = n日收市价之和 / n$$

移动平均线按时间长短可以分为长期移动平均线、中期移动平均线和短期移动平均线。短期移动平均线，如MA（5）是5日的移动平均线；长期移动平均线，如MA（250）是250日的移动平均线。

在上升市场中，行情价格、短期移动平均线、中期移动平均线、长期移动平均线的排列顺序是从上到下排列；在下跌市场中，它们的排列顺序正好相反。

（二）巧用移动平均线判定买卖时机

美国著名股票技术分析家格兰维尔根据200日移动平均线与每日股价的关系得出，以股价与均线的关系作为买卖依据，共有8个信号，即格兰维尔法则。

（1）当移动平均线从下降逐渐转为水平，而股价从移动平均线的下方向上移动并突破平均线时宜买进。

（2）股价一时跌破移动平均线，但移动平均线短期内依然继续上升时，宜买进。

（3）当股价连续上升远离移动平均线之上时突然下跌，但未跌破移动平均线便又上升时，宜买进。

（4）股价跌破移动平均线后突然连连暴跌，远离移动平均线，属于超卖现象，如果这时股价开始回升，宜买进。

（5）当移动平均线走势由上升逐渐走平后转弯下跌，而股价从移动平均线上方向下跌破移动平均线时，是重要的卖出信号。

（6）股价虽然向上突破移动平均线，但又立刻跌到移动平均线之下，而这时的移动平均线仍在继续下行，为卖出信号。

（7）股价跌落于移动平均线之下，然后向移动平均线回升，但未突破移动平均线即又告回落，也是卖出信号。

（8）股价急速上升，在移动平均线上方移动且距移动平均线越来越远，上涨幅度相当可观时，是卖出信号。

（三）运用移动平均线的优缺点

利用移动平均线可观察股价总的走势，不考虑股价的偶然变动，这样可自动选择出入市的时机。利用移动平均线，作为买入或卖出的信号，通常能获得颇为可观的回报率，尤其是当股价刚开始上升或下降时。此外，移动平均线分析比较简单，使投资者能清楚了解当前价格动向。

但是，移动平均线变动缓慢，不易把握股价趋势的高峰与低谷。在价格波幅不大的牛皮市中，平均线折中于价格之中，出现上下交错形的出入货信号，使分析者无法定论。在应用时，平均线的日数选择没有一定标准和规定，常根据股市的特性、不同发展阶段、分析者的思维定性而各有不同。

二、指数平滑异同移动平均线（MACD）

（一）原理

MACD英文全称为Moving Average Convergence and Divergence，中文直译为指数平滑异同移动平均线，又称指数离差指标，是移动平均线原理的进一步发展。它是通过对指数型平滑移动平均线（EMA）的乖离曲线（DIF）以及DIF值的指数型平滑移动平均线（DEA）这两条曲线走向之异同、乖离的描绘和计算，进而研判市势的一种技术方法。

EMA是移动平均线中计算最为复杂的一种。EMA加重了当前价格变化的影响，使移动平均线更加贴近价格曲线，能够改善移动平均线滞后性的弱点。DIF的意义是两条移动平均线的乖离，即快速EMA减去慢速EMA，它把两条移动平均线相互关系的趋向型指标变成为震荡型指标，DIF以零值为轴心上下波动。

DEA在震荡型指标图上再造出一条相对于快速线DIF的慢速线，以完善技术分析的手段。MACD再把DIF与DEA的乖离以柱线图形表示出来，更方便应用。

根据移动平均线的特性，在一段持续的涨势中，短期移动平均线在长期移动平均线之上，两者间的距离将越拉越远，乖离越来越大，如果涨势趋于缓慢，两者间的距离就会缩小，甚至互相交叉，短期移动平均线向下穿过长期移动平均线，发出卖出信号；同样，在持续的跌势中，短期线在长期线之下，相互之间的距离越来越远，如果跌势减缓，两者之间的距离也将缩小，最后交叉，短期线上穿长期线，发出买入信号。

（二）计算方法

MACD的计算公式看起来很复杂，但是只要把结构弄清楚，就很方便。

MACD计算分以下几个步骤，目的是要计算出MACD的两个部分——差离值（DIF）与差离平均值（DEA），然后画出柱状图。

1. 计算快速移动平均数值与慢速移动平均数值

$$EMA_n = P_n X + EMA_{n-1} X$$

式中：EMA_n——第n日EMA值；

P_n——当天收盘价；

X——第n日平滑系数；

n——移动平均线周期。

快速移动平均线EMA一般选6日，慢速EMA一般选12日。

2. 计算差离值（DIF）

计算出快速移动平均数值与慢速移动平均数值后，以这两个数值作为测量两者间的"差离值"依据。所谓"差离值"（DIF），即快速与慢速线数值之差。

$$DIF=EMA（S）-EMA（L）$$

式中：EMA（S）——S（Short）日移动平均数值（短期线，快速值）；

EMA（L）——L（Long）日移动平均数值（长期线，慢速值），并且S<L。

如果短期线EMA选6日，长期线EMA选12日。此时差离值（DIF）的计算为：

$$DIF=EMA6-EMA12$$

在持续的涨势中，12日EMA在6日EMA之上。其间的正差离值（+DIF）会越来越大。反之在跌势中，差离值可能变负（-DIF），也越来越大。至于差离值缩小到何种程度才真正是行情反转的信号，则要进入第三步。

3. 计算差离平均值（DEA）

一般情况下，MACD的反转信号为差离值的9日移动平均值，差离平均值用DEA来表示，其计算公式为：

$$DEA=（n-1）\times DIF \times 8/10+DIF \times 2/10$$

4. 画柱状图

计算得出的DIF与DEA为正值或负值，因而形成在0轴线上下移动的快速线与慢速线，为了方便判断，常用DIF减去DEA，并绘出柱状图。如果柱状图上正值不断扩大说明上涨持续，负值不断扩大说明下跌持续，只有柱状在0轴线附近才表明形势有可能反转。

（三）巧用指数平滑异同移动平均线判定买卖点

在实际应用MACD时，新股民需要掌握以下的一些技巧：

（1）DIF向上突破MACD时为买进信号，DIF向下跌破MACD时为卖出信号。

（2）0轴以上：DIF若下穿DEA为卖出信号；DIF若上穿DEA为回档结束信号，也为买入信号，但适于空方平仓，多方新买单不适于入场。

（3）0轴以下：DIF若上穿DEA为买入信号；DIF若下穿DEA为反弹结束信号，也为卖出信号，但适于多方平仓，空方新卖单不适于入场。

（4）在持续的涨势中，6日EMA在12日EMA之上，其间的正差离值（+DIF）会愈来愈大。反之，在跌势中，负差离值（-DIF）会越来越大。所以当行情开始反转时，正或负差值将会缩小。即利用正负差离值与其9日平滑均线的相交点，作为判断买卖信号的依据。

（5）股价在盘整之时常会出现DIF与MACD交错，可以不必理会，只有在乖离率加大时方可视为盘整局面的突破。在高档区DIF两次以上下穿DEA可能大跌；低档区DIF两次以上上穿DEA可能大涨。这两处交叉若与价格走向相背离，则可信度极高。

（6）"背离"就是在K线图上出现一头比一头高的头部，在MACD的图形上却出现一底比一底低的底部；或相反，在K线图上出现一底比一底低，在MACD的图形上却出现一底比一底高，出现这两种背离时，前者一般为跌势信号，后者则为上升信号。

（7）MACD也可用来判别短期反转点。在图形中，可观察DIF与MACD两条线之间垂直距离的直线柱状体（其直线柱状体的算法很简单，只要将DIF线减去MACD线即得）。当直线柱状体由大开始变小，即为卖出信号，当直线柱状体由最小（负数的最大）开始变大，即为买进信号。因此我们可依据直线柱状体研判短期的反转点。

（8）股价出现两个或三个近期低点，而MACD并不配合出现新低点，可买入，反之，则可卖出。

（四）运用指数平滑异同移动平均线的优缺点

MACD技术分析，运用DIF线与MACD线之相交形态及直线柱状体高低点与背离现象，作为买卖信号，尤其当市场股价走势呈一较为明确波段趋势时，MACD则可发挥其应有的功能，指标安全性高，对中长线预测帮助最大。但当市场呈牛皮盘整格局，股价不上不下时，MACD买卖信号较不明显。此外当出现急升急跌行情时，MACD由于来不及反映而出现信号滞后，这需要短线投资者格外注意。

三、乖离率（BIAS）

（一）原理

乖离率（BIAS）简称Y值，它是移动平均原理派生的一项技术指标，是定量地表现当日指数或个别股价与移动平均线之间差距的技术指标。其功能主要是通过测算股价在流动过程中与移动平均线出现的偏离程度，从而得出股价在剧烈波动时因偏离移动平均线而造成的可能回档与反弹以及股价在波动过程中继续原有趋势的可信度。

乖离率计算公式如下：

n日乖离率＝（当日收市价－n日内移动平均收市价）/

n日内移动平均市价×100%

式中，n日的设立参数可按自己选用的移动平均线确定，一般有5日、10日、20日、30日等。由于乖离率是配合移动平均线考虑的，所以其参数就是移动平均线的参数。

在格兰维尔法则中曾经提到，股价急速上升，远离平均线，是卖出信号；股价急速下跌，远离平均线，是买入的信号。这个"远离"的距离就是乖离率。

乖离率的主要原理是：如果股价离移动平均线太远，不管股价在移动平均线之上或之下，都有可能趋向平均线。移动平均线为一段时间中多头与空头力量的均衡点，而乖离率表示的是现价和均衡点之间的差异和乖离程度。一般来说，距离越远，则表示多空反转的可能性越大。

（二）巧用乖离率判定买卖点

乖离率有正负之分，当股价位于平均线之上，为正乖离率；当股价位于平均线之下，则为负乖离率；当股价与平均线相交时，乖离率为零。因而随着股价走势的变动，乖离率的高低有一定的测市功能。

（1）正的乖离率越大，表明短期内多头获利越多，那么获利回吐的可能性也就越大，可择机卖出。

（2）负的乖离率的绝对值越大，则空头回补的可能性也就越大，可短线买入。

（3）短线、中线、长线的乖离率一般均有规律可循。6日BIAS＞+5%，是卖出时机；6日BIAS＜-5%，为买入时机。12日BIAS＞+6%，是卖出时机；12日BIAS＜-5.5%，为买入时机。24日BIAS＞+9%，是卖出时机；24日BIAS＜-8%，为买入时机。

（4）对于个别股票，由于受多空双方激战的影响，股价和各种平均线的乖离率容易偏高，因此运用中要随之而变。

（5）当股价与平均线之间的乖离率达到最大百分比时，就会向零值逼近，有时也会低于零或高于零，这都属于正常现象。

（6）多头市场的暴涨和空头市场的暴跌，都会使乖离率达到意想不到的百分比值，但出现的次数极少，而且持续时间也很短，因此可以将其看做一种例外情形。

在分析和预测股价走势时，只用单一乖离率作为研判依据，有时会出现偏差。尤其是在极端行情中，乖离率所给出的逆势操作信号可能会出现一定的偏差。所以在实际应用中，投资者应该将BIAS的走势与个股历史走势相对应，根据具体情况，定下适应个股的指标界点。

四、威廉超买超卖指标（W%R）

（一）原理

威廉超买超卖指数是由拉瑞·威廉首先提出来的，利用摆动原理，分析一段时间内高低价位与收市价的关系，反映市场的强弱程度，以此来研判股市是否处于超买或超卖的现象，可以预测循环期内的高点或低点，提出有效的买卖信号。它是分析市场短期行情走势的技术指标。

其计算公式如下：

$$n日W\%R = (Hn-Cn)/(Hn-Ln) \times 100\%$$

式中：Hn——n日内的最高价；

Ln——n日内的最低价；

Cn——n日内的收市价。

W%R是以n日内市场空方的力度（$Hn-Cn$）与多空总力度（$Hn-Ln$）之比率研判市势。W%R的值越小，反映市场买方力量越强，当W%R=0，说明当天收盘价格为最近n日内的最高价；W%R的值越大，反映市场做空气氛越浓，当W%R=100，说明当日收盘价为最近n日内的最低价。公式中的n日为选设的参数，一般设为14日或20日。

（二）巧用威廉超买超卖指数判定买卖点

威廉超买超卖指数计算出的指数值在0~100之间波动，威廉超买超卖指数的值越小，市场的买气越重；反之，其值越大，市场卖气越浓。

应用威廉超买超卖指数时，一般采用以下几点基本法则：

（1）当W%R达到80时，市场处于超卖状况，股价走势随时可能见底，投资者在此可以伺机买入；相反，当W%R达到20时，市场处于超买状况，走势可能即将见顶，投资者则可以趁机卖出，所以80的横线成为买进线，20的横线被称为卖出线。

（2）当W%R从超卖区向上攀升时，表示行情趋势可能转向，一般情况下，当W%R突破50中轴线时，市场由弱市转为强市，是买进的信号；相反，当W%R从超买区向下跌落，跌破50中轴线后，可确认强市转弱，是卖出的信号。

（3）由于股市大势的变化，超买后还可再超买，超卖后也可再超卖，因此，当W%R进入超买或超卖区，行情并非一定立刻转势。只有确认W%R明显转向，跌破卖出线或突破买进线，方为正确的买卖信号。

（4）在使用威廉指超买超卖数对行情进行研究时，最好能够同时使用强弱指数配合验证。同时，当W%R突破或跌穿50中轴线时，也可用以确认强弱指数的信号是否正确。

五、随机指数（KDJ）

（一）原理

随机指数是由乔治·蓝恩博士发明的，是期货和股票市场常用的技术分析工具，它在图表上是由K线和D线两条线所形成，因此也简称KD线。K线是快速指标，D线是慢速指标，有的时候，对D指标进行修正，增加一个J指标，就成了KDJ。

随机指数在设计中综合了动量观念、强弱指数和移动平均线的一些优点，在计算过程中主要研究高低价位与收市价的关系，即通过计算当日或最近数日的最高价、最低价及收市价等价格波动的真实波幅，反映价格走势的强弱势和超买超卖现象。

因为市势上升而未转向之前，每日多数都会偏于高价位收市，而下跌时收市价就常会偏于低位。随机指数还在设计中充分考虑价格波动的随机振幅和中、短期波动的测算，使其短期测市功能比移动平均线更准确有效，在市场短期超买超卖的预测方面，又比强弱指数敏感。因此，随机指数作为股市的中、短期技术测市工具，颇为实用有效。

（二）计算方法

要计算K、D值，先要计算未成熟随机值RSV：

$$RSV=100 \times [(C-Ln)/(Hn-Ln)]$$

式中：C——当日的收市价；

Ln——前n日内的最低价；

Hn——前n日内的最高价。

在该指标中，常用的时间跨度为9日（即$n=9$）。

计算出RSV值后，可按如下方法计算K值、D值和J值：

$$K=当日RSV \times 1/3+前一日K值 \times 2/3$$
$$D=当日K值 \times 1/3+前一日D值 \times 2/3$$
$$J=3K-2D$$

（三）巧用随机指数判定买卖点

随机指标起源于W%R理论，但它比W%R指标更具使用价值，W%R指标一般只限于用判断股票的超买和超卖现象，而随机指标却融合了移动平均线的思想，对买卖信号的判断更加准确。它在图表上采用K和D两条线，在设计中综合了动量指标、强弱指数和移动平均线的一些优点，在计算过程中主要研究高低价与收盘价的关系，即通过计算当日或最近数日的最高价、最低价及收盘价等价格波动的真实波幅，反映价格走势的强弱和超买超卖现象。

（1）当K值大于D值时，尤其是经过一段长期的跌势，K值从下方自上突破D值时是买进的信号。反之，当D值大于K值，尤其经过长期的升势，K值从上方向下突破D值时，是卖出信号。

（2）K线和D线的交叉突破在80或20左右较为准确，如果这类交叉突破在50左右发生，走势又陷入盘局时，买卖信号可视为无效。

（3）K值在80以上，D值在70以上为超买的一般标准；K值在20以下，D值在30以下为超卖的一般标准。

（4）当K值和D值上升或下跌的速度减弱，倾斜度趋于平缓时，是短期转势的预警信号，这种情况在指数及大盘热门股中有普遍意义。

（5）当股价走势同随机指标的曲线背离时，一般为转势的信号，表明中期或短期的走势有可能已见顶或见底，此时应作出正确的买卖决策。

（四）运用随机指数的优缺点

随机指数在设计中充分考虑了价格波动的随机振幅和中短期波动的测算，使其短期测市功能比移动平均线更准确有效，在市场短期超买超卖方面，又比相对强弱指标敏感。KD线是一个随机波动的概念，对于掌握中短期的行情走势十分准确。

但当股价短期波动剧烈或者瞬间行情幅度太大时，KD信号会出现误判；当KD值进入超买或超卖区之后，会出现钝化现象从而使参考价值降低；此外此指标经常受到主力的操纵。

六、相对强弱指标（RSI）

（一）原理

相对强弱指标（Relative Strength Index，RSI）又叫力度指标，由威尔斯·魏尔德所提出的，是目前股市技术分析中比较常用的中短线指标。

相对强弱指标RSI是根据股票市场上供求关系平衡的原理，通过比较一段时期内单个股票价格的涨跌的幅度或整个市场的指数的涨跌的大小来分析判断市场上多空双方买卖力量的强弱程度，从而判断未来市场走势的一种技术指标。

RSI指标是对单个股票或整个市场指数的基本变化趋势作出分析，先求出单个股票若干时刻的收盘价或整个指数若干时刻收盘指数的强弱，而不是直接对股票的收盘价或股票市场指数进行平滑处理。

相对强弱指标RSI是一定时期内市场的涨幅与涨幅加上跌幅的比值。它是买卖力量在数量上和图形上的体现，投资者可根据其所反映的行情变动情况及轨迹来预测未来股价走势。在实践中，人们通常将其与移动平均线相配合使用，借以提高行情预测的准确性。

（二）计算方法

RSI的计算公式如下：

$$n日RSI = A/(A+B) \times 100\%$$

式中：A——n日内收盘涨幅之和；

B——n日内收盘跌幅之和（取正值）。

RSI的计算公式反映了某一阶段价格上涨所产生的波动占总的波动的百分比，百分比越大，强势越明显；百分比越小，弱势越明显。

和其他指标的计算一样，由于选用的计算周期的不同，RSI指标也包括分钟RSI指标、日RSI指标、周RSI指标、月RSI指标以及年RSI指标等各种类型。经常被用于股市研判的是日RSI指标和周RSI指标。RSI的取值介于0～100之间，一般是以5日、10日、14日为一计算周期，另外也有以6日、12日、24日为计算周期。

一般而言，若采用的周期的日数短，RSI指标反应可能比较敏感；日数较长，可能反应迟钝。目前，沪深股市中RSI所选用的基准周期为6日和12日。

（三）巧用相对强弱指标判定买卖点

RSI的应用可以从不同参数曲线的对比、指标绝对值和指标形态方面来进行考虑分析。

（1）一般而言，RSI掉头向下为卖出信号，RSI掉头向上为买入信号。

（2）当RSI值高于50表示为强势市场，低于50表示为弱势市场。在80以上提前出现超买现象，在20以下提前出现超卖现象。

（3）每种类型股票的超卖超买值是不同的。比如，牛市时通常蓝筹股的RSI若是80，属超买，若是30，属超卖；二三线股，RSI若是85~90，属超买，若是20~25，属超卖。

（4）RSI的图形形态比K线图上所出现的图形形态更加清楚，比较容易判断突破点、买入点和卖出点。

（5）整理期间RSI值的底部逐渐抬高表明多头气盛，后势看涨；反之是多头气弱，后势看跌。

（6）当RSI同日线图出现背离信号后，表明了价格的虚涨（虚跌），通常是反转的前兆信号，和超买及超卖一样，背离走势并不构成实际的卖出信号，它只是说明市场处于弱势。

（7）RSI的n值越大，趋势感越强，反应越滞后，称为慢速线；n值越小，对变化越敏感，但易产生飘忽不定的感觉，称为快速线。若两线同时向上，升势较强；若两线同时向下，跌势较强；若快速线上穿慢速线为买入信号；若快速线下穿慢速线为卖出信号。

（四）运用相对强弱指标的优缺点

相对强弱指数能显示市场超卖和超买，预期价格将见顶回软或见底回升等，但RSI只能作为一个警告信号，并不意味着市势必然朝这个方向发展，尤其在市场剧烈震荡时，超卖还有超卖，超买还有超买，这时须参考其他指标综合分析，不能单独依赖RSI的信号而作出买卖决定。

有的背离走势发生之后，行情并无反转的现象，而有时背离一两次才真正反转，因此这方面研判须不断分析历史资料以提高经验。

七、布林通道指标（BOLL）

（一）原理

布林通道是由约翰·布林（John Bollinger）提出的，它是股市的一种通道指标。简单说，就是股价的"信赖区间"。由于布林通道的灵活性和顺应趋势的特点,它已成为市场上最受欢迎的技术分析指标之一。

根据股价趋势线的原理,股价高点的连接(压力线)和低点的连接(支撑线)会形成一个通道,这个通道就是布林通道。在上升趋势下,该通道被称为上升通道;在下降趋势下,该通道被称为下降通道。布林通道利用统计学原理计算股价的标准差,再求其信赖区间,指标能随机调整其变异性,上下限的范围不被固定,随股价而变动。

布林通道指标的计算公式如下:

n日通道上轨=MB+(A/n)的平方根×D

n日通道下轨=MB-(A/n)的平方根×D

式中:MB——n日收盘价的均值;

A——n日收盘价的离差平方和;

D——系数,一般D=1.805。

该指标在图形上画出三条线,其中上下两条线即通道的上下轨,可以分别看成是股价的压力线和支撑线,而在两条线之间还有一条股价平均线。一般来说,股价会运行在压力线和支撑线所形成的通道中。在一些行情分析系统中,也会把布林通道绘制为四条线,最上面的一条线是阻力线BOLB1,最下面一根线是支撑线BOLB4,依照平均线的一定比例,在阻力线之下设有次级阻力线BOLB2,紧靠支撑线之上设置次级支撑线BOLB3,这四条线构成上限、下限、次上限、次下限。

(二)巧用布林通道指标判定买卖点

当布林通道沿水平方向移动,是处于常态,股价向上穿越"上限"时,将形成短期回档,为短线卖出信号;股价向下穿越"下限"时,将形成短期反弹,为短线的买进时机。

当股价连续穿越"上限",暗示股价将朝上涨方向前进;当股价连续穿越"下限",暗示股价将朝下跌方向前进。

分析布林通道时应注意以下几点:

(1)当布林通道呈水平方向移动,如股价反复突破阻力线,表明股价趋势是强势,暗示未来股价上涨的可能性较大,可在回档时买入股票。

(2)当布林通道处于水平方向移动,股价反复突破支撑线时,表明股价趋势是弱势,暗示未来股价下跌的可能性较大,可在反弹时卖出股票。

(3)股价有时会反复向上突破阻力线或向下突破支撑线,频繁发出买卖信号,但回档或反弹的幅度又不太大,造成进出频繁,获利困难,此时应配合变速率指标ROC、顺势通道指标CCI、随机指标KDJ等指标,综合研判。

(4)布林线的线形变得越窄时,预示着将有大行情发生。

八、成交量比率（VR）

（一）原理

成交量比率（VR）是一项通过分析股价上升日成交量与股价下降日成交量比值，从而掌握市场买卖气势的中期技术指标。主要用于个股分析，其理论基础是"量价同步"及"量须先予价"，以成交量的变化确认低价和高价，从而确定买卖时的方法。

其计算公式为：

$$VR = n日内上升日成交额总和 / n日内下降日成交额总和$$

式中：n日——设定参数，一般设为26日。

（二）巧用成交量率判定买卖点

（1）将VR值划分成几大区域，根据值的大小来确定买卖时机。低价区域40～70时可以买进；安全区域80～150时持有；获利区域160～450时要根据情况获利了结；警戒区域450以上伺机卖出。

（2）VR值在低价区增加，股价牛皮盘整，可考虑伺机买进。

（3）VR值升至安全区内，而股价牛皮盘整时，一般可以持股不卖。

（4）VR值在获利区增加，股价亦不断上涨时，应把握高档出货的时机。

（5）当成交额经萎缩后放大，而VR值也从低区向上递增时，行情可能开始发动，是买进的时机。

此外，VR值虽然在一般情况下，在低价区的买入信号可信度较高，但在获利区的卖出时机要把握好，由于股价涨后可以再涨，在确定卖出之前，应与其他指标一起研判。而且，VR也不能明确买卖具体信号。

九、人气指标心理线（PSY）

（一）原理

人气指标心理线（PSY）是一种建立在研究投资人心理趋向基础上，将某段时间内投资者倾向买方还是卖方的心理与事实转化为数值，形成人气指标，作为买卖股票的依据。

它的计算公式为：

$$n日的PSY = n日内的上涨天数 / n \times 100\%$$

n一般设定为12日，最大不超过24日，周线的最长不超过26日。

（二）巧用人气指标心理线判定买卖点

（1）人气指标心理线主要反映市场心理的超买或超卖，因此，当百分比值在常态区域内上下移动时，一般应持观望态度。

（2）当百分比值降至10%或10%以下时，是真正的超卖，此时是一个短期抢反弹的机会，应立即买进。

（3）人气指标心理线百分比值超过75%或低于25%时，市场出现超买或超卖，价位回跌或回升的机会增加，此时应准备卖出或买进。百分比值在25%～75%区域内为常态分布。但在涨升行情时，应将卖点提高到75%之上；在跌落行情时，应将买点降低至25%以下。具体数值要凭经验和配合其他指标综合分析。

（4）一段上升行情展开前，超卖的最低点通常会出现两次；同样，一段下跌行情展开前，超买的最高点也会出现两次。在出现第二次超卖的低点或超买的高点时，一般是买进或卖出的时机。

（5）高点密集出现两次为卖出信号，低点密集出现两次为买进信号。

（6）心理线和逆时针曲线配合使用，可提高准确度，明确头部和底部的出现。

【新股民寄语】

技术分析是进行股票分析的一项重要内容。基本面分析能为新股民提供股价的大致走向，而技术分析则能提供相对精确的股价涨跌预测。新股民在进行技术分析时，不要选用过多的参考指标，只需要选择一些自己看得懂的指标，综合考虑即可。技术分析只关心股市本身的变化，不考虑外部的基本面因素，所以在进行短线操作时离不开技术分析。

第五章
K线实战技法

利用K线图分析股票，是目前各种技术分析方法中最常用也是最容易学习、最容易看懂和最有用的方法，经过人们的不断探索和完善，K线图的分析已经形成了一套科学的系统。股市的检验也证明，K线分析法有很强的操作性和指导性。

第一节　单根K线的分析

利用单根K线技术进行短线操作，除要了解K线的具体含义外，还要能掌握未来行情的变动方向。这样在次日开盘后不久，才能决定在交易中是加入多头还是加入空头。下面我们利用单根K线来分析多空力量的增减情况。单根K线通常有以下十二种形态。

一、光头光脚大阳线

光头光脚大阳线是最高价与收盘价相同，最低价与开盘价一样，上下没有影线。从一开盘，买方就积极进攻，中间也可能出现买方弱于卖方的情况，但买方最终占有优势，表示强烈的涨势。如图5-1所示。

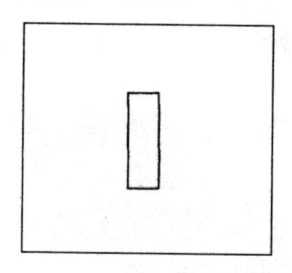

图5-1　光头光脚大阳线

新股民需要注意以下几点：
（1）在低价区，突然出现大阳线，应该买进。
（2）长期盘整之后出现大阳线，可闭眼跟进。
（3）高价区出现大阳线时，应谨慎对待，持币观望为佳。
若前一日出现大阳线，当日股价的走势可能为以下三种情况之一。
（1）如果开盘后不久，买方力量强大，屡次盘中创新高，表示多头主力介入，高收盘可能性大。
（2）如果开盘后，股价跌回前一日的阳线实体内，表示买卖双方短兵相接，虽然多头暂时遭受卖压，面临考验，但并不意味着卖方占绝对优势。

（3）如果开盘后股价在阳线实体下端，卖方趁利空消息，快速压低行情，买方驻足不前，股价盘中不断创出新低，表明当日卖方已完全控制行情，极有可能出现一根长的阴线实体。

二、光头光脚大阴线

光头光脚大阴线表示最高价与开盘价相同，最低价与收盘价相同，上下没有影线。表示强烈跌势。如图5-2所示。

图5-2　光头光脚大阴线

新股民需要注意以下几点：

（1）在高价区出现大阴线时，是股价反转之兆，股民应及时卖出股票，走为上策。

（2）在盘整之后，出现大阴线，表示多数投资者看淡后市，此时股民应卖出股票。

（3）在低价区出现大阴线时，市场的卖压并不大，股民可持观望态度。

若前一日的K线是一根光头光脚大阴线，当日股价的走势通常有以下三种情况：

（1）如果股价走在实体下端，表示当日开盘后，卖方主力介入，以低价收盘可能性大。

（2）如果股价走入实体内，表示开盘后买方立刻反攻，与卖方正面接触，但并不能说明买方已渐居上风。

（3）如果股价走在实体上端，表示买方趁利多消息快速拉高，卖方放弃阵地——开盘价，当日买方已掌握大局，极可能出现一根长阳线。

三、下影阳线

下影阳线表示开盘后，卖方力量较强，股价下挫，当跌幅较深时，抛盘减轻，股价回升，不断上涨，最终以最高价报收。如图5-3所示。

在低价区出现下影阳线时，股民可买入。

新股民需要注意以下几点：

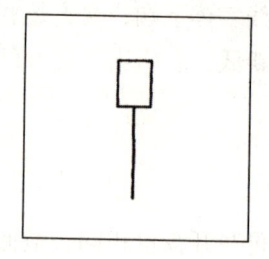

图5-3 下影阳线

（1）实体部分比下影线长，价位下跌不多，即受到买方支撑，价格上推；破了开盘价之后，还大幅度推进，买方实力很大。

（2）实体部分与下影线相等，买卖双方交战激烈，但大体上，买方占主导地位，对买方有利。

（3）实体部分比下影线短，买卖双方在低价位上发生激战，遇买方支撑逐步将价位上推，但图5-3中可发现，上面实体部分较小，说明买方所占据的优势不太大，如卖方次日全力反攻，则买方的实体很容易被攻占。

若前一日的K线是带下影线的阳线，当日开盘后走势可能为以下四种情况之一：

（1）当日的开盘价高于前一日的收盘价，并且买卖双方在实体上端争夺，表示买方强势。

（2）如果股价在实体部分波动，表示卖方与买方短兵相接争夺地盘。

（3）如果股价在影线部分波动，表示卖方开盘后就突破买方防线，使战斗在影线区域发生，表明买方已无力反抗，当日出现长阴线的可能性较大。

（4）如果股价在影线下端，表示买方是最弱势时候，毫无抵抗，任凭卖方破坏行情，当日很可能出现不带下影线的阴线实体。

四、下影阴线

下影阴线表示开盘后，卖方力量大于买方力量，股价大幅度下跌。当跌幅较深时，部分投资者不愿忍痛斩仓，低位抛压逐渐减轻，股价反弹。如图5-4所示。

新股民需要注意以下几点：

（1）实体部分比下影线长。表示卖压比较大，一开盘，大幅度下压，在低点遇到买方抵抗，买方与卖方发生激战，影线部分较短，说明买方上推价位不多，从总体上看，卖方占了比较大的优势。

（2）实体部分与影线同长。表示卖方把价位下压后，买方的抵抗力也在增加，但可以看出，卖方仍占优势。

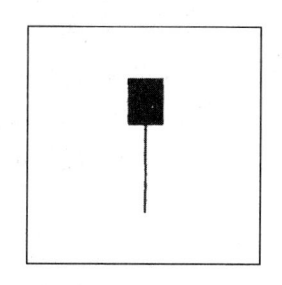

图5-4 下影阴线

（3）实体部分比影线短。表示卖方一路压低价位，在低价位上，遇到买方顽强抵抗并组织反击，逐渐把价位上推，最后虽然以黑实体收盘，但可以看出卖方只占极小的优势。后市买方很可能会全力反攻，把小黑实体全部吃掉。

若前一日的K线是带下影线的阴线，当日开盘后走势可能为以下四种情况之一：

（1）如果股价在实体的上端，表示强大的买方在当日开盘后反攻成功，使战斗在卖方阵地上端进行，买方占尽优势。

（2）如果股价在实体部分，表示买方与卖方互不相让。

（3）如果股价在影线部分，表示卖方加紧逼迫，买方后撤，防守迎战卖方，后市看空。

（4）如果股价在影线的下端，表示卖方全力进攻，使多空双方的争夺在新低价区域进行，买方无心再战，极可能以长阴线收盘。

五、上影阳线

上影阳线表示在开盘后，买方发动较强的攻势，卖方难以阻挡，股价一路上升，但在收盘前，股价受卖方打压，价格回落。如图5-5所示。

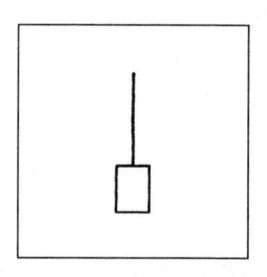

图5-5 上影阳线

新股民需要注意以下几点：

（1）实体比影线长，表示买方在高价位遇到阻力，部分多头获利回吐，但买方仍是市场的主导力量，后市继续看涨。

（2）实体与影线同长，买方上推价位，但卖方压力也在增加。二者交战结果，卖方把价位压回一半，买方虽然占优势，但显然不如卖方优势大。

（3）实体比影线短，在高价位遇卖方的压力，卖方全面反击，买方受到严重考验。大多短线投资者纷纷获利回吐，在当日交战结束后，卖方已收回大部分失地，这种K线如出现在高价区，则后市看跌。

若前一日出现带上影线的阳线，当日开盘后的走势通常有以下三种情况之一：

（1）如果股价在影线的上端波动，表示买气雄厚，有创新高的能力。

（2）如果股价在实体部分内，表示卖方继前一日将买方从高价逐退后，当日乘胜追击，买方虽起抵抗，但仍处于被动地位，较为不利。

（3）如果股价位于实体下端，表示强大的卖方趁买方无斗志时，全力进攻，在新低价区战斗，收盘时以长阴线居多。

六、上影阴线

上影阴线表示开盘后，买方力量较强，股价上涨。当涨幅较大后，卖方力量越来越强，股价下跌，并以最低价收盘，后市看跌。如图5-6所示。

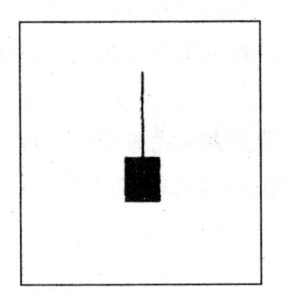

图5-6　上影阴线

新股民需要注意以下几点：

（1）实体比影线长表示买方上推价位不多，立即遇到卖方强有力的反击，把价位压破开盘价后乘胜追击，再把价位下推很大的一段，卖方力量特别强大，局势对卖方有利。

（2）实体与影线相等，表示买方上推价位，但卖方力量更强，占据主动地位，卖方具有优势。

（3）实体比影线短，卖方虽将价格下压，但优势较少，次日入市，买方力量可能再次反攻，黑实体很可能被攻占。

若前一日的K线是带上影线的阴线，当日股价的走势可能为以下四种情况之一：

（1）如果股价在影线上端，表示买方完全扫除前一日卖方所占的优势，大量买进，卖方放弃阵地，当日极可能是一根长阳线。

（2）如果股价在影线部分，表示买方一开盘后便能攻占卖方阵地，将多空争夺推至高价进行，卖方处于不利的被动地位，收盘时亦可能是长阳线。

（3）如果股价在实体部分，表示买方与卖方发生短兵相接，但并不表示卖方力量已削弱。

（4）如果股价在实体下端，表示卖方持续追击，再创新低价，对买方不利。

七、上下影阳线

上下影阳线表示开盘后价位下跌，遇买方支撑，双方争斗之后，买方增强，价格一路上推，临收盘前，部分买者获利回吐，在最高价之下收盘，这是一种反转信号。如在大涨之后出现，表示高位震荡，如成交量大增，后市可能会下跌。如在大跌后出现，后市可能会反弹。如图5-7所示。

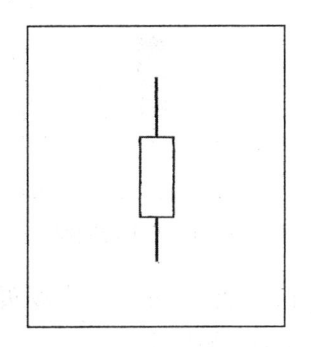

图5-7 上下影阳线

新股民需要注意以下几点：

（1）上影线长于下影线的实体，可分为：影线部分长于实体表示买方力量受挫；实体长于影线部分表示买方虽受挫，但仍占优势。

（2）下影线长于上影线的实体，可分为：实体长于影线部分表示买方虽受挫，仍居于主动地位；影线部分长于实体表示买方尚需接受考验。

若前一日是带上下影线的阳线，当日开盘后走势可能为以下五种情况之一：

（1）如果股价在上影线上端，表示卖方在高价所施压力不强，买方在开盘后全力进攻，在新高价区域与卖方战斗，极可能出现长阳线。

（2）如果股价在上影线部分，表示卖方虽处于劣势，但仍与买方争斗，随时有被击退的可能，以阳线收盘机会较大。

（3）如果股价在实体部分，表示卖方反攻，买方也不退让，胜负完全决定于买卖双方力量的增加与减少。

（4）如果股价在下影线部分，表示卖方力量强大，突破买方阵地，使买方处于不利地位，有创新低价的可能，收盘以阴线居多。

（5）如果股价在下影线的下端，表示卖方借利空消息，开盘后便压倒多方，使争夺发生在新低价，极有可能以长阴线收盘。

八、上下影阴线

这是一种上下都带影线的黑实体，在交易过程中，股价在开盘后，有时会力争上游，随着卖方力量的增加，买方不愿追逐高价，卖方渐居主动，股价逆转，在开盘价下交易，股价下跌。在低价位遇买方支撑，买气转强，不至于以最低价收盘。如图5-8所示。

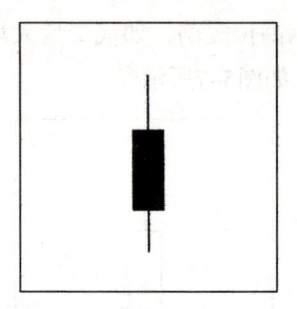

图5-8　上下影阴线

有时股价在上半场以低于开盘价成交，下半场买意增强，股价回至高于开盘价成交，临收盘前卖方又占优势，而以低于开盘价收盘，这也是一种反转试探。如在大跌之后出现，表示低档有承接，行情可能反弹。如大涨之后出现，后市可能下跌。

若前一日的K线是一根带上下影线的阴线，当日开盘后走势可能为以下五种情况之一：

（1）如果股价在上影线的上端，表示买方借利多消息，奋力抢进，卖方抵抗较弱，极可能出现长阳线。

（2）如果股价在上影线部分，表示卖方失去控制能力，处于被动地位，买方有力量以高价收盘。

（3）如果股价在实体部分，表示买方反攻，与卖方正面接触，胜负尚难预测，要看买卖双方力量的转变来决定当日之战果。

（4）如果股价在下影线部分，表示卖方再度施加压力，买方被动防守，处于不利地位，随时有创新低的可能。

（5）如果股价在下影线的下端，表示卖方在开盘后便全力进攻，创新低并在低价区战斗，买方无心恋战，收盘时以长阴线居多。

九、"十"字形

"十"字形又称十字星，表示买、卖双方势均力敌。"十"字形可以用来判断行情是否反转，一般来说，如果"十"字形出现在连日上涨之后，就可能是下跌的信号；而如果出现在连日下跌之后，就可能是上涨的信号。如图5-9所示。

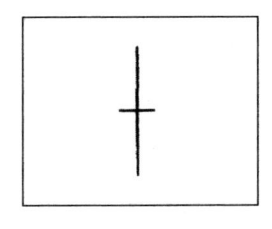

图5-9　"十"字形

新股民需要注意以下几点：
（1）如果上下影线看似等长，则表示在交易中，买方与卖方势均力敌。
（2）下影线越长，则买方旺盛。
（3）上影线越长，则卖压越重。

十、"一"字形

"一"字形是四价合一的K线，表示成交价全天都是一样，反映出市场成交清淡，后市难有大的变化；但如果出现在涨停（跌停）处，表明买卖双方力量悬殊太大，后市方向明确，短期难以逆转。

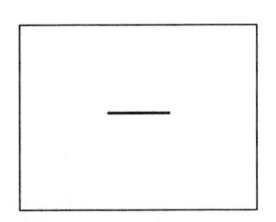

图5-10　"一"字形

十一、"T"字形

"T"字形又称多胜线，表示开盘后，卖方力量强于买方力量，股票价格下跌，但在随后，买方力量强于卖方力量，股价开始反弹，并以开盘价收盘。

在低价区出现该种图形时，投资者可酌情买进；在高价区出现该种图形，投资者可酌情卖出。如图5-11所示。

图5-11　"丅"字形

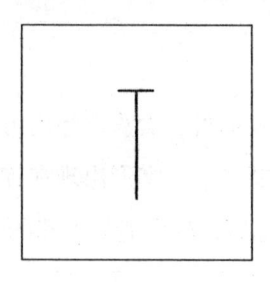

十二、"⊥"形

"⊥"形，又称灵位塔形或下跌转折线。它表示开盘后，买方力量强于卖方力量，股价上涨到全日的最高价点，随后，卖方力量逐渐加强，股价下挫，以和开盘价一样的最低价收盘。如图5-12所示。

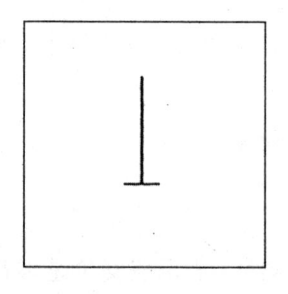

图5-12　"⊥"形

在高价区出现灵位塔形，投资者要酌情卖出；在低价区出现灵位塔形，投资者应持币观望。

第二节　多根K线组合分析

单根K线图在一定程度上只能预示未来较短时间内的股价走势，要想准确判断未来较长时间内的股价变动，就需要将几日的多根K线组合起来分析。

多根K线就是以3～5日行情变化的K线图组合。要以这种K线组合为分析对象，对未来股价走势进行预测，通常必须把K线组合放在大的长期的行情中去分析理解。

根据行情的升降，K线组合大致可以分为三类。

第五章 K线实战技法

一、上升的K线组合

1. 二颗星

上升行情中出现十字线形的情形即称为二颗星、三颗星。此时股价上涨若再配合成交量放大,即为可信度极高的买进时机,股价必会出现另一波上升行情。

2. 跳空上扬

在上涨行情中,某日跳空拉出一条阳线后,次日即刻出现一条下降阴线,此为加速股价上涨的前兆,投资人无须惊慌抛出所持股票,股价必将持续前一波涨势继续上升。

3. 上档盘旋

股价随着强而有力的大阳线往上涨升,在高档处将稍作整理,等待大量换手,随着成交量的扩大,即可判断另一波涨势的出现。上档盘整时间约为6~11日,若盘整时间过长则表示上涨无力。

4. 上涨整理线

在行情震荡走高之际,在出现覆盖阴线的次日,拉出一条下降阳线,这是短期的回档,股价必上涨。

5. 双阳线

持续涨势中,某日跳空出现阳线,隔日又出现一条与其几乎并排的阳线,如果次日高开,可期待大行情的出现。

6. 阳线超过阴线

行情上涨途中若是出现覆盖线,表示已达天价区,此后若是出现创新天价的阳线,代表行情有转为买盘的迹象,股价会继续上涨。

7. 下降阴线

在涨升的途中,出现的三条连续下跌阴线,为逢低承接的大好时机。当第四日的阳线超越前一日的开盘价时,表示买盘强于卖盘,应立刻买进,持股待涨。

8. 向上跳空阴线

此图形虽不代表将有大行情出现,但约可持续7日左右的涨势,为买进时机。

二、反弹的K线组合

1. 反弹线——长下影线

在低价圈内,行情出现长长的下影线时,往往即为买进时机,出现买进信号之后,投资者即可买进,为了安全起见,也可等待行情反弹回升之后再买进,若无重大利空出现,行情必定上涨。

2. 三空阴线

当行情出现连续三条跳空下降阴线，则为强烈的买进信号，股价即将反弹。

3. 大阴线后的小阴线

在下跌行情中，出现大阴线的次日，行情呈现一条完全包容在大阴线内的小阴线，显示卖盘出尽，有转盘的迹象，股价将反弹。

4. 五条阴线后一条大阴线

当阴阳交错拉出五条阴线后，出现一条长长的大阴线，可判断已到底部，如果次日高开，则可视为反弹的开始。

5. 小阳线后的大阴线

在连续的下跌行情中出现小阳线，隔日即刻出现包容的大阴线，此代表筑底完成，行情即将反弹。虽然图形看起来呈现弱势，但该杀出的浮码均已出尽，股价必将反弹。

6. 下档五根阳线

在低价圈内出现五根阳线，暗示逢低接手力道不弱，底部形成，股价将反弹。

7. 反弹阳线

如果股价已经跌得很深，某一日，若出现阳线，即反弹阳线时，则为买进信号，若反弹阳线附带着长长的下影线，表示低档已有主力大量承接，股价将反弹上。

8. 十字线

在大跌行情中，跳空出现十字线，这暗示着筑底已经完成，为反弹的征兆。

9. 连续下降三颗星

如果股价已跌较深，于低档盘整时跳空出现连续三条小阴线，这是探底的前兆，如果第四天出现十字线，第五天出现大阳线，则可确认底部已筑成，股价反转直上。

三、下跌的K线组合

1. 高位大阴线

股价连续数天上涨之后，若某日以高盘开出，随后买盘不愿追高，大势持续回落，收盘价跌到前一日阳线之内，这是超买之后所形成的卖压，获利了结，股票大量释出，股价将下跌。

2. 大阳线后的小阴线

经过连日上涨后，当日的收盘价在前一日的大阳线之中，并出现一根阴线，这代表上涨力度不足，是股价下跌的前兆，若隔日再拉出一条上影阴线，则可判断为股价暴跌的征兆。

3. 阳线包含在较长阳线内

股价连续数天上涨之后，若某日出现一根小阳线，并完全孕育在前日之大阳线之中，表示上升乏力，是暴跌的前兆。

4. 下影线过长

股价于高档开盘，先前的买盘因获利了结而杀出，使得大势随之回落，低档又逢有力承接，股价再度攀升，形成下影线为实线的三倍以上，此图形看起来似乎买盘转强，然宜慎防主力拉高出货，此时不宜贸然进入，持股者宜逢高减持。

5. 尽头线——高位小阳线

持续涨升的行情一旦出现此图形，表示上涨力道即将不足，行情将回档盘整，投资者宜先行获利了结，这也是一种"障眼线"，小阳线并没有超越前一日的最高点，证明上涨乏力，股价下跌。

6. 反弹顺沿线

此处所称之顺沿线为自高档顺次而下出现的两根阴线，为了打击此两根阴线所出现的一根大阳线，看起来似乎买盘力道增强了，但投资者需留意这不过是根障眼线，主力正在拉高出货，也是投资者难得的逃命线，宜抛出。

7. 跳空十字线

行情跳空上涨成一条十字线，次日却又跳空拉出一根阴线，暗示行情即将暴跌。此时股价涨幅已经相当大，无力再往上冲，以致跳空而下，为卖出信号，在此情况下，成交量往往会随之减少。

8. 高档五阴线

股价涨幅已高，线路图出现五条连续阴线，显示股价进入盘局，此时若成交量萎缩，可以确信行情不妙。

9. 下降三法

在行情持续下跌中，出现一条大阴线，隔天起却又连现三根小阳线，这并不代表筑底完成，接下来若再出现一条大阴线，则为卖出时机，股价必将持续往下探底。

10. 跳空下降二阴线

在下降的行情中又出现跳空下降的连续两条阴线，这是暴跌的前兆。通常在两条阴线出现之前，会有一小段反弹行情，但若反弹无力，连续出现阴线时，表示买盘大崩盘，股价将继续往下探底。

第三节 经典K线组合

在股市中,许多有经验的人把股价的升降与K线的图形联系起来,总结出了一些看跌或看涨的经典K线组合。

一、早晨之星

这一组合是在底部先出现一小阳线或小阳十字线,接着再出现跳空上升的一根大阳线。这一组合多出现在股市久跌或久盘之后,这时下方出现的小阳线犹如市场投资者心目中那久盼的启明星,随后再出现一根有力上升的阳线,表明长夜已经过去,股市迎来光明。所以,早晨之星组合,成为市势反转上升的转折点。如图5-13所示。

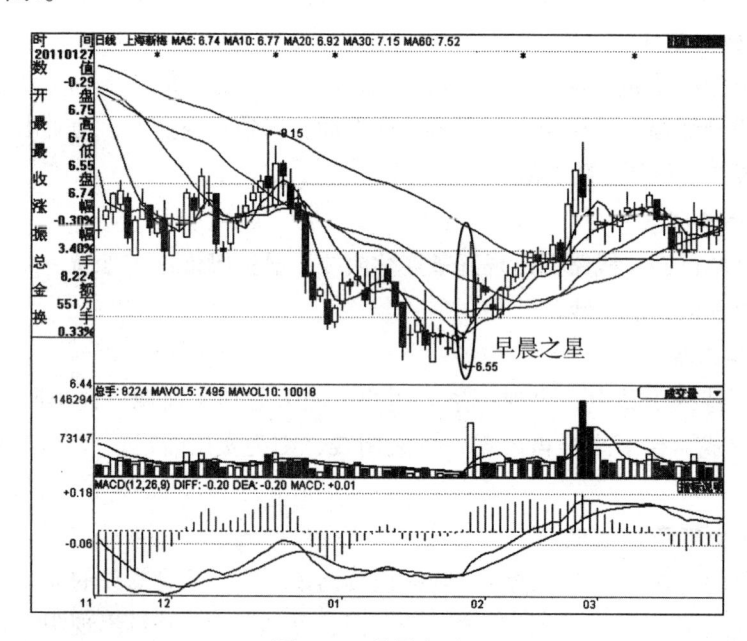

图5-13 早晨之星

二、黄昏之星

这一组合恰好与早晨之星组合相反,成为市势反转下跌的转折点。顶部跳空的十字线在随后出现的跳空下跌的大阴线形成后,终于成为一颗黄昏之星。如果顶部是中长上影的"⊥"字线，则又形象地称这一组合为"射击之星"。如图5-14所示。

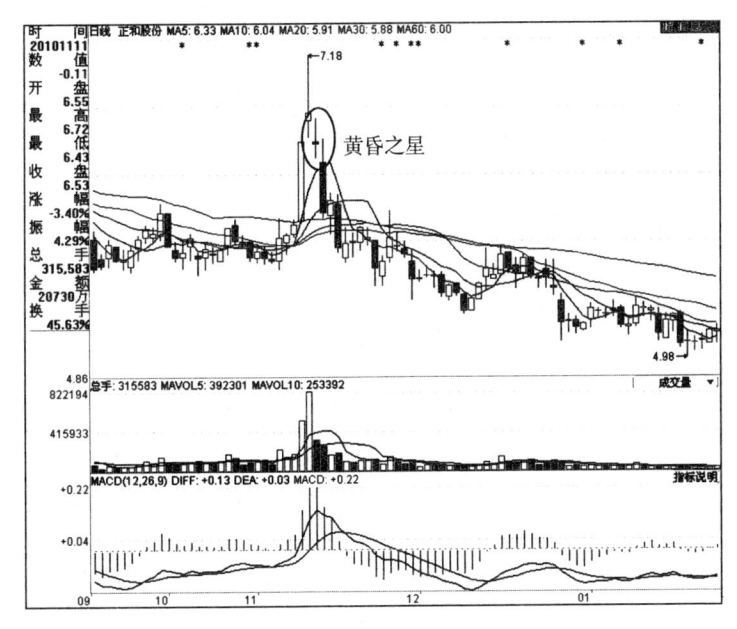

图5-14　黄昏之星

三、红三兵

K线连续出现三根阳线即为红三兵。一般认为，在低价位区出现红三兵，表示市势已经走出长期的下跌阴影，开始反弹上升。如图5-15所示。

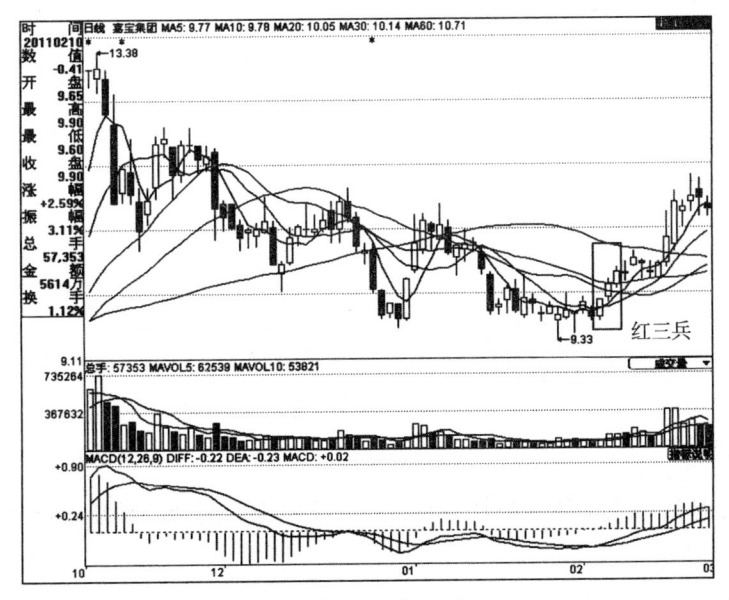

图5-15　红三兵

171

四、黑三兵

K线连续出现三根阴线即为黑三兵。在高价位区出现这种黑三兵的组合时,表示上升趋势已经完结,下跌趋势已经开始。如图5-16所示。

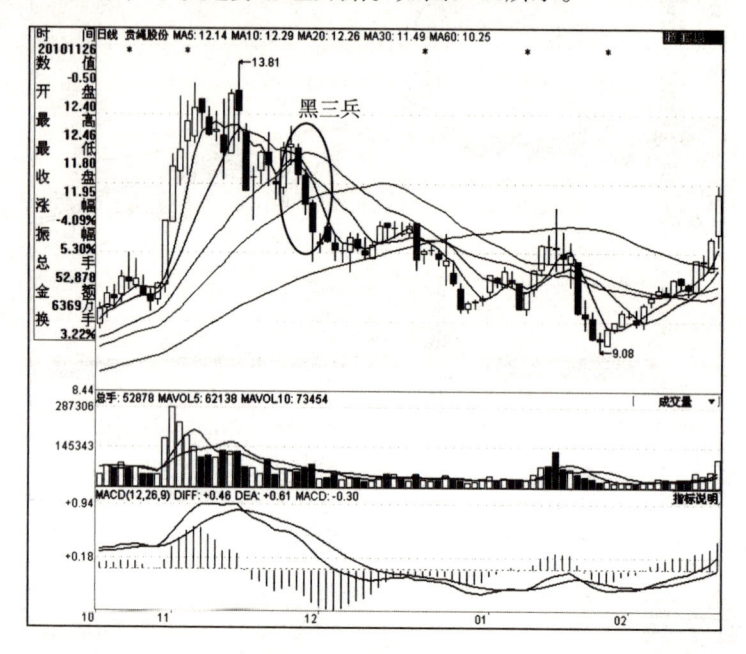

图5-16　黑三兵

五、白三鹤

这种组合确认时容易被误认为"红三兵"组合,其实它是红三兵的失败型。要想有把握的进行区分,主要注意它们出现的区域,即高档区或低档区或行情中途,这种组合是"下跌途中的白三鹤",没有"红三兵"的好运。如图5-17所示。

六、黑三鸦

很多人都会把"上升途中的黑三鸦"看成是"黑三兵"组合。但是这个组合却对股价没有多少影响。如图5-18所示。

七、强调组合

强调组合是指两条实体大致相等的同性K线并列的组合,即所谓双阳或双阴的组合。

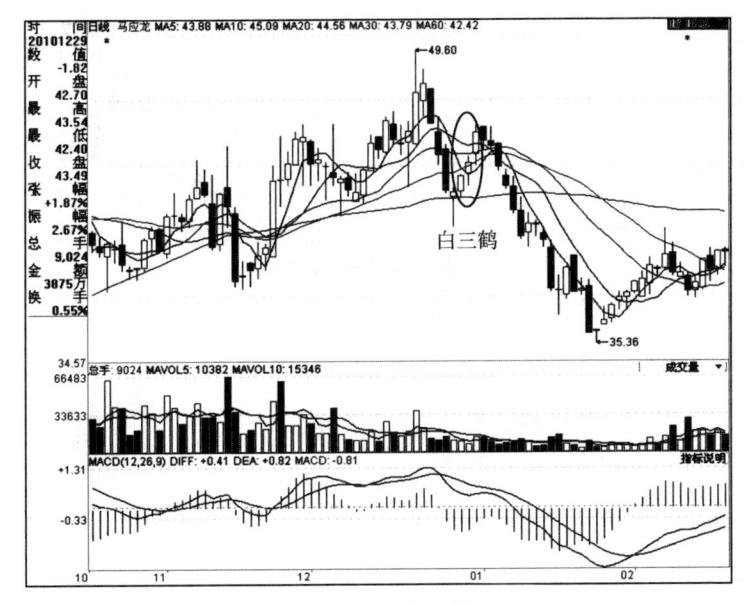

图5-17 白三鹤

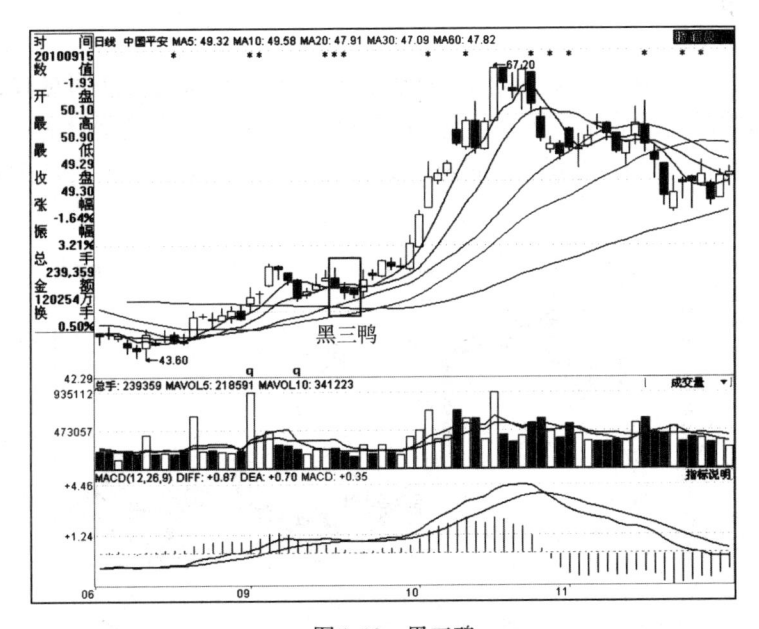

图5-18 黑三鸦

（一）双阳组合

双阳组合中，第一根K线以阳线高收，第二天，开盘便将前阳尽失，不过，最终仍以前阳的高位收市，形成并列两根阳线，这后一阳线是对前一阳线的强烈重复，是对上升方向的再次强调和肯定，故双阳组合出现，意味着后市看涨。如图5-19所示。

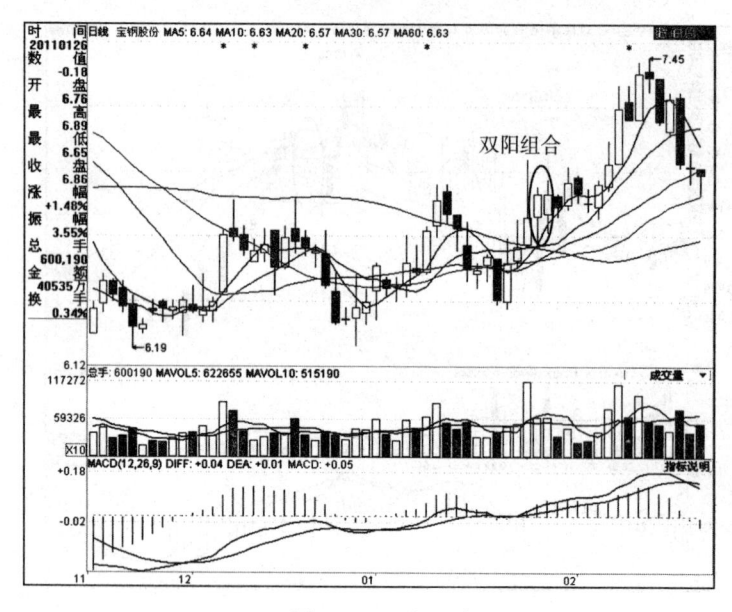

图5-19 双阳组合

（二）双阴组合

双阴组合中，第一根K线以阴线低收，第二天，开盘便将前阴尽收，不过，最终仍以前阴的低位收市，形成一并列阴线组合。这后一阴线是对前一阴线的强烈重复，是对下跌方向的再次强调和肯定，双阴组合出现，意味着后市看跌。如图5-20所示。

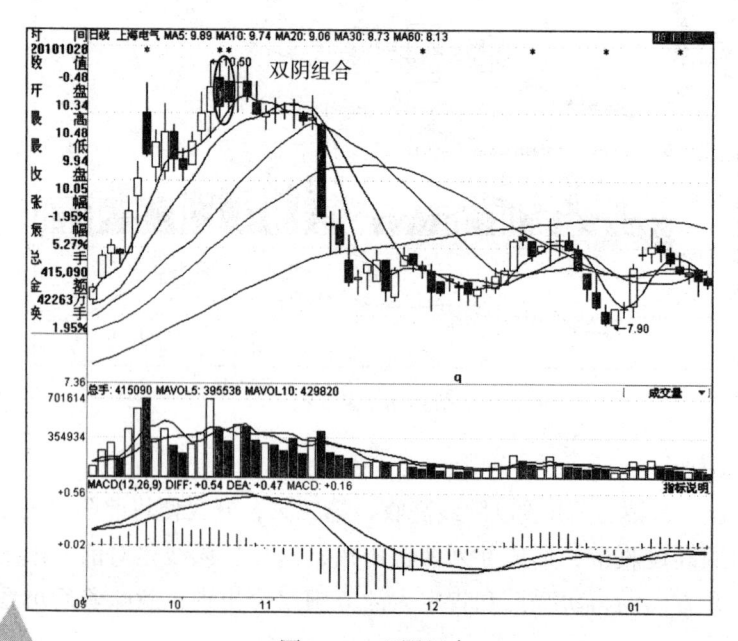

图5-20 双阴组合

八、乌云盖顶

在价格出现阳线上涨之后，又出现一根巨量阴线。这一组合常在已经大涨一段时间，甚至创下天价的时候出现，表示市势逆转，随后将为下跌行情。如图5-21所示。

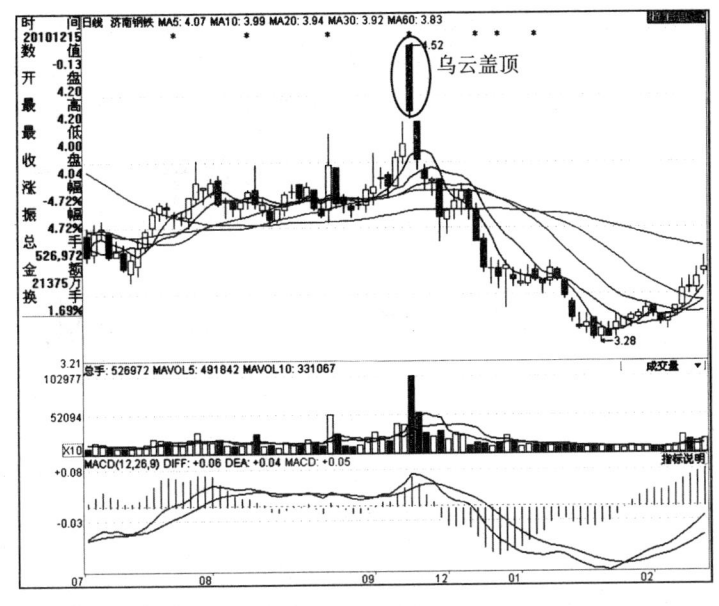

图5-21　乌云盖顶

九、中流砥柱

这一组合相对于乌云盖顶组合，在价格出现阴线下跌之后，又出现阳线或十字星线。这一组合常在市势已经大跌一段，甚至创下底价的时候出现，表示市势逆转，随后将为上升行情。如图5-22所示。

十、孤岛组合

股价经过一段上涨行情之后，某日出现一根向上跳空的阴线，三日后，又出现一根向下跳空的阴线，这一组合形如孤岛，可见投资者心态之虚弱以及前期获利者的操盘手法，表示后市已不看好。如图5-23所示。

十一、包容组合

实体间为阴阳两性，且当日的长实体将前一日的小实体完全包容形成包容组合，预示后市将沿长实体的方向发展。如图5-24所示。

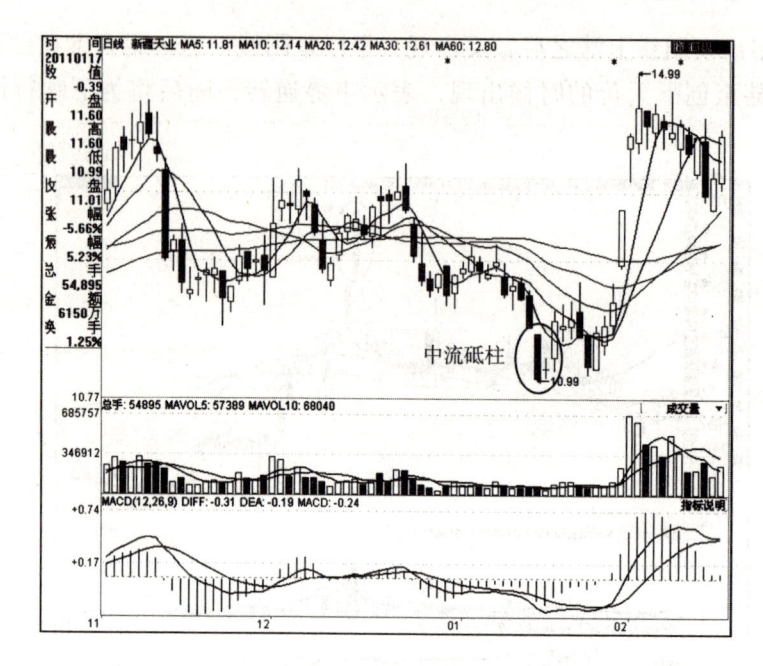

图5-22　中流砥柱

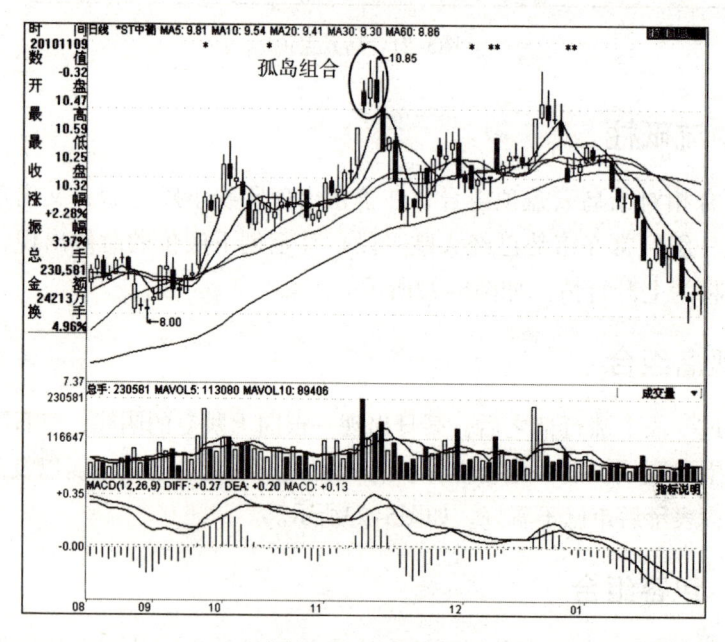

图5-23　孤岛组合

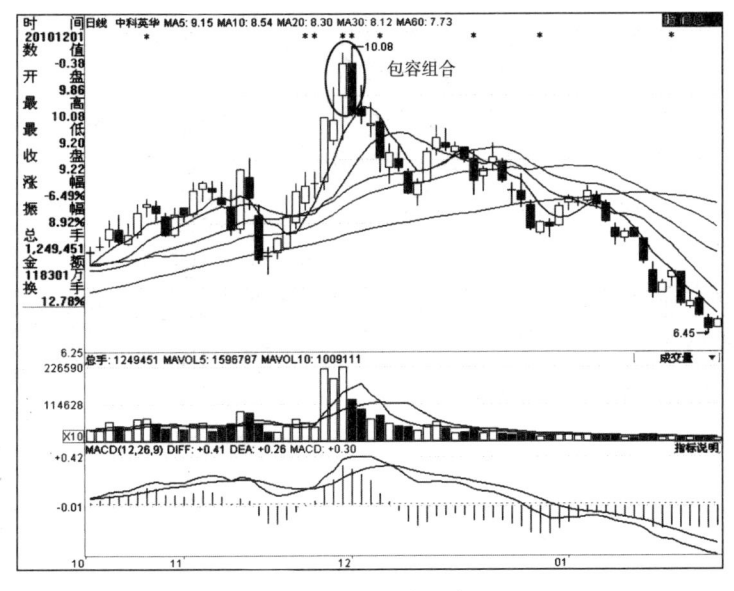

图5-24 包容组合

十二、孕育组合

实体间为阴阳两性，但与包容组合形式相反，它是当日的小实体被前一日的大实体所包容，形似为娘胎所孕，故称为孕育组合。这种孕育组合预示后市的发展方向往往为母体的方向，即阳孕阴生阳，阴孕阳生阴。如图5-25所示。

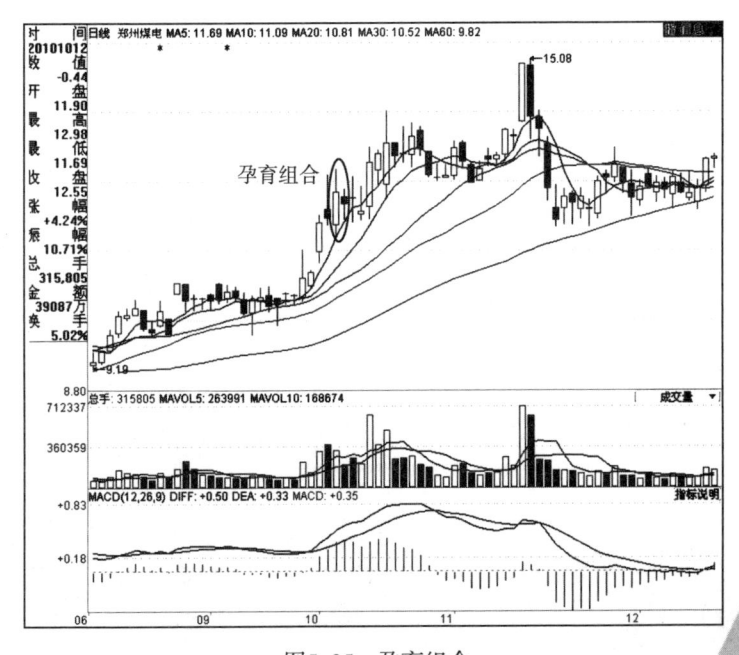

图5-25 孕育组合

【新股民寄语】

　　K线分析能够全面透彻地观察到股市的真正变化。从K线图中，既可看到股价的大趋势，同时也可以了解到每日市况的波动情形。

　　K线图是有规律性的，一些典型的K线或K线图会反复出现，为新股民投资作出提示。新股民应当认真学习K线分析，掌握这种特殊的股市语言，利用它帮助自己进行成功的投资。学习K线分析一定要掌握其实质，不要只是学习了一点就盲目地做出判断，这样很容易出错。新股民只有学会K线分析，才能有胜算的把握。

第六章
看盘与解盘实战技巧

第一节　看盘快速入门

一、学会看证券营业部的大盘

大多数证券公司都在其营业网点大厅的墙上挂有大型彩色显示屏幕，这就是我们平常所说的大盘。

各个证券营业部的显示屏幕不尽相同，有的营业部显示屏幕较大，显示的内容也较多，可以将所有的上市公司的股票代码和股票名称都固定在一个位置上。有的营业部的显示屏幕较小，则采取滚动的模式让每只股票的行情轮流出现。大部分营业部的显示屏，都用不同的颜色来表示每只股票的价格和前一日的收盘价，可清楚地看到是涨还是跌。大盘除了显示每只上市股票的行情之外，还显示整个市场行情的股价指数。

大盘显示的内容主要有股票代码、股票名称、前收盘价、今开盘价、最高价、最低价、最新价、买入价、卖出价、买盘、卖盘、涨跌、现手、买手、卖手、总手、成交量和总额等。

（1）前收盘价：是前一日的最后一笔交易的成交价格。沪市的前收盘价是前一日最后一笔交易前1分钟所有交易（含最后一笔交易）的成交量加权平均价，深市的前收盘价为收盘集合竞价所产生的交易价格。

（2）今开盘价：是当日第一笔交易的成交价格。

（3）最高价、最低价：分别是当日开盘以来各笔成交价格中最高和最低的成交价格。

（4）最新价：是刚刚成交的一笔交易的价格。

（5）买入价：是指证券交易系统显示已申报但尚未成交的买进某只股票的价格，通常只显示最高买入价。对新股民来说，是卖出参考价。

（6）卖出价：是指证券交易系统显示的已申报但尚未成交的卖出某只股票的价格，通常只显示最低卖出价。对新股民来说，是买入参考价。

（7）买盘：是当前申请买股票的总手数。

（8）卖盘：是当前申请卖股票的总手数。

（9）涨跌：指现在的最新价和前一天的收盘价相比，是涨还是跌了。它有两种表示方法，一种是直接标出涨跌的钱数；一种是给出涨跌幅度的百分数，一般在一个屏幕上只有一种数字，有的公司里显示屏上给出的是绝对数，有的公司里的显示屏上给出的是相对数，这样要知道另一个数字时就要通过计算了。

（10）现手：是指刚成交的一笔交易的交易量的大小。股票交易的最小单位是手，1手是100股。衡量交易量的大小时常用手数代替股数。

（11）买手：是比最新价低3个价位以内的买入手数之和。

（12）卖手：是比最新价高出3个价位以内的卖出手数之和。

（13）总手：是当日开盘以来该股交易所有手数之和。

（14）成交量：是指当日开盘以来该股交易的所有手数之和，换成股数时就要乘上100。

（15）总额：是当日开盘以来该股交易的所有金额之和，它的单位通常是万元。

在大盘上，新股民还能看到上证指数、深证指数的字样。各国都有不同的股票指数，如美国的道琼斯指数、法国的CAC40指数、德国的DAX指数等。

上证指数就是由上海证券交易所编制的股价指数，它是以1990年12月19日上海股市上所有股票为样本，以发行量为权数，加权平均编制所得的指数。即以该基准日的所有各种股票的价格分别乘以各股的总股数相加以后再求其平均数，并以该平均价为100点，以后同样计算出每天的平均价格后，除以基准日的平均价就得到每天的指数。

它的计算公式为：

$$今日股价指数＝今日市价总值／基期市价总值\times 100$$

它是衡量股市价格最重要的一个指标。上证指数中最常用也最重要的是综合指数，它是把A股和B股综合起来计算出的指数。一般在报纸、杂志、广播中看到、听到的都是综合指数。此外，在A股和B股当中，还可以看到各种分类指数，如工业股指数、商业股指数等，从中可以看到不同行业的股票发展情况。

深证指数是指由深圳证券交易所编制的股价指数，该股票指数的计算方法基本与上证指数相同，其样本为所有在深圳证券交易所挂牌上市的股票，权数为股票的总股本。由于以所有挂牌的上市公司为样本，其代表性非常广泛，且它与深圳股市的行情同步发布，它是股民和证券从业人员研判深圳股市股票价格变化趋势必不可少的参考依据。深证指数也有好几种，其中常用的是综合指数和成分指数，目前最常用的就是成分指数。

二、学会看大盘走势图

新股民还要学会看大盘的走势图。这里所说的大盘就是整个股市的走势情形，大盘的走势可以分为"当日的走势"和"连续的走势"两种，也就是分时走势图和K线走势图。

（一）大盘分时走势图

大盘分时走势，也可以称为即时走势，坐标的横轴是开市的时间，纵轴的上半部分是指数，下半部分显示的是成交量。如图6-1所示。

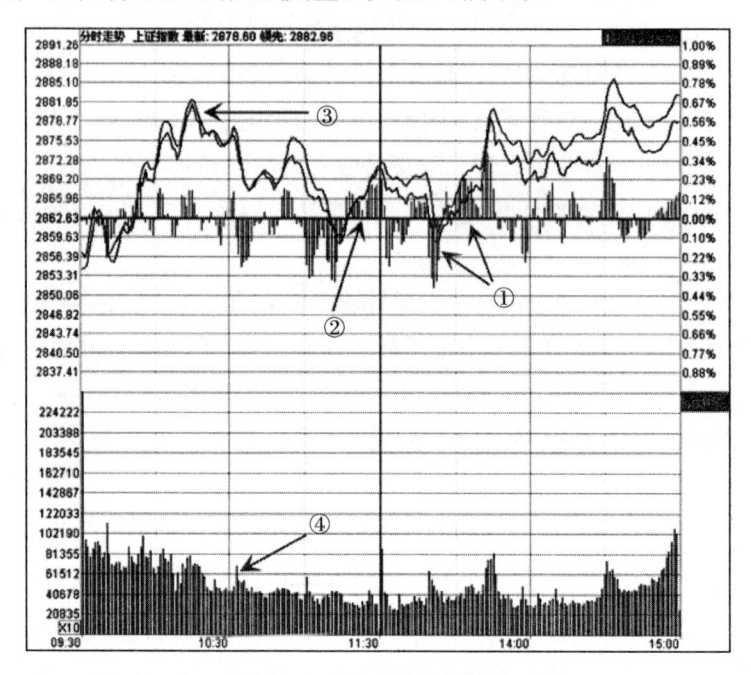

图6-1　大盘分时走势例图

1. 红色柱状线和绿色柱状线（图6-1①）

红色柱状线和绿色柱状线是用来反映指数上涨或下跌强弱程度的。大盘向上运行时，在横线上方会出现红色柱状线，红色柱状线出现越多、越高，表示上涨力度越强，若渐渐减少、缩短，表示上涨力度渐渐减弱。大盘向下运行时，在横线下方会出现绿色柱状线，绿色柱状线出现越多、越长，表示下跌力度越强，若绿色柱状线渐渐减少、缩短，表示下跌力度渐渐减弱。

2. 粗横线（图6-1②）

粗横线表示上一个交易日指数的收盘位置。它是当日大盘上涨与下跌的分界线，它的上方，是大盘的上涨区域；它的下方，是大盘的下跌区域。

3. 白色曲线和黄色曲线（图6-1③）

白色曲线，表示上证交易所对外公布的通常意义上的大盘指数。黄色曲线，是将所有股票对上证指数的影响等同对待的不含加权数的大盘指数。

一般来说，当指数上涨，黄色曲线在白色曲线走势之上时，表示发行数量少（盘小）的股票涨幅较大；而当黄色曲线在白色曲线走势之下，则表示发行数量多（盘大）的股票涨幅较大。

当指数下跌时，如果黄色曲线仍然在白色曲线之上，这表示小盘股的跌幅小于大盘股的跌幅；如果白色曲线反居黄色曲线之上，则说明小盘股的跌幅大于大盘股的跌幅。

4. 黄色柱状线（图6-1④）

黄色柱状线表示每分钟的成交量，单位为手。最左边一根长线是集合竞价时的成交量，后面是每分钟出现一根。成交量大时，黄色柱状线就拉长；成交量小时，黄色柱状线就缩短。

（二）大盘K线走势图

新股民一般喜欢看分时图，股价升降比较明显。一旦入门之后，就要运用K线图，做短线的要观察5分钟K线图和15分钟K线图，做长线的要看周K线图和月K线图。

K线又称蜡烛图、日本线、阴阳线、棒线等，目前常用的说法是"K线"。为了满足不同的需要，K线图又可以细分为：5分钟K线图、15分钟K线图、30分钟K线图、60分钟K线图、日K线图、周K线图、月K线图，甚至45天K线图。各种K线图所绘制的方法有相同之处，只要能看懂一种，其余的就能迎刃而解了。单根K线是以每个分析周期的开盘价、最高价、最低价和收盘价绘制而成。以绘制日K线为例，首先确定开盘和收盘的价格，它们之间的部分画成矩形实体。如果收盘价格高于开盘价格，则K线被称为阳线，用空心的实体表示；反之称为阴线用黑色实体或白色实体表示。在国内股票和期货市场，通常用红色表示阳线，绿色表示阴线。

本节以常用的日K线图为例来解释如何看懂大盘K线技术走势图。如图6-2所示。

从图6-2中可以看到三个部分，上部是日K线走势图，中部为成交量图形，底部是某个技术指标图形，这个技术指标是可以任意选择的。

1. 技术指标（图6-2①）

"日线"表示整幅图的变动都是以日为单位的，图6-2中所看到的K线走势图就是日K线走势图，成交量也是日成交量，指标（指各种技术分析指标）走势图也是日走势图。如果本栏中显示的是"月线"，则表示整幅图的变动都是以月为单位的，图中所看到的K线走势图就是月K线走势图，成交量就是月成交量，技术指标走势图也是月走势图。其他情况可以以此类推。

2. 均价线采样（图6-2②）

这可以显示若干个不同时间周期的移动平均线在某一天的数值。例如，本栏中最前面的"MA5：2895.31"表明该图所显示的某个交易日的上证指数5日移动平均线位于2895.31点。本栏中后面的3条移动平均线表示意义相同。

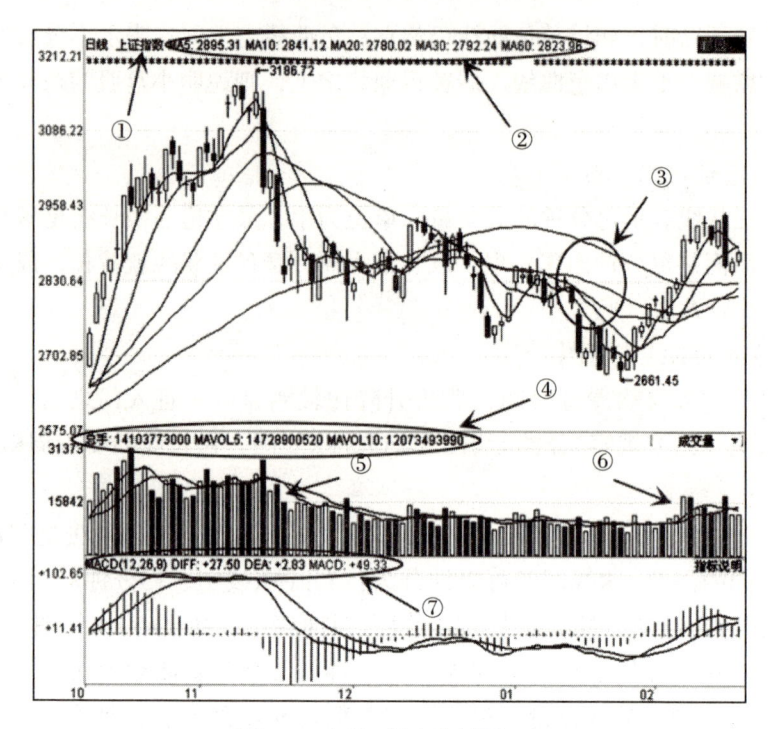

图6-2　大盘K线走势例图

3. 移动平均线走势图（图6-2③）

一般设5条移动平均线，分别用不同颜色表示。这5条移动平均线是5日、10日、20日、30日、60日移动平均线，这在"均价线采样"有明确提示。通常，时间最短的移动平均线（如5日均线）用白色表示，时间最长的移动平均线（如60日均线）用蓝色表示，时间居中的10日均线用黄色，20日均线用紫色表示，30日均线用绿色表示。

4. 均量线显示栏（图6-2④）

这一栏显示当前两种不同时间周期的均量线在某日内的数值。该栏中显示"MAVOL5：14728900520"就是表示栏中至某个交易日5日的平均交易量是14728900520手。

5. 均量线（图6-2⑤）

它是以一定时期成交量的算术平均值在图形中形成的曲线。它是参照移动平均线的原理以成交量平均数来研判行情趋势的一种技术指标，又称为成交量均线指标。

6. 成交量柱体（图6-2⑥）

绿色（黑色）柱体表示大盘指数收阴时每日或每周、每月的成交量，红色（白色）柱体表示大盘指数收阳时每日或每周、每月的成交量。如图6-2所反映的是大盘日线走势情况，因此，一条柱状线就表示一天的成交量。

7. 常用技术指标图形显示栏（图6-2⑦）

这一栏可以根据采样需要任意选择技术指标。如MACD、DMI、RSI、KDJ、SAR等。具体选择方法可以参照不同股票分析软件的说明。

三、学会看个股走势图

新股民选择股票投资时，除了要看懂总体的大盘形势，还要能看懂每只股票的走势图，也就是个股走势图，这是看盘的基本功。

个股的走势图也包括两种，个股分时走势图和个股K线技术走势图。

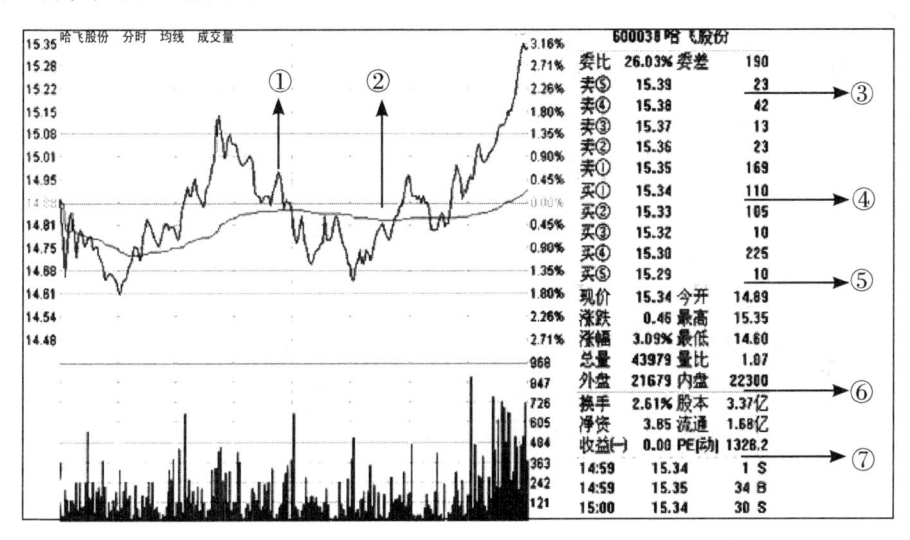

（一）个股分时走势图

个股分时走势图是把股票市场的交易信息以个股实时地用曲线在坐标图上加以显示的技术图形。坐标的横轴是开市的时间，纵轴的上半部分是股价或指数，下半部分显示的是成交量，是股市现场交易的即时资料，是分时走势图（即时走势图）中的一种，如图6-3所示。

图6-3 个股分时走势图

1. 分时价位线（图6-3①）

白色曲线是分时价位线，表示这一只股票的分时成交价格。

2. 分时均价线（图6-3②）

黄色曲线是分时均价线，示这一只股票的平均价格。它是从当日开盘到现在平均交易价格画成的曲线。

3. 卖盘等候显示栏（图6-3③）

这一栏中卖①、卖②、卖③、卖④、卖⑤表示依次等候卖出。按照"价格优先，时间优先"的原则，谁卖出的报价低谁就排在前面，如卖出的报价相同，谁先报价谁就排在前面,由电脑自动计算。卖①、卖②、卖③、卖④、卖⑤后面的数字为价格,再后面的数字为等候卖出的股票手数。

4. 买盘等候显示栏(图6-3④)

这一栏中买①、买②、买③、买④、买⑤表示依次等候买进,与等候卖出相反,谁买进的报价高谁就排在前面,如买进的报价相同,谁先报价谁就排在前面。

5. 成交价格、成交量显示栏(图6-3⑤)

这一栏有10个内容,按照横排的顺序一一说明。

(1)现价,即开盘到现在买卖双方成交的价格。

(2)今开,即当日的开盘价。按上海证券交易所规定,如开市后某只股票半小时内无成交,则以该股上一个交易日的收盘价为当日开盘价。

(3)涨跌,即当日该股上涨和下跌的绝对值,以元为单位。

(4)最高,即开盘到现在买卖双方成交的最高价格。收盘时"最高"后面显示的价格为当日成交的最高价格。

(5)涨幅,即当日成交到现在的上涨的幅度。如果当日股价下跌,则是跌幅。

(6)最低,即开盘到现在买卖双方成交的最低价格。收盘时"最低"后面显示的价格为当日成交的最低价格。

(7)总量,即当日开盘到现在为止的成交总量。

(8)量比,即衡量相对成交量的指标。它是开市后每分钟平均成交量与过去5个交易日每分钟平均成交量之比。其计算公式为:

量比=现成交总手/(5日平均成交手数/240)/当前已开市多少分钟

式中,"5日平均成交手数/240"表示5日来每分钟成交手数。

(9)外盘,即主动买盘,就是按市价直接买进后成交的筹码。成交价是卖出价。

(10)内盘,即主动卖盘,就是按市价直接卖出后成交的筹码。成交价是买入价。

6. 资金流通栏(图6-3⑥)

这一栏中都是表示资金流通状况的数据。

其中"换手"就是换手率;"股本"就是该上市公司的总股本;"净资"就是每股的净资产价格;"流通"就是总的流通量;"收益(一)"就是每股一季度的收益;"PE(动)"就是动态的市盈率。

7. 最近几分钟成交显示栏(图6-3⑦)

这一栏可以显示当前最近几分钟连续成交情况。

(二)个股K线走势图

个股K线技术走势图可以全面而又细致地分析特定的股票。图6-4是万好万家日K线走势图,其看法可以参阅"大盘K线技术走势图"和"个股分时走势图"。

四、学会看成交量

成交量，就是一段时间内，比如1日、1周、1月股票的买卖交易数量。美国著名的投资专家葛南维曾经说过："成交量才是股市的元气，股价只是成交量的反映，成交量的变化是股价变化的先兆。"所以新股民一定要学会观察大盘和个股的成交量。

（一）观察大盘成交量

观察大盘的成交量时，要注意以下几个方面：

（1）成交金额，大盘及时给出整个大盘的成交金额。看盘的过程中，应当预计当日的成交金额，以便研判当日与未来的走势，尤其是在成交量出现异常放大的情况下。

一般可以采用以下公式估算当天的成交金额：

$$当天成交金额 = 已成交金额 / 已交易时间（分钟） \times 240$$

例如，上午10：40，大盘成交577897万元，已交易时间是70分钟，当天成交金额预计就是1981361.14万元。

（2）成交手数，成交手数也是观察大盘成交量的重要数据。由于不同个股市价的不同，成交手数实际上是更加本质的大盘成交量。

（3）成交量的比较，一般来说要对比近几天的成交量，从中可以判断大盘处于缩量还是放量。

（4）量价关系，量价关系就是成交量和股价的关系，一般成交量与股价如果是同向变化，也就是价升量增、价跌量缩是合理的；但是如果出现成交量与股价相背离的情况，价升量缩、价跌量增意味着大盘出现调整的概率增加。

（5）沪、深两市的关系，新股民还应当注意深沪股市成交量的相对关系。如果深市的成交量大于沪市，就是"深强沪弱"；反之就是"沪强深弱"。新股民要根据当时的情况进行分析，并得出合理的解释，从深沪股市成交量的差异分析出大盘的走势。

（二）观察个股的成交量

新股民要知道一般是从大盘的成交量看整个股市的走向，从个股的成交量来分析选股、把握买卖的时机。

观察个股的成交量，同样要关注成交金额、成交手数、成交量的比较和量价关系。此外，还应观察换手率和成交量警示。

（1）换手率也称"周转率"，是指在一定时间内市场中股票转手买卖的频率，是反映个股流通性强弱的指标之一。换手率的计算公式为：

$$换手率 = 某一段时期内的成交量 / 发行总股数 \times 100\%$$

例如，某只股票在1个月内成交了3000万股，而该股票的总股本为2亿股，则该股票在这个月的换手率为15%。

观察换手率时，最应该引起新股民重视的是换手率过高和过低时的情况。过低或过高的换手率在多数情况下都可能是股价变盘的先行指标。一般情况下，换手率在3%以上，个股就处于一个相对活跃阶段，短线机会相对增加很多。如果是做短线就一定要注意当日的换手率。

（2）所有行情界面的左下角都有"成交量警示"的即时显示，如果出现自己感兴趣的个股，或者连续出现特定的个股，通常都应当看一看。成交量警示可以及时显示特定个股成交量的突然放大，提示特定个股有大笔买卖（这一般不是散户的行为）。

五、学会看排行榜

各种各样的股市排行榜越来越多地受到了投资者的青睐，因为许多排行榜都反映了股市的热点。

（一）涨跌幅榜

涨跌幅榜以全部股票涨跌幅度进行排名，根据涨幅由高到低排序的是涨幅榜；根据跌幅由高到低排序的是跌幅榜。

涨幅榜第一板显示的是涨幅最大的一批股票，而最后一板是涨幅最小，或者说跌幅最大的一批股票。跌幅榜则相反。

（二）成交量排行榜

成交量排行榜就是各只股票在特定时期内成交总量的排行。特定个股在成交量排行榜中的位置也很重要。沪深股市总的个股数量已经超过1000家，"轻大盘，重个股"已经成为市场的主流。大盘的成交量排行榜是发现短线投资机会的好工具。

（三）成交金额排行榜

成交金额排行榜是以股票的成交金额排序，排在最前面的，累计的开市以来的成交金额最大。从排在前面股票的名单，投资者可以判断出当天市场资金流向主要集中在哪些股票上，从而判断市场的热点在哪里。

此外，还有量比排行榜、成交价排行榜等。

第二节 看盘技巧

一、盘面走势的时间性

股市盘面走势的时间性很强，在一个交易日当中，有几个时间段是非常重要的，新股民在看盘时一定要密切关注这几个重要的时间点。

（一）开盘

开盘时间是上午9：30。开盘是一个交易日的开始，是大盘一天的走势。开盘一般显示的是市场的意愿，期待当日的股价是上涨还是下跌。

新股民首先要关注开盘时的集合竞价是高开还是低开。高开就是当日的开盘价高于前一日的收盘价，低开就是当日的开盘价低于前一日的收盘价。

如果高开，说明人气旺盛，抢筹码的人较多，市势有向好的一面。但高开过多，使前一日买入者获利丰厚，则容易造成过重的获利回吐压力。如果低开，则表明获利者回吐心切或亏损割肉者迫不及待，后市有转坏的可能。

如果在底部突然跳空高开，且幅度较大，常是多空双方力量发生根本性逆转的时候，构成进货建仓良机。反之，如果在大势已上涨较多时发生大幅跳空高开，常是多方力量最后喷发的象征，表明牛市已走到了尽头，构成出货的机会。

在底部的大幅低开反而构成见底机会，而在顶部的低开则证明人气涣散，都想争先逃出，也是市场看弱的表现。而在大市上升中途或下降中途的高开或低开，一般有继续原来趋势的意味，即上升时高开看好，下跌时低开看淡。

（二）中盘

在中盘时期，新股民要关注三个时间段，分别是开盘后的30分钟、上午10点左右、中午收市前和下午开市后。

1. 开盘后的30分钟

（1）开盘后的第一个10分钟的市场表现有助于正确地判断市场性质。在这10分钟内，参与的股民人数不多，成交量不大，所以多头和空头都很重视利用这10分钟来达到操盘目的。

在强势市场中常见的是多头为了顺利吃到货，开盘后就会抢进；空头为了完成派发，也会故意拉高，于是造成开盘后的急速冲高。在弱势市场中，多头为了吃到便宜货，会在开盘时即向下砸；而空头也会不顾一切地抛售，造成开盘后的急速下跌。

（2）第二个10分钟是多空双方进入休整阶段的时间，一般会对原有趋势进行修正，如果空方逼得太猛，多头会组织反击，抄底盘会大举介入；如果多方攻得太猛，空头也会予以反击，获利盘会积极回吐。这段时间是买入或卖出的一个转折点。

（3）第三个10分钟里因参与交易的股民越来越多，买卖盘变得较实在，可信度较大，这段时间的走势为全天的股价走势奠定了基础。

为了能正确地把握走势的特点与规律，可以以开盘为原始起点（因为开盘价是多空双方都认可的结果，它也是多空力量的均衡），然后以开盘后第10分钟、第20分钟、第30分钟的指数为移动点连成三条线段，称之为开盘三线，其中包含了当日股市未来走势的信息。

如果开盘三线在9：40、9：50、10：00与原始起点（9：30）相比，三个移动指数皆比原始起点高（俗称开盘三线连三上），则为涨势盘面。

如果开盘三线与原始起点（9：30分）相比都低（俗称开盘三线连三下），且距离越拉越大，则为跌势盘面。

如果开盘三线始终沿原始起点上下波动，且波动幅度上下相当，则为震荡势盘面。

此外，开盘三线还可能出现一些很不明显的态势，也应引起注意。比如，开盘三线二上一下和一下二上仍属于趋向涨势；开盘三线一上二下和二下一上则属于趋向跌势。

2. 上午10点钟左右

通常，10点钟是庄家抬高股价、准备出货的最佳时机。一般情况下，在上午10点左右就可以预测出当日的大致走势和收盘点位。

无论大盘还是个股，当日短期的高位经常在上午10点左右出现。如果随成交量放大，股价飙升，一定要小心主力随时出货。

3. 中午收市前与下午开市后

一般来说，中午收市前与下午开市后的走势应综合起来看，而不能孤立对待。

中午收市前的走势也是多空双方必争的。因为中午停市这段时间，投资者有了充裕的时间分析前市走向，研判后市发展，并较冷静地做出自己的投资决策，因此主力大户常利用收市前的机会作出有利于自己的走势，引诱广大中小散户上当。

如果上午收高，下午可能高开高走；如果上午收低，下午可能低开低走。另外，上午停牌的股票，尤其是指标股、热门股停牌后，下午开盘的走势会明显影响股价的总体走势或投资者的心态，投资者要结合公开信息对此作出判断，做好做多或做空的准备。

（三）尾盘

尾盘一般来说可以影响第二天的走势。在时间上一般认为尾盘是最后15分钟。

其实从最后45分钟开始多空双方即已开始暗暗较量了。一般是多空双方中占优势的一方开始发动攻击的时间，大盘在这段时间里开始朝最后收盘的方向运动。许多主力庄家往往选择在临近2点30分的时候发挥威力，使大盘或个股随自己的操盘意图变化。这样主力庄家可以一举两得，既可以维持股价和技术指标的走向，也可以节约控盘成本。

若从最后45分钟到35分钟这段时间上涨，则最后的走势一般会以上涨而告终。反之，若最后45分钟到35分钟这段时间下跌，则尾市难以走好。一般而言，大盘或个股最后半小时走强，反映主力庄家想推升指数或股价，第二日继续上升居多；大盘或个股最后半小时走弱，反映主力庄家想打压指数或股价，第二日继续下跌居多。因此，有经验的投资者往往根据这一现象决定他们的买卖行为，当发现当日尾盘将走淡时，应积极出售，以回避次日低开；发现尾盘向好时，则可适量持仓以迎接次日高开，顺势操作效果一般都不错。

二、关注阻力位置和支撑位置

（一）阻力位置

走势图是多空双方力量对比的明证，当多方力量强时，向上走；当空头力量强时，向下走。股市中的阻力是指空头力量强、多头力量弱的地方。判断阻力位置的目的是为了卖在最高点或次高点，一般是在判明的阻力位置之前卖出。

主要的阻力位置有以下几种：

（1）前收盘价，如果当日的开盘低于前收盘，则在向上爬的过程中会遇到阻力。因为开盘常会有大量股民以前收盘价参与竞价交易，若低开，表明卖意甚浓。在反弹过程中，一方面会遭到新抛盘的打击，另一方面在接近前收盘价时，前面积累的卖盘会发生作用，使得多头轻易越不过此道关口。

（2）今开盘价，若当日开盘后走低，因竞价时在开盘价处积累有大量卖盘，因而将来在反弹回至此处时，会遇到明显阻力。

（3）均线位置，短线运行中的5日线、10日线被技术派格外看重，一旦指数爬升至此处，会有信奉技术指标的短线客果断抛售，故而形成阻力便十分自然。

（4）前期高点，盘中前期之所以创下高点，是因为此处有明显的卖盘积压，当指数在此遇阻回落又再次回升时，此处就成了阻力位。

（5）前期低点，如果股指在前期低点失去支撑，会有相当多的做空力量加入抛售行列，当股指反弹至此时就会遇到前次未成交的卖盘的阻力。

（6）整数关口，由于人们的心理作用，一些整数位置常会成为上升时的重要阻力，如大盘指数在2000点、2500点、3000点等，在个股价位上，像10元、20元大关等。特别是一些个股在整数关口常会积累大量卖单。

（二）支撑位置

一般来说，股市跌不下去的地方即为支撑位置，新股民要善于找到支撑位置，争取在低价位买进。

明显的支撑位置有以下几种：

（1）今开盘价，若开盘后走高，则在回落至开盘价处时，因买盘沉淀较多，支撑便较强。道理与阻力区相似。

（2）前收盘价，若指数（或股价）从高处回落，在前收盘价处的支撑也较强。

（3）前期低点，上次形成的低点区一般会成为人们的心理支撑，其道理也与阻力区相同。

（4）前期高点，前期高点阻力较大，一旦有效越过，因积淀下的买盘较多，因此再次回落时，一般会得到支撑。

（5）均线位置，主要是5日线、10日线等。

（6）整数关口，如指数从3000点跌至2500点时，自然引起人们惜售，破2500点也不易，股价从高处跌到20元、10元处也易得到支撑。

三、关注各种买卖盘

新股民还应关注各种买卖盘。

（一）买盘与卖盘

买盘与卖盘指的是买价最高前三位揭示和卖价最低前三位揭示，是即时的买盘揭示和卖盘揭示。买卖双方的出价与数量构成盘口表现中的买盘和卖盘，市场投资者能够直接看到的是"买三"和"卖三"的买卖委托以及"内盘""外盘"和"委比""量比"等概念。

这几项都是表示目前盘中多、空力量对比的指标。如果即时的成交价是以"委卖"价成交的，说明买方即多方愿以卖方的报价成交，以"委卖价"成交的量越多，说明市场中的"买气"即多头气氛越浓。

（二）散户买卖盘与庄家买卖盘

一般主力庄家的买盘和卖盘大多数量较大、价位集中；散户的盘口表现数量较少、价位分散。庄家盘是行情的主导力量，按照"二八定律"即市场中主力盘占市场总成交的20%，散户占80%，那么这20%的主力盘能够起到决定性的作用。

（三）内盘与外盘

以"委买价"实现的成交量称为内盘，也称主动卖盘；以"委卖价"实现的成交量称为外盘，俗称主动买盘。内盘、外盘这两个数据大体可以用来判断买卖力量的强弱。若外盘数量大于内盘，反映了场中买盘承接力量强劲，走势向好；若内盘数量大于外盘，则反映场内卖盘汹涌，买盘难以抵挡，走势偏弱。

由于内盘、外盘显示的是开市后至现时以"委卖价"和"委买价"各自成交的累计量,所以对判断目前的走势强弱有益。如果"委卖价"与"委买价"价格相差很大,说明追高意愿不强,惜售心理较强,多空双方处于僵持的状态。

主动性买盘就是对着卖盘一路买,每次成交时箭头为红色,委卖单不断减少,股价不断往上走。在股价上扬的过程中,抛盘开始增加,如果始终有抛盘对应着买盘,每次成交箭头为绿色,委买单不断减少,使得其股价逐渐往下走,这就是主动性的卖盘。一般而言,盘中出现主动性买盘时,投资者可顺势买进做多;盘中出现主动性卖盘时,投资者可以顺势卖出做空。在这种情况下投资者要注意不要逆市操作,否则很容易吃亏。

(四)隐性买卖盘

隐性买卖盘是指在买卖成交中,有的价位并未在委买卖挂单中出现,却在成交一栏里出现了。隐性买卖盘经常隐含庄家的踪迹。单向整数连续隐性买单出现,而挂盘并无明显变化,一般多为主力拉升初期的试盘动作或派发初期激活追涨跟风盘的启动盘口。

新股民一定要注意,一般来说,上有压盘,而出现大量隐性主动性买盘(特别是大手笔),股价不跌,则是大幅上涨的先兆。下有托盘,而出现大量隐性主动性卖盘,则往往是庄家出货的迹象。

(五)扫盘

在涨势中常有大单从天而降,将卖盘挂单连续悉数吞噬,即称扫盘。在股价刚刚形成多头排列且涨势初起之际,若发现有大单一下子连续地横扫了多笔卖盘时,则预示主力正大举进场建仓,是散户跟进的绝好时机。

四、关注各种大单

一般情况下,4位数以上的买卖盘都可以认为是大买单与大卖单。新股民要关注一些有异动的大单,以免错失良机。

(一)低位大单

当某一只股票长期低迷,可有一日股价启动,卖盘上挂出巨大抛单(每笔经常上百、上千手),买单则比较少,此时如果有资金进场,将挂在卖一、卖二、卖三档的压单吃掉,可能是主力建仓动作。注意,此时的卖单并不一定是有人在抛空,有可能是庄家自己的筹码,庄家在造量,在吸引投资者注意。此时,如果持续出现卖单挂出便被吃掉多少的情况,便可反映出主力的实力的强弱。投资者要注意,如果想介入,千万不要跟风追买卖盘,待到大抛单不见了,股价在盘中回调时再介入,避免当日追高被套。

（二）试盘大单

当某一只股在某日正常平稳的运行之中，股价突然被盘中出现的大抛单砸至跌停板附近，随后又被快速拉起；或者股价被突然出现的上千手大买单拉升然后又快速归位，表明有主力在其中试盘，主力向下砸盘，是在试探基础的牢固程度，然后决定是否拉升。该股如果一段时期总收下影线，则向上拉升可能性大，反之，出逃可能性大。

（三）护盘大单

某一只个股经过连续下跌，在其买一、买二、买三档常见大手笔买单挂出，这是绝对的护盘动作。因为在市场中，股价是护不住的，"最好的防守是进攻"，主力护盘，证明其实力欠缺，否则可以推升股价。此时，该股股价往往还有下降空间。但散户可留意该股，因为该股套住了庄家，一旦市场转强，这种股票往往会一鸣惊人。

五、关注个股

（一）成交量出现异动的个股

某一只股票长时间交易清淡，成交不活跃，但某天突然进入了当天的量比排名前五名，或者上了成交量排名榜。这时，就得对该股多加留意，该股过去的死气沉沉的历史很有可能改观了，该股可能将成为近期的热门股。

特别是那些流通盘较小，属于5000万股以下的（最好是已经进行了卓有成效的资产重组）股票，在其缩量调整很长时间后，一旦放量（成交量是前几天平均成交量的3倍以上，量比也超过3），可积极跟进。

（二）量大价小的股票

出现某一只量大价小的股票时，一般都是主力在有计划地进行吸纳。但这种吸纳容易引起股价的上扬。主力为了掩盖其吸货的迹象，经常会在尾市的时候将股价砸低，从而在K线图形上留下长长的上影线。给人一种上方抛压非常重的感觉。对主力这种欲盖弥彰的做法，散户一定要抓住这个较好的建仓介入机会。

（三）成交量连续萎缩的股票

有的股票在一段时间的放量之后，成交量大幅萎缩，有的甚至会出现连续数日成交少于10万股的情形。

出现此类情形的个股，表示有庄家介入，实力很大，待庄家吸筹完毕后，成交量便开始急剧减少，可能半个小时仅仅成交几笔小单。成交量大幅萎缩一方面说明该股的浮动筹码极少；另一方面，该股的庄家短期之内没有拉升欲望，这只股票不被市场中的大部分投资者所关注，短期之内仍然属于冷门、弱势股。如果这种情形持续1个月以上，短线的不坚定筹码就会相对较少，愿意介入的新股民一般都要做好长线投资的准备。

第三节　解盘技巧

一、倾听市场的语言

股票市场是真实的，客观存在的，它有自己的语言，比如股价、成交量，股价的波动就是市场的感受。投资者需要做的就是倾听并理解市场的语言，而不是某些人（包括朋友、专家之类）的语言。某些人的语言，无论是朋友讲的、股评者所说的、上市公司方面发布的，都无法全面精确地反映市场的真实情况，只是种对或错的意见而已。

要想理解市场真实的语言就要与市场建立真实的沟通，从而依据真实的市场反映来投资。要与市场进行沟通，就要亲自走入股票市场，亲自解读股票市场的数据，了解市场最真实的现状，预测市场的趋势，根据自己的判断来作出投资决策，而不是盲目地听从他人的话来进行投资。

只有了解真实的市场，把握市场的脉搏，才能在股市中长期生存下去。

二、定性解盘

即时的大盘行情是市场、主力、散户以及其他多种因素共同作用的结果。单纯地以盘后分析对未来走势做出判断难免不足，而且容易被随机的行情打乱思路，造成被动的投资操作。其实只要了解盘面的特性，就能根据实时的状态来解盘。无论庄股盘口是什么动作，都只有拉抬、洗盘、出货三种目的。

（一）拉抬

庄家在其初期建仓完成吸筹动作后，就要在大市的配合下，展开主升浪，使股价迅速脱离其成本区，防止他人获得更多的低价筹码。一般在盘面表现就是基本脱离指数的干扰，走出较为独立的短线向上突破的行情。

庄家的拉抬动作主要在以下几个方面：

（1）开盘形态的强度决定了该股当日能否走强，从中可以洞悉庄家做当日盘的决心。开盘时，如果出现向上大笔提拉的过激动作，这时投资者要视股价与均价的位置决定买进的时机。在股价脱离均价2%以上，却无力上冲时，切勿追高买入。因为短期内股价必将有一个向均价回归的过程，可以在均价附近吸纳。

（2）一般在日K线图上刚出现突破迹象的个股盘中运行都比较稳健，盘中一个破绽就是庄家很少将股价再打到均价下方运行,当日没有必要做这个动作,如果发现盘中向下打低均价回抽无力时,要小心是否开盘形态是一个诱多动作,识别这个动作的要领是诱多形态开盘1小时后必然向下跌破均价走低,显示庄家无心护盘,有意做震荡。所以如果错过了开盘强势的个股,要及时发现摆脱指数震荡而能以温和放量的方式将股价运行于均价上方的个股,尽量在均价附近买进比较稳妥。

(3)如果当日盘面走势强劲,就会在尾市半小时左右引发跟风盘的涌入,使股价脱离当日走势倾斜率单边上行,此时庄家会借机大笔提拉,以封死下一交易日的下跌空间。尾盘若在抢盘时出现5%以上的升幅,要小心次日获利盘兑现对股价造成的抛压以及庄家次日开盘借势做打压震荡所带来的被动。投资者最好不要在尾盘过分追高抢货,以免陷入庄家次日短期震荡给仓位带来的被动局面。

(二)洗盘

洗盘的目的是庄家为了清理市场多余的浮动筹码,抬高市场整体持仓成本,轻松达到使庄股运行在某个阶段的目的。

盘中庄家洗盘一般有下面两种方式:

1. 直接打压

直接打压多出现在庄家吸货区域,目的是为了吓退同一成本的浮动筹码。在盘中表现为开盘高开,只有少许几笔主动性买单便掉头直下,一直打到前一日收盘价之下,持仓散户纷纷逢高出局。这时投资者不要简单认为股价脱离均价过远就去捡货,因为庄家有心在开盘做打压动作,这个动作不会在很短时间内就完成。较为稳妥的吸货点应在股价经过几波跳水下探,远离均价3%~5%,因为此位置当日短线浮筹已不愿再出货,庄家也发现再打低会造成一定程度上的筹码流失。

2. 宽幅震荡

宽幅震荡较多出现在上升中途,容易让投资者误认为是庄家出货。识别这个动作的要领是要观察庄家是否在中午收市前有急速拉高的动作。一般在临近中午收市附近急于拉升股价都是为下午的震荡打开空间。此时盘中一般只需几笔不大的买单便拉高股价,且冲高的斜率让人难以接受,均线只做略微上翘。这时手中有持仓最好先逢高减仓,因为股价马上就会大幅向下向均价附近回归,甚至出现打压跳水动作,而均价则任股价上蹿下跳而盘整不动,此时均价的位置是一个很好的进出货的参考指标。

(三)出货

庄家出货运用得最多的是高开盘,集合竞价量很大,但股价难延续前日的强劲势头上冲,而是掉头向下,放量跌破均价,虽然盘中有大笔接单,但股价走势明显受制于均价的反压,前一日收盘价处也没有丝毫抵抗力,均价下行的速度与股价基本保持一致,这都是庄家集中出货造成的。

三、分析每周的开盘与收盘

投资者在股市中要留意"星期一效应"与"星期五效应"。

星期一收盘股指、股价收阳线还是阴线，对全周交易影响较大，因为多（空）方首战告捷，往往乘胜追击，连拉数根阳线（阴线），应予警惕。

星期五收盘股指、股价也很重要，它不仅反映当日的多空胜负，也反映这一周的多空胜负。星期五的股指、股价常低收，即卖盘大于买盘。原因是投资者担心周五收盘后，交易所信息发布会可能有利空消息，到周一跑就晚了。

周五弱市中，一些含权股往往表现坚挺，这是投资者在搏周五信息会上公布送配方案。若某含权股有较好方案，周一股价高开高走，可获取差价。但若无消息，或消息不如传言的好，周一开盘后就赶紧抛出。

四、分析未来的走势

看盘与解盘都是为了研判未来的走势，并且作为自己买卖操作的指导。分析股价走势有很多内容，关键在于"转势"与"行情的阶段"。

（一）转势

一般来说，转势到来之际通常具有以下特征：

（1）跌势末期，一般都会出现加速下跌的现象。股价的下跌正如自由落体运动，会有加速度，越往下跌速度越快，调整浪中往往先是小阴小阳，此时多头负隅顽抗；接着是中阴密布，空头逐渐占据主动；最后是长阴贯下，空头开始长驱直入。只有在多头完全放弃抵抗之后，才会跌出空间、跌出机会，引来新的买家，转机就悄然而至。

（2）在持续调整之后出现跳空缺口，市势有望转变。此时的缺口，技术分析上称之为衰竭性缺口。从近年大盘的走势看，在跌势末期，基本面往往伴随着利空消息，成为空头的重磅炸弹，促使调整期结束。

（3）从日线图看，底部完成之际，通常会出现较长的下影线，表明低位已有买盘进入，多头由战略撤退转为战略进攻。或是在K线图上出现十字星，也表明多空力量趋于平衡，有望止跌。若出现光头光脚的阴线，表明空方仍占据绝对主动，底部尚未探明。

（4）从成交量上看，跌势末期，成交量都会极度萎缩。在成交量无法进一步萎缩，也就是以目前的低价已难以找到割肉者时，转机有望出现。

（二）行情的阶段与一般投资者的操作

行情的发展过程与一般投资者对大势的期望是相反的。新股民一定要看准行情顺势操作，这样才会有利可图。

股市前期一定是一个相当长的调整过程，伴随着一些利空消息，大盘进一步下跌。在这最后的下跌中，有些投资者丧失了对行情的期盼，纷纷割肉离场；也有些投资者割肉是为了在更低的价位补回。所以，当上升行情开始时，刚卖掉股票的投资者不会马上买进，他们希望能有一个比自己的卖出价更低的机会买入。结果强势股和热点板块是无法买进了，因为这些股票不会再次深幅回档，而只有弱势股和非热点股才有更低买入的机会。此时投资者的心态是买不涨的股票或买涨得不多的股票。

在行情发展的中期，会有较大的调整和震仓行为出现。投资者鉴于前期的惨烈下跌，一般只要大盘稍有回调，投资者便会卖出获利筹码，不断地进行短线操作。在短线卖出后又无法在低位及时回补，或是有机会也不敢买回，造成低卖高买的错误。由于投资者心态非常不稳，手中的股票所卖出的全是"黑马"，留下来的全是"瞎驴"。等真正看到了热点板块的疯狂拉升，而自己手中的股票总是不涨时，此时换股已晚。

在行情发展的末期，投资者开始明白自己前段操作的失误之处。此时，投资者开始采取持股为主的操作策略，但大势继续上涨的概率越来越小，而转为下跌的可能性越来越大。而投资者此时已逐渐形成了持股不动就能赚钱的思维定式，或是由于感到前期并未获得足够的利润，而不甘心退出市场的一种心态。

之后到了行情开始下跌的初期，投资者认为大盘的下跌只是正常的回调，或是认为自己手中的股票上涨的目标位还未达到。此时对股票的期望已成为投资者的持股依据，而不是基于对于市场走势的客观分析。在行情下跌的过程中，投资者已开始意识到了行情向下的趋势不可逆转。此时，投资者总是将手中股票的目前价位与过去的价位相比较，希望解套了能获利，获了小利又希望获大利，结果被套牢。

五、分析盘面买卖技巧

（一）分析盘面买入的技巧

（1）股价由跌势转为涨势初期，成交量逐渐放大，形成价涨量增，表明后市看好，宜迅速买进。

（2）股价由高档大幅下跌一般分三波段下跌，止跌回升时便是买进时机。

（3）股价在箱形盘整一段时日，有突发利多向上涨，突破盘局时便是买点。

（4）个股以跌停开盘、涨停收盘时，表示主力拉抬力度极强，行情将大反转，应买进。

（5）股价在底部盘整一段时日，连续两天出现大长红或3天出现小红、十字线、下影线时，代表止跌回升。

（6）股价在低档K线图出现向上N字形的股价走势及W字形的股价走势，便是买进的时机。

（7）移动平均线下降之后，先呈走平趋势后开始上升，此时股价向上攀升，突破移动平均线便是买进时机。

（二）分析盘面卖出的技巧

（1）股价暴涨后无法再创新高，虽然有两三次涨跌，大盘还是有下跌的可能，此时应卖出。

（2）股价在经过某一波段的下跌之后，进入盘整，若久盘不涨而且下跌时，此时应卖出。

（3）在高价圈出现连续3日巨量长黑代表大盘将反多为空，可先卖出手中持有的股票。

（4）在高档出现连续6～9个小红或小黑或十字线及上影线，代表高档向下再追价意愿已不足，久盘必跌。

（5）在高档出现倒N字形有股价走势及倒W字形（M头）的股价走势，大盘将反转。

（6）30日乖离率为+10～+15时，6日乖离率为+3～+5时代表涨幅已高，可卖出持有的股票。

（7）股价高档出现M头及三尊头，且股价不涨，成交量放大时可先卖出持有的股票。

（8）股价跌破底价支撑线之后，若股价连续数日跌破上升趋势线，显示股价将继续下跌。

（9）多头市场时RSI值已达90以上为超买之行情时，可考虑卖出手中持股。空头市场时RSI值达50左右即应卖出持有的股票。

（10）股价在高档持续上升，当融资余额已达天量，代表信用太过扩张，应先卖出。

【新股民寄语】

看盘是新股民进行炒股的入门课程。大盘表示的是整个股市的走势，也是对目前整体经济环境的反映。新股民初看大盘可能有点迷糊，其实只要将大盘当做一只个股来分析就可以了。大盘的分时图与K线图以及个股的分时图与K线图，传递了股票很多的信息。新股民要耐心地分析盘面，如果能读懂每一个数据变动背后的含义，那就离炒股成功的日子不远了。

第七章
股票买卖实战策略及技法

第一节　炒股的基本策略

炒股是一种投资，是投资就得有投资的策略，投资者要有适合自己的操作理念和投资原则，并且要遵循这些理念和原则，才能从中受益。

一、保本的基本要求

炒股的主要目的是为了有更大的收益，但是人们常说"股市有风险，投资需谨慎"，在股市中并不是人人都能有收益的，许多人在股市中亏得惨不忍睹，许多投资者凭投资多年的经验，说明炒股要把保本放在第一位。要想在有风险的股市中保本，绝非易事，一定要做到以下几点。

（一）不要盲从股评

投资者最好不要根据股评家的推荐来购买股票，尤其是不要听到推荐立马买进。这并不是说股评家的荐股都不对，只是风险太大——因为绝大部分股票都是在其股价突破后被推荐的，有时是在大涨、甚至是连续上涨后被推荐的。着急按推荐买进者大都是急于想赚钱的人，这种心态最容易被庄家所利用。

（二）不要盲从小道消息

买股票一定要多长个心眼，轻信别人的小道消息是最危险的。在交易所，各种各样的消息满天飞，别人神秘兮兮透露的消息，其实很多人都知道。听了消息后要冷静思考，然后再做出处理，即观察一段时间后，觉得消息有其缘由以及可靠性，再尝试性地买一点儿，万不可盲目地一头扎进消息股中。

（三）不要炒太多只股票

炒股切忌炒太多只股，许多股民急着赚钱，于是四面开花，胡乱出击，其实这样效果并不好。股票太多，需要接收的信息也多，要考虑的买卖进出太多，导致精力分散，对股票的判断准确率就会降低，这样买卖时就极容易犯错误。

某股民在刚入市的5个月内，炒的个股即达30多只，结果收效甚微。后来他总结经验，只选了几只股性活、潜力大、庄家强的股票操作，这样他几乎全年都在自己所熟悉的几只股票中打滚，结果如同炒干饭一样，越炒越香。

投资者购买股票首先要买个放心，只有放心，才能长时间持股。要对自己所持股票的基本情况多加了解，才能在炒股中游刃有余。

(四)不要只买绩优股,要买强势股

绩优股票往往市盈率高,许多新股民都喜欢按市盈率高低来买股票,对那些绩差股不屑一顾。

股市中有一句话:好股不赚钱。因为每个股民都倾向于把好股票捂住,不愿出手,庄家无法收集筹码,股价只有原地踏步或者长期向下。

其实新股民可以关注一些绩差股,虽然这类股票流通市值不大,业绩不好,价格较低,普遍不被看好。但是这些股票题材多,启动周期短,解套、获利相对容易。

此外还可以购买一些长期强势股。这类股票不管大势如何阴跌不止,它总是在平台整理或顽强向上。行情一来,它总是涨得最猛,盈利能力绝不逊于当时的热门股。

所以,一只股票在大势盘跌过程中还能在高位顽强构筑长达半年以上的大平台,它后面一定隐藏着重大题材,大势一旦好转,股价一定能飞起来。新股民在入市后要留心寻找这一类的强势股。

(五)不要抱有侥幸心理

新股民入市后永远不要预测市场即将转势,绝不能以侥幸的心理搞什么试探性建仓,要耐心等待趋势的形成。

如果没有形成明确的上升趋势时,坚决不介入;没有形成确定的下降趋势时,坚决不离场。在我国股市中,只有紧随趋势才是取财之道,不要在调整或下降趋势中瞎折腾,那将会伤精费神、损金赔银。所以新股民最好顺势而为。在大盘走好时及时介入,在大盘走坏时马上斩仓出局,不会踏空,也不会深度套牢,从而免遭熊市的折磨。

二、实战综合分析

新股民要学会对股市各方面情况进行分析,无论是采用题材分析法、技术分析法,还是采用基本面分析法,都要综合分析得到的结论,不要仅凭单项指标来制订操作计划,只见树木,不见森林,在实战中失败的概率就会相当大。

在股市的实战中要学会综合分析就要注意使用以下两个方面的辅助方法:

(一)股价推理辅助方法

(1)股价发动的常用短线时机有:股东大会、配股上市、第一个涨停板、重要颈线位、有关热点新闻推出、同类股票异动、逆向的操作难度。

(2)现象与结果对比推理法。新股民根据股价异动的现象与其后的结果进行对比,必须与非职业本能心理一致,否则需要逆向思维。

(3)幅度推理法主要根据角度线、黄金分割线、大众恐慌性与乐观性进行推理,得出股价是否有变化的结论。

（二）保持心态的辅助方法

由于人性的弱点，凡是没有受过专业训练的投资者的本能反应多数是错误的，为了使投资者保持一定的稳定心理，有必要养成下列良好习惯：

（1）分析目标股时要尽可能详细。

（2）操作组合上把重仓的中线目标与轻仓的短线目标结合起来。

（3）做长线时不轻易使资金在没有脱离成本价时满仓。

三、个股的投资策略

个股的投资策略是投资者买卖个别股票的方法和技巧，从事股票投资，掌握买卖的时机，除了看准股市的形势外，还要根据股票的种类制订不同的投资策略。

（一）大盘股的投资策略

大盘股的特点是其盈余收入大多呈现稳步而缓慢地变化。由于炒家不会轻易介入这类股票的炒买炒卖，其股价涨跌幅度较小。大盘股的长期价格走向与公司的盈余密切相关，短期价格的涨跌与利率的走向相关，当利率升高时，其股价降低，当利率降低时，其股价升高。

大盘股的投资策略有以下几点：

（1）当预测短期内利率将升高时，应大量抛出股票，等待利率升高后，再予以补进；反之，当预测短期内利率将降低时，大量买进，等到利率真的降低后，再予以卖出。

（2）可以在不景气的低价圈里买进股票，而在业绩明显好转、股价大幅升高时予以卖出。同时，由于炒作该种股票所需的资金庞大，故较少有主力介入拉升，因此，可选择在经济景气时期入市投资。

（3）大盘股在过去的最高价位和最低价位上，具有较强的支撑阻力作用，因此，其过去的高价位是投资者现实投资的重要参考依据。

（二）中小盘股的投资策略

中小盘股票由于股本小，炒作资金较之大盘股要少，较易成为庄家的炒作对象，其股价的涨跌幅度较大，其股价受利多、利空消息影响的程度也较大盘股敏感得多，所以经常成为庄家之间打消息战的争夺目标。

投资者在买卖中小盘股时，不要盲目跟着别人走，要自己研究，自己判断行情，不要被未证实的谣言动摇决心。投资者要耐心等待股价走出低谷，在股价开始转为上涨趋势，且环境展望好转时，予以买进；其卖出时机根据环境因素和业绩情况，在过去的高价圈附近获利了结。一般来讲，中小盘股票在一两年内，大多有几次涨跌循环出现，只要能够有效把握行情和采用方法得当，投资中小盘股票，获利大都较为可观。

（三）投机股的投资策略

投机股是指那些被投机者操纵而使股价暴涨、暴跌的股票。投机者通过买卖投机股可以在短时间内赚取相当可观的利润。

投机股的投资策略有以下几点：

（1）选择资本额较少的股票。因为资本额较少的股票，炒作需要的资金较少，一旦投下巨资容易造成价格的大幅度波动，投资者可通过这种大幅波动赚取可观的利润。

（2）选择优缺点同时并存的股票。因为优缺点同时并存的股票，当其优点被大肆渲染时，容易使股价暴涨；当其弱点被广为传播时，又极易使股价暴跌。

（3）选择新上市的股票。新上市的股票，常常被人寄予厚望，投机者容易操纵而使股价出现大幅度的波动。

（4）选择有炒作题材的股票。例如，有收购题材的股票，有送配股分红题材的股票，有业绩题材的股票等。因为这些题材有助于庄家对投机股进行操纵。

值得注意的是由于投机股极易由投机者人为地操控，从而引起股价的暴涨与暴跌，一般投资者对投机股票要持谨慎的态度，不要轻易介入和盲目跟风，以免被高价套牢，成为庄家的牺牲品。

（四）高价股的投资策略

高价股就是每股价格高于20元的股票，也可称为一线股。除了市场主力对个股进行恶意炒作之外，高价股的形成，一般都是由上市公司的经营状况和业绩决定的。高价股主要包括绩优股和高成长股。

1. 绩优股

绩优股指业绩优良，且盈利能力较为稳定的上市公司的股票。这些公司由于竞争能力强，拥有较大的市场份额，保证了投资者稳定的收益来源；但也正由于这一点，这些公司年增长速度不会太高，一般维持在10%～15%，基本上都是大型公司。

投资者如果购买绩优股，就不应该指望这些股票在短期内获得丰厚的收益。但是在熊市行情中，绩优股下跌的幅度较其他股票要小；一旦行情转为牛市，投资于绩优股也能给投资者带来可观的回报。投资此类股票，风险系数相对较低，对稳健型投资者来说是一种较好的选择。投资者一旦买进绩优股，就不宜再频繁出入股市，应当尽可能地进行中长线的投资。

2. 高成长股

高成长股是指迅速发展的公司所发行的具有高回报、高成长性的股票，上市公司的成长性越好，其股价上涨的可能性也就越大。股票的高成长性主要表现在两个方面，一是公司业绩呈高速增长趋势；二是公司具备了较强的股本扩张能力。

投资高成长股的策略有以下几点：

（1）准确地找出适合投资的高成长股。

①选择属于成长型的行业。也就是说要选择朝阳行业。如生物工程、电子仪器、网络信息、电脑软硬件等行业。

②选择总股本较小的公司。公司的股本越小，其成长的期望也就越大。那些总股本只有几千万的公司，其股本扩张就比较容易。

③选择过去一两年成长性好的股票。高成长的公司，其盈利的增长速度会大大高于其他公司，一般是其他公司的1.5倍以上。

（2）准确地把握买卖时机。一般来说，在熊市阶段，成长股的跌幅会更大；而在牛市阶段，其涨幅则会大于其他股票甚至成为股市的领头羊。投资者在操作中应注意在牛市的初级阶段买进高成长股，而当股市狂热蔓延时，应卖出持有的股票。由于成长股的波动幅度大，所以成长股比较适合激进型的投资者。

投资者应留意，一些三线股经过市场主力的恶意炒作后，也可能成为高价股。投资者应对这些公司的财务状况及市场情况进行认真分析，切忌盲目追高，造成无谓的牺牲。

（五）三线股的投资策略

三线股也称为低价股。市场上通常将每股价格低于10元的股票划为此列。

三线股主要有以下几种原因形成，一是公司业绩较差，甚至已经到了亏损的地步，目前市场上大多数三线股都属于此类；二是公司的股票发行量过大，缺乏高速增长的可能；三是公司的产业结构不尽合理，有的甚至身处夕阳行业，难以塑造好的投资概念来吸引投资者。

由于业绩不好、缺乏炒作题材，三线股一般不会有太大的市场表现。但是三线股往往也是主力机构投机的对象，由于人为的操纵，也会有暴涨暴跌的行情出现。所以，投资者投资三线股时，应当选择股性比较活跃的个股。

投资者宜选择有以下特点的三线股来投资。

（1）公司基本面比较好的股票。基本面好就会有各种炒作题材产生，市场上的主力便会利用这些题材将股价炒高。

（2）公司流通股本较小的股票。这种股票，主力进出都很方便，一旦投入巨资容易造成股价的大幅波动，投资者可通过这种波动博取买卖差价。另外，股本小意味着有一定的股本扩张机会，如果公司业绩不是太差，有出现送配股的可能。

（3）新上市公司的股票。由于在上市前的包装，新上市的公司不论业绩如何，均会以一个漂亮的外壳闪亮登场，从而为其股票在二级市场上创造广阔的想象空间，一些市场主力也会加以操纵，使其股价出现大的波动。

（4）资产重组公司的股票。公司由于业绩不佳而进行资产重组，通过注入优良资产等形式，使其经营业绩得到改善或改变其产业结构，从而达到吸引投资者的目的。这时,场内的主力机构便会对其进行炒作。有的公司甚至通过资产重组一跃成为绩优股或进军高科技产业,这些公司的股票后市通常都会有较大的行情。

(六) 蓝筹股的投资策略

蓝筹股的特点是:投资报酬率相当优厚和稳定,股价波幅不大。当多头市场来临时,它的股价不会首当其冲上涨,经常的情况是,其他股票已经连续上涨一截,蓝筹股才会缓慢攀升;而当空头市场到来,投机股率先崩溃,其他股票大幅下跌时,蓝筹股往往仍能坚守阵地,不至于在原来的价位上过分下跌。

蓝筹股的投资策略是:一旦在较合适的价位上购进蓝筹股后,不宜再频繁出入股市,而应将其作为中长期投资的对象。虽然持有蓝筹股在短期内可能在股票差价上获利不丰,但以这类股票作为投资目标,不论市况如何,都无须为股市涨落提心吊胆。长期投资这类股票,即使不考虑股价变化,单靠分红配股,往往也能获得可观的收益。对于缺乏股票投资手段且愿作长线投资的投资者来讲,投资蓝筹股不失为一种理想的选择。

(七) 循环股投资策略

循环股是指股价涨跌幅度很明显,且一直在某一范围内徘徊的股票。由于循环股的价格是经常固定在一定范围内涨跌。因此,对应的买卖策略是趁跌价时买进,涨价时卖出。实施此项策略的关键是有效地发现循环股。

寻找循环股的一般方法是从公司的营业报表中,或者根据公司有关的资信情况了解最近三四年来股价涨跌幅度,进而编制出一份循环股一览表。

循环股一览表能反映出股价的涨跌幅度和范围,投资者据此可确定出循环股的买点和卖点。

采取循环股买卖策略时,应尽量避开以下三种股票。

(1) 股价变动幅度较小的股票。因为波动幅度较小的股票,纵然能在最低价买进和最高价卖出,但扣除股票交易的税费后,所剩无几,因而不是理想的投资对象。

(2) 股价循环间隔时间太长的股票。间隔时间较长,资金占用的成本较大,宜把股价循环的时间限定在1年以内。

(3) 成交量小的股票。成交量小的股票常会碰到买不到或卖不出的情形,所以也宜尽量避免。

(八) 组合投资策略

股票投资组合策略是投资者依据股票的风险程度和年获利能力,按照一定的原则进行恰当的选股、搭配以降低风险的投资策略。股票投资组合策略的基本原则是:在同样风险水平下,投资者应选择利润较大的股票;在相同利润水平的时候,投资者应选择风险最小的股票。

股票投资组合的核心和关键是有效地进行分散投资,因为通过分散投资,将股资广泛地分布在不同的投资对象上，可以降低个别股票的风险从而减少总风险。分散投资主要包括以下几点：

（1）分散投资的地区。由于各地的企业会因市场、税收和政策等诸因素的影响，产生不同的效果，分散投资，便可收到东方不亮西方亮的效果。

（2）分散投资的时间。可按派息时间岔开选择投资，因为按照惯例，派息前股价往往会骤然升高，即使购买的某种股票因利率、物价等变动，遭遇公共风险而蒙受损失，还可期待在另一时间派息分红的股票身上获利。

（3）分散投资的行业。即不集中购买同一行业企业的股票。

（4）分散投资的企业。不把全部资金集中于购买某一个企业的股票上，即使企业业绩优良也要注意适当地分散投资。

只要在进行股票投资中能有效地进行投资组合，就能在降低风险的同时，获取较大的收益。

第二节　牛市、熊市与平衡市

牛市、熊市与平衡市是证券市场的三种趋势。

所谓"牛市"，就是股市行情普遍看涨，延续时间较长的大升市。

所谓"熊市"，就是股市行情普遍看淡，延续时间相对较长的大跌市。如2008年全球金融危机引发的全球股市大跌，形成熊市。

"平衡市"，是指多头和空头力量大致相当，在一定时间内，证券价格在一定范围内上下波动，呈现水平趋势，一般相伴的成交量都逐渐缩小，直到突破，"平衡市"也称箱体运行。

一、牛市、熊市的循环过程

道氏根据美国股市的经验数据，总结出熊市和牛市的不同市场特征，认为熊市和牛市各自可以分为三个不同期间。

（一）牛市的三个阶段

1. 牛市第一期

牛市第一期与熊市第三期的一部分重合，往往是在市场最悲观的情况下出现的。大部分投资者对市场心灰意冷，即使市场出现好消息也无动于衷，很多人开始不计成本地抛出所有的股票。

有远见的投资者则通过对各类经济指标和形势的分析，预期市场情况即将发生变化，开始逐步选择优质股买入。市场成交逐渐出现微量回升，经过一段时间后，许多股票已从盲目抛售者手中流到理性投资者手中。市场在回升过程中偶有回落，但每一次回落的低点都比上一次高，于是吸引新的投资人入市，整个市场交易开始活跃。

这时候，上市公司的经营状况和公司业绩开始好转，盈利增加引起投资者的注意，进一步刺激投资者入市的兴趣。

2. 牛市第二期

这时市况虽然明显好转，但熊市的惨跌使投资者心有余悸。市场出现一种非升非跌的僵持局面，但总的来说大市基调良好，股价力图上升。这段时间可维持数月甚至超过一年，主要视上次熊市对投资者造成心理打击的严重程度而定。

3. 牛市第三期

经过一段时间的徘徊后，股市成交量不断增加，越来越多的投资者进入市场。大市的每次回落不但不会使投资者退出市场，反而会吸引更多的投资者加入。市场情绪高涨，充满乐观气氛。此外，公司利好的新闻也不断传出，如盈利倍增、收购合并等。上市公司也趁机大举集资，或送红股或将股票拆分，以吸引中小投资者。

在这一阶段的末期，市场投机气氛极浓，即使出现坏消息也会被作为投机炒作的热点，变为利好消息。垃圾股、冷门股股价均大幅度上涨，而一些稳健的优质股反而被漠视。同时，炒股热浪席卷社会各个角落，各行各业、男女老幼均加入了炒股大军。当这种情况达到极点时，市场就会出现转折。

（二）熊市的三个阶段

1. 熊市第一期

这一时期也称顶部阶段，其初期就是牛市第三期的末段，往往出现在市场投资气氛最高涨的情况下，这时市场绝对乐观，投资者对后市变化完全没有戒心。市场上真真假假的各种利好消息到处都是，公司的业绩和盈利达到不正常的高峰。不少企业在这一时期内加速扩张，收购合并的消息频传。

正当绝大多数投资者疯狂沉迷于股市升势时，少数明智的投资者和个别投资机构已开始将资金逐步撤离或驻足观望。因此，市场的交易虽然十分炽热，但已有逐渐降温的迹象。这时如果股价再进一步攀升，成交量却不能同步跟上的话，大跌就可能出现。在这个时期，当股价下跌时，许多人仍然认为这种下跌只是上升过程中的回调。其实，这是股市大跌的开始。

2. 熊市第二期

这一时期也称恐慌阶段，股票市场一有风吹草动，就会触发恐慌性抛售。一方面市场上热点太多，想要买进的人因难以选择反而退缩不前，处于观望状态；另一方面更多的人开始急于抛出，加剧股价急速下跌。在允许进行信用交易的市场上，从事买空交易的投机者遭受的打击更大，他们往往因偿还融入资金的压力而被迫抛售，于是股价越跌越急，一发不可收拾。

经过一轮疯狂的抛售和股价急跌以后，投资者会觉得跌势有点过分，因为上市公司以及经济环境的现状尚未达到如此悲观的地步，于是市场会出现一次较大的回升和反弹。这一段中期性反弹可能维持几个星期或者几个月，回升或反弹的幅度一般为整个市场总跌幅的30%~50%。

经过一段时间的中期性反弹以后，经济形势和上市公司的前景趋于恶化，公司业绩下降，财务困难。各种真假难辨的利空消息接踵而至，对投资者信心造成进一步打击。这时整个市场弥漫着悲观气氛，股价继反弹后较大幅度下挫。

3. 熊市第三期

这一时期又称底部阶段，股价持续下跌，但跌势并没有加剧，由于那些质量较差的股票已经在第一期、第二期跌得差不多了，再跌的可能性已经不大，而这时由于市场信心崩溃，下跌的股票集中在业绩一向良好的蓝筹股和优质股上。这一阶段正好与牛市第一阶段的初段吻合，有远见和理智的投资者会认为这是最佳的吸纳机会，这时购入低价优质股，待大市回升后可获得丰厚回报。

一般来说，熊市经历的时间要比牛市短，大约只占牛市的30%~50%。不过每个熊市的具体时间都不尽相同，因市场和经济环境的差异会有较大的区别。回顾1993~1997年这段时间，我国上海、深圳证券交易所经历的股价的大幅涨跌变化，就是一次完整的由牛转熊，再由熊转牛的周期性过程。

二、牛市的操作策略

牛市是相对来说能够获利的时期，新股民一定要掌握正确的投资操作策略，避免出现牛市"只赚指数不赚钱"的现象。

（一）牛市基本投资策略

牛市，也就是多头市场基本的投资策略是持股。只要没有确认市势已脱离多头状态，就不要抛出股票，而且每一次股价的回落都是买进机会。不要以为股价升了很多就可以抛掉股票。因为在一次真正的强势牛市中，股价升了可以再升，以至于升到令人不敢相信的程度。如果在升势的中间抛出一些获利的股票，除非投资者不再买入或者换股，一般来说都会损失一部分投资者应得的利润。

从本质上说，在整个多头行情的上升过程中，这种在中间抛掉股票之后又不得不用高一点儿的成本补回的错误操作是上升行情的重要推动力。

在牛市运行的整个过程中，不同的阶段选股也是不同的。

1. 起始阶段

一般来说，强势的起始阶段应当是优质股率先上升，如果优质股表现不佳，具有投机题材的低价小盘股轮番跳升,则意味着当前的行情很有可能是一段投机性升势。在这种情况下应当随时做好出货离场的准备。不过,有时候大的多头行情也可能由投机题材引发,但接下来一线优质股必须要能够及时跟上。然后再一路带头向上涨升,由此给二三线股腾出上升空间,拉动大市一路向上。

如果一线股和二线优质股的升势一直靠低价位投机股的上升推动,并且成交量过多地分布在投机股上,那升势就难以持久。在操作中千万要注意这些重要的行情迹象,不可被一时热烈的市场表现冲昏头脑。

2. 中间阶段

在多头市场的中间阶段,升势最凌厉的股票一般以股本较小的二线优质股为多,特别是有利好题材的小盘绩优股,在多头行情中总有机会当上一轮明星。因此,多头行情进入主升段之后,宜购入并持有这一类的小盘绩优股。不过,即使是这一类股票,也应当尽量选择受比价关系制约较小的个股。有的股票虽然是盘小绩优,但其前后比价关系比较固定,升起来也常常不够凌厉。

3. 最后阶段

多头行情的最后阶段往往是疯狂的投机热潮,三线低价股乱跳是主要的行情特征。这个阶段当然可以参与这种投机游戏,但千万不可追入已被炒得热火朝天的三线股,另一方面,这个阶段应随时考虑抛股套现,离开市场。

投资者在注意到股价不断升高,成交量不断增加的走势持续了一段时间之后,就要意识到是股价到顶的时候了。

典型的顶部征兆有以下几个:一是一线股比指数升得慢很多;二是成交量持续保持在高额状态,但大市的上升已出现了停顿。

在升势的全过程中,股价会出现几次回落调整,正常的强势调整一般是跌幅有限,并且成交量在调整期间会减少。另外,调整主要体现在短时间内升幅很大的股票上,升幅小的优质股一般不会回落太多,回落调整所经历的时间不会太长,如果长时间地走高位横盘行情,说明市场上追高资金太少,后市可能会向下发展。

(二)牛市操作策略新思维

沪深股市是一个快速发展的新兴市场,有着自身的特点。不能按照国外成熟市场中的牛市操作策略,要根据我国的实际情况形成操作策略的新思维。

(1)牛市行情一旦爆发,大资金蜂拥而入时,必须敢于重仓跟进,还要坚定持股,不要稍有震荡或稍有获利,即抛股走人。

(2)牛市操作,必须敢追领涨股,不怕连涨3个涨停板,只怕你不敢在涨停板上排队。

(3)牛市操作,强者恒强,不能孤立等待回挡再介入,而是顺应时势,该追的坚决追,该观望时则观望。

（4）牛市操作，技术指标大多处于"失灵"状态。涨了还涨，连拉10个涨停板的情况并不少见。

（5）牛市操作，散户要以"我是主力"的角色换位，来揣摸、预测大资金的动向。不能仍站在小散户的立场上，为打一点差价而忙碌。

（6）牛市操作，个股都有机会，不可见异思迁，频追热点，结果顾此失彼。

（7）牛市操作，人气是股价的翅膀，人气越旺，股价越高，分析太理性、常用市盈率做选股标准的，往往抓不到"大黑马"。

（8）牛市操作，热点多，转换快，一天几十个涨停板是正常现象，领涨股不翻番，坚决不松手。

（9）牛市操作升幅大而快，"一天等于两个月"，不轻言见顶，不轻言调整。

三、熊市的操作策略

新股民不要认为在熊市中就"只有亏，没有赚"。其实在熊市中也是可以获利的，只是需要不同的思维方式和投资策略，这就要有真功夫。

（一）抢反弹

在熊市中，股价的主体趋势是向下的。此时的主导策略应是抱住现金，看准反弹做个短线，并尽快平仓离场。

此时股民要注意两点：一是不要以为股价出现反弹就会继续上升，能搏到一点儿短线差价就已经很不错了；二是不要抱有股价跌了这么多，已很便宜了，买了被套住也不怕的心理。

因此，抢反弹一定要在看准的有效支撑位处买入，看不准时宁可错失短线机会，也不宜在跌势未尽时束手被套。

抢反弹进行短线操作，就要仔细研究K线图。K线图是一种记录股价走势的特殊语言，每一条日K线相当于一个短语，描述了当天的股价变化情况；由许多条K线构成的图形则相当于一个语句。精通K线的人可从图表上读到"看涨语句""看跌语句"及"不明朗语句"。在读到"看涨语句"时进；读到"看跌语句"及"不明朗语句"时在场外观望，必能在跌势中保存实力，同时又能赚到短线差价。

（二）弱市赚钱

在强市中可以赚钱，在弱市中照样能赚到钱，关键就是投资者如何操作弱市中的股票。投资者在弱势中要精心设计，用心去做，但不能将手头的资金一次用光。

操作弱市中的股票要做好以下几点：

1. 忍痛割肉

在高位买进的股票，一旦遇到弱市，就应当果断地、极早地将它抛出，如果股票继续下跌，就可少亏一部分。

2. 逐次平均买进

逐次平均买进，多至6次，少至3次。以3次为例，每次各投资1/3，算出平均价，在股价反弹后上升到投资者购入的平均价，并除去各种费用后抛出，就可获取利润。

3. 加倍买进摊平

在第一次用1/3资金买进后，如继续下跌，则第二次用2/3的资金投入，以求摊平成本。如资金宽裕，也可用三段加倍买进平摊法，即将资金分成八等分，第一次至第三次分别投入1/8、3/8和4/8的资金，这个办法在第三次买进后，股票价位回升到第二次买进的价位，再除去各种费用后抛出，也有利可图。

（三）淡季入市

投资者如果要着眼于长期投资，则不宜在牛市进场，这时多为股价走高的阶段，建仓成本可能偏高，投资回报率就会下降。

如果长期投资者在交易清淡寥落时进场建仓，从长期发展的角度来看，由于投资成本低廉，与将来得到的收益相比，投资回报率还是令人满意的。因此，交易清淡对于长线投资者来说，则是入市建仓的大好时机。

最佳的买入时机是淡季的末期，但是没有人知道到底什么时候才是淡季的末期。也许在长期投资者认为已经到了淡季末期而入市，行情却继续疲软了相当长一段时间；也许认为应该再等一等的时候，但行情却突然好转。

所以，比较保险的办法就是逐次向下买进的做法，即先买进1/2或1/3仓位，之后不论行情涨跌都再加码买进，这样即使是在淡季进场，也不会错失入市良机，可收到摊平成本的效果。

四、平衡市的操作策略

平衡市即通常所说的"牛皮偏软行情"，是一种股价在盘整中逐渐下跌的低迷市道，一般相伴的成交量都很小，对于股民来说，出现这种市况的期间是招兵买马、重整旗鼓的大好时机。

在股价偏软、交投清淡的时候，不宜太迷恋市场，而应当趁此机会做一些细致的研究工作，包括对各个上市公司的调查和比较、对宏观经济情况的分析以及对较长一段时间以来大市所走过的历程进行详细的图表分析。

通过这些研究，可以使自己比较清楚地了解到大市所处阶段，及时发现一些潜质好的上市股票，以便在下一个机会到来时，能准确地抓住战机。

当市场进入平衡市，可以根据以下几种不同的情况采取相应的操作策略。

（一）相对高价位平衡市

一般来说，在相对高价位区，股价横向盘整是盘不住的。尤其是在人气逐日消散、成交渐渐疏落的情况下，走势非常危险，后市很可能在连续几天的阴跌之后出现向下的加速运动。所以，这时的操作策略应当是坚决离场。

当然，有一种情况是例外的：那就是大多头市场中的强势调整，在强势调整中也会出现股价的高位横盘和成交量的萎缩，调整之后股价却会继续上升，这期间显然不能采取坚决离场的策略。

强势调整与高位的牛皮偏软行情区分的办法是观察以下三方面因素：

（1）观察成交量萎缩的程度。牛皮偏软行情中对应的成交量是极度萎缩的，而强势调整期间成交量虽大幅萎缩，但由于人气未散，会比较活跃，成交量不会太小。

（2）观察市场对利好消息的反应的敏感度。在强势调整过程中，市场对利好消息的反应仍然相当敏感，至于个股的利好消息，往往会相当强烈地体现在其股价的波动上。而在高位的牛皮弱市期间，市场对于利好消息的反应相当迟钝，有时甚至根本不理睬市场上的利好传闻，个别情况下还有可能把实际上是利好的因素当做利空来对待。

（3）强势调整一般不会历时太长，而在高位的牛皮弱势则可能会维持比较长的时间，直到股价磨来磨去，把多头的信心磨掉之后，股价就会跌下来。

（二）中价位平衡市

在中间价位出现平衡市时，作为一般性的原则，中间位的横盘向上突破与向下突破的可能性都有，因此，应当在看到明确的有效突破之后再顺势跟进。

不过，这只是一般性的原则，在多数情况下，发生在中间位价牛皮弱势往往最终会向下突破，其原因一方面可归结为弱势的惯性；另一方面，由于人气已散，市场上看好后市的资金不多，如果没有一个较大的跌幅出现，持币者是不肯在此不高不低的价位轻易入市的。

此外，还应当注意不要轻易追高进货，见反弹及时减磅。在此期间，区分反弹与向上有效突破不是很难，反弹行情中成交量在低价位投机股上的分布较多，而向上的有效突破应当是一线优质股价升量增，并且这种价升量增的程度须是远远大过二三线股。

（三）低价位平衡市

大额投资者吸纳的好时机就是在低价区出现平衡市时。因此，在此期间斩仓操作是不明智的。此时最好的做法是每次见低时分批次地少量吸纳，见高不追，也就是说可以当成短线来做，吸纳的对象最好以优质股为主。

第三节　短线实战技法

一般短线通常是指在一个星期或两个星期以内,投资者只想赚取短期差价收益,而不去关注股票的基本情况,主要依据技术图表分析。一般的投资者做短线通常都是以两三天为限,一旦没有差价可赚或股价下跌,就平仓一走了之,再去买其他股票做短线。

一、适合短线操作的股票

并非所有股票都可以做短线,投资者可以按其行业属性进行分类。对那些需要着重关注的股票,一旦其满足短线操作的介入条件,就应立即买入。

适合短线操作的股票主要有以下几种:

(一)中小流通盘的股票

流通股本巨大的股票往往需要很大的资金才能控制,主力不易控盘,因此主力往往更喜欢中小流通盘的股票。

(二)业绩增长的股票

业绩优良是投资的基本保证。如果公司的业绩和往年相比,增长的速度喜人,那么可以适当降低绩优的条件。因为有些时候业绩增长速度比当前的业绩状况更重要。

(三)有利好消息及炒作题材的股票

各种利好消息以及可炒作的题材,都可以成为主力操作该股上行的理由。但消息满天飞的情况下,要有一定的鉴别能力,确保利好消息的可靠性。

投资者可建立一个满足以上条件的股票池,要做到对这些股票了如指掌,并对它们进行实时跟踪。这个股票池的大小,也就是其中股票数目的多少,要根据自己的情况而定,如果是计算机跟踪,当然可以多选一些。

(四)庄家介入的股票

股不在好,有庄则灵。因为庄家有着强大的资金力量、明确的盈利目的以及多样的盈利手段,跟着庄家,投资的成功概率将会大大增加。被选中的股票都要满足"庄家已经现形"的条件,这些条件包括巨大的主动成交单,比如,主动买盘成交量的积累要大于主动卖盘的成交量等条件。

(五)长期盘整的股票

盘整的长短以换手率来衡量更合理。因为盘整是一个消化前期结果的过程,时间并不能直接反映消化的程度，有些股票成交量很小，一年时间并没有多少成交量，原来的套牢盘还在套牢，根本没有被消化，而换手率则直接反映了交易的情况。可选的长期盘整的股票其换手率要在200%以上。

二、短线K线战法

（一）均线买点

1. 利用均线黏合形态买入

均线黏合就是指股票的中短期均线（一般至少3条，常用的是5日、10日和20日均线组合），在一个时间段内处于黏合的状态，其波动范围一般在2%以内，最多也不能超过5%。均线黏合形态一般都出现在庄家已经控盘的股票中，常常在股价已上涨了一定幅度并回落之后的横盘整理阶段出现。如图7-1所示。

均线黏合形态是比较可靠的股价企稳信号。该形态一旦突破，其升幅一般都很大。对短线投资者来说，在突破前及时买入，收益必将很大。

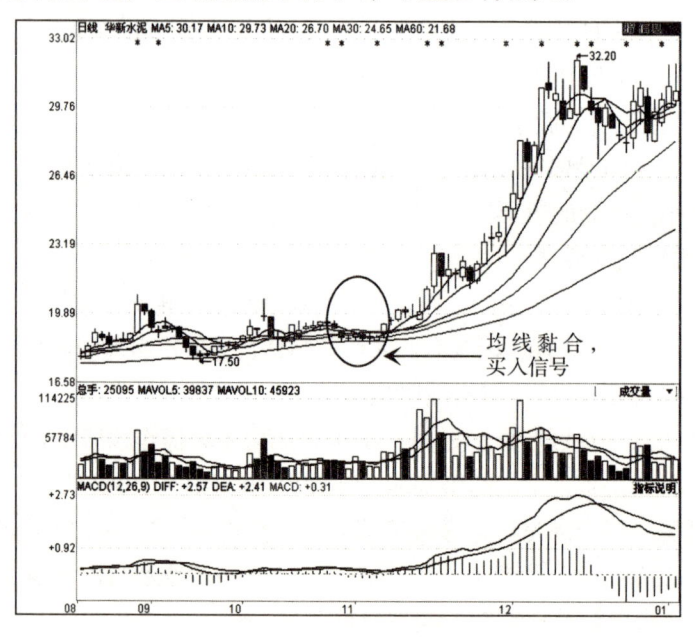

图7-1　均线黏合形态

均线黏合形态的最佳买入时机是突破横盘整理之后。突破往往有两种形式：一种是快速突破，一般都伴随大成交量，K线为长阳线；另一种是缓缓突破，用小阳线将底部慢慢抬高，此时5日均线应最先从黏合状态转向上移，然后10日均线也向上移动，与20日均线形成金叉。

买入后一般不要轻易抛出。因为该股既然横向整理时间长，洗盘效果肯定极佳，接下来很可能就是一路拉高，不再安排洗盘震仓。

2. 利用均线支撑买入

利用均线支撑买入的最佳时机，并不是在回调的最低点，而是确认股价再次向上之后。此时均线的支撑意义比较明确，股价得到均线支撑后一般都会连续上行。股价再次向上必须有成交量的配合，否则宁可先不介入。如图7-2所示。

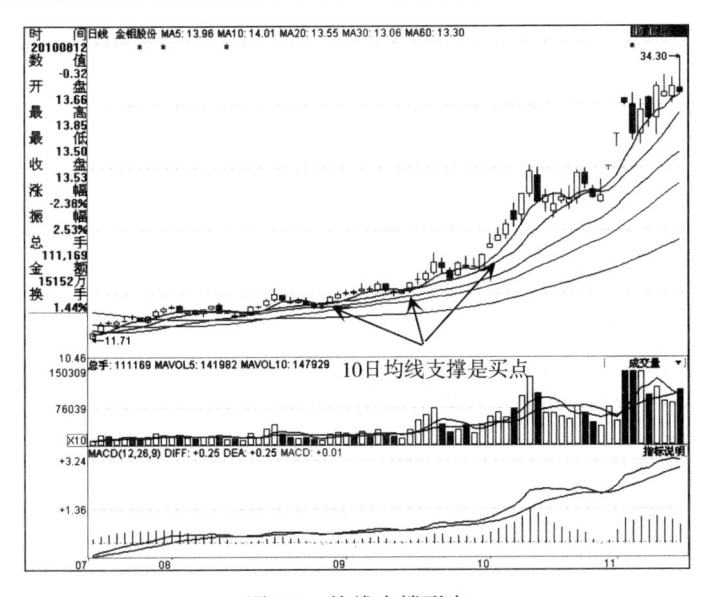

图7-2 均线支撑形态

股价从碰线到离线的这段时间内，K线图和成交量都不会有太大震幅，否则说明有不确定因素干扰，其洗盘的意义减弱，应暂缓买入。

股价再次上行的高度一般不少于股价在回调整理之前的上涨幅度，可按此标准设立卖出点。

（二）孕线买点

孕线也是由两条K线组合成的图形。第一条K线是长线，第二条K线为短线，第二条K线的最高价和最低价均不能超过第一条K线的最高价和最低价。这种前长后短的组合形态，形似怀孕之人，所以称为孕线。孕线孕育着希望，趋势随时都可能会反转向上。如图7-3所示。

处在双底走势的右底低点处的孕线是强烈的买入信号，短中线投资者均可在此建仓做多。如果高位出现孕线则是明显的见顶信号。

在实际运用孕线的过程中，一定要注意以下几点：

（1）左边的K线必须是实体阳线，可以带有上下影线，如果是光头光脚的中阳线或大阳线并伴随着成交量放出，可信度会更高。

（2）右边的K线实体可以是阳线也可以是阴线，但是绝对不可以超过左边阳线的K线实体。右边的K线也可以带有上下影线，但是影线越短越可信。

（3）低位出现的阳孕阴孕线，多为大底信号，孕线过后会出现一波中级以上的上涨行情，投资者应多加关注此处的孕线形态，一旦确认，就应该果断进场，以免错失良机。

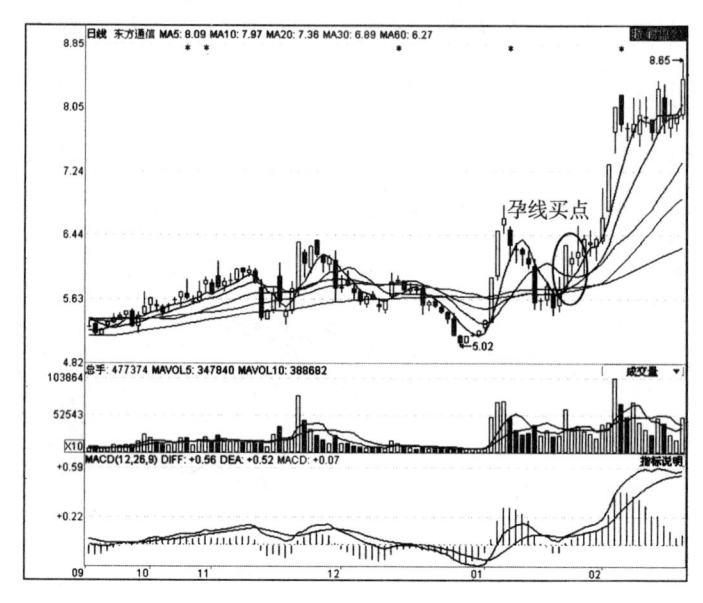

图7-3 孕线买点

（三）单阳不破

单阳不破具体的K线表现形态为：一根阳线出现后，其后6~7根K线横向盘整，并且所有低价都没有击穿该阳线的最低价，这就是单阳不破。如图7-4所示。

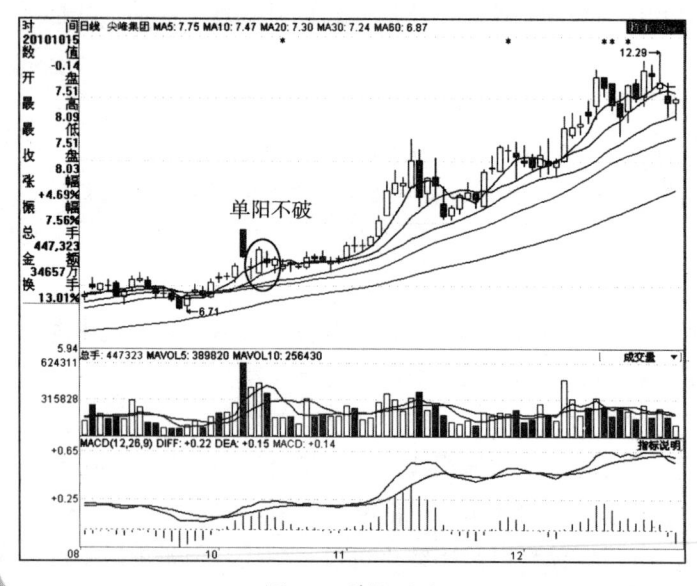

图7-4 单阳不破

单阳不破一旦有效形成，其调整时间通常不会超过8个交易日，股价运行到第6根K线时便会进入启动期，行情随时会拉升而起。单阳不破会形成最安全的买点，即一根阳线出现，其后6~7天调整未破其底部，说明市场内在上升力度强劲。即使走势失败，也能顺利出局，风险极小。

当30日均线拐头向下时，表明市场处于弱势阶段。在此阶段出现的单阳不破K线组合形态，往往被市场所左右，预期难涨，市场缺乏向上的动力，时间一过，跌势自然到来。当30日均线向上拐头并且持续向上延伸时，市场进入强势阶段。在此阶段出现单阳不破K线组合时，投资者完全可以根据以上方法捕获阶段升势。

（四）曙光初现

曙光初现的K线组合是由两根走势完全相反的较长的K线构成，第一根为阴线，第二根为阳线。第一根阴线向下跳空低开，第二根阳线的收盘价高于前一天的收盘价，并且深入第一根阴线的实体部分，几乎达到前一天阴线实体的一半左右的位置。如图7-5所示。

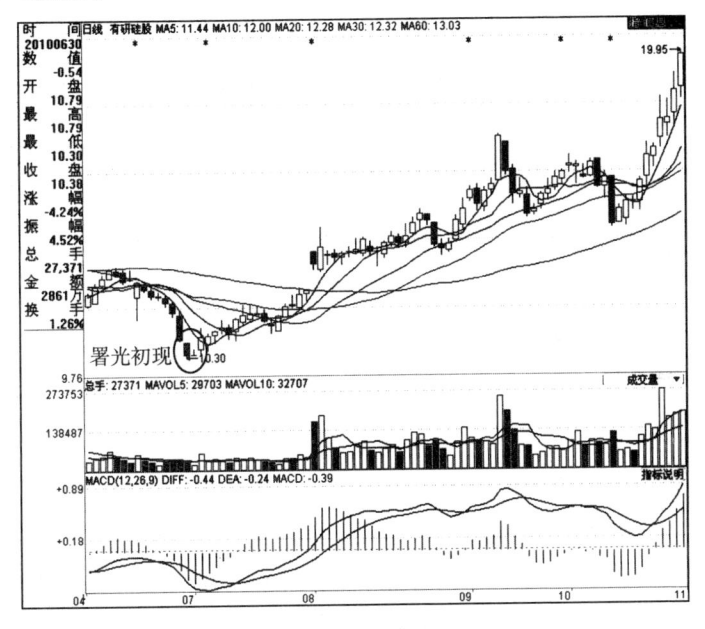

图7-5 曙光初现

形成这种K线组合形态的同时出现缩量，表示股价已经筑底成功。如果在弱市的下跌行情中，连续性的曙光初现K线组合往往预示着该股具有强烈的反转要求。

（五）单根长阳

单根长阳线（图7-6），在股市中一般意味着较强的多头含义，但事实上，就单根长阳线本身而言，并不能简单进行趋势判断，也不能作为买进的信号，它必须与以下一些信息条件结合起来进行判断：

（1）要有量能的确认。

（2）要与技术形态相结合。

（3）要有短期均线的助涨效应。

（4）如果单根长阳线伴随跳空缺口时，需要与基本面结合进行分析，判断基本面是否出现利好题材。

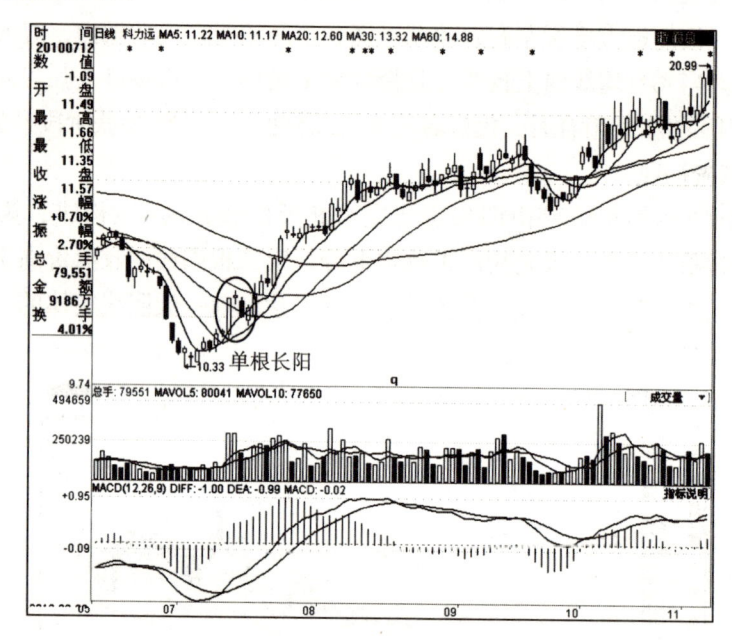

图7-6　单根长阳

三、短线分时技法

（一）高开

短线的上涨，尤其是一天走势的判断相对简单，投资者只要及时判断出市场中可影响股价走势的资金或筹码想要营造的气氛，就可以把握当天的走势。在分时走势中，开盘价最先会给投资者带来重要的心理影响。主力想要营造走势气氛，就会抓住第一时间让投资者感觉到股价当天的走势。

开盘价一般有三种情况，即高开、平开和低开。通常情况下，这三种方式代表了主力想要拉升、进行整理、想要打压的主基调，当然这三种可能完全可以出现相反的走势，因此，还需要对K线形态进行整体分析。正常情况下的分时走势，如果出现大幅度的高开，意味着市场主力想要快速推高股价引起投资者的关注。

股价高开时相应的成交量变化也是判断趋势的重要依据。刻意的高开必然伴随成交量的明显放大。通常情况下，量越大越表现出主力强烈的目的性，同时也反映出主力的信心不足，投资者可依此随时应变。

（二）成交量的异动

成交量是投资者看盘时最需要关注的技术指标。成交量代表了双层含义，直观地反映了买进和卖出力量的大小。但仅依靠成交量来分析股价走势，会对股价未来走势的预测出现认识上的偏差，因此在分析较异常的成交量变化时，一定要与分时走势的具体交易相结合，才会得出与事实接近的判断。

成交量的异动多指日交易量的突然放大，这时股价走势必然引起关注。一旦日成交量放大时，投资者首先要查看是否有供求关系的新变化；其次要观察是否有利好或利空消息出现，或者是否有人出局或者准备出局。一般这种股票短线走强的力度有限，这时肯定不是好的买点，但不一定要立刻卖出。

（三）该涨不涨

主力想出货，一方面要维持股价的盘面强势，另一方面又要尽最大可能派发筹码，拉升的时候就非常吃力。这样的作为就使股价的变动像在山坡上拉车，该涨不涨，形象地说就是磨磨蹭蹭地上涨。

该涨不涨的上涨是可怕的上涨，不可以轻易买入，追涨要追缩量的上涨无论如何，磨磨蹭蹭的上涨总是让人有所顾虑，按照经典投资理念的建议，这种股票宁可错过，也不参与。

（四）没有抛盘的拉升

拉升没有抛盘，这让人心生疑惑，但是在股价上涨过程中确实就有这种没有抛盘的拉升，仔细观察个股的分时走势，可以很清楚地看到这种好像不合理的现象存在。

在分时走势中，有时股价会突然大规模放量，急速上涨，在很短的时间里，对上方出现的有规则的均匀的大买单毫不犹豫地通吃，此时股价直线上升，回调时间短暂，甚至以盘代跌。其实这是主力希望市场投资者参与，吃掉的大笔卖单是自己的。

没有抛盘的拉升在股价分时走势中是广泛存在的，这种走势也会出现在长期低迷的盘局中，判断过程可能很复杂，但操作很简单，逆向考虑就可以得出结果。

四、短线精确买卖法

（一）开盘5分钟买卖法

投资者可以利用特定的早盘3个5分钟K线走势判断和预测全日走势的变化情况。5分钟的大盘走势主要有以下10种情况。

1. 瞬间高盘

这是指在当日9：35时指数以高盘开出，9：40和9：45时指数都比开盘价低的情况。

瞬间高盘表示高档卖出的压力不轻，当日下跌的可能性较高。但如果跌到低点后出现量大止跌的现象时，表示低档承接盘极强，一旦股价回升超过开盘价时，投资者应该买进。

2. 瞬间低盘

这是指在当日9：35时指数以低盘开出，9：40和9：45时的指数却比开盘价还高的情况。

瞬间低盘表示低档承接盘积极，当日上涨收阳的可能性极大。但如果成交量不能放大反而萎缩，走势出现后继乏力现象，一旦股价回跌，跌破瞬间低盘的开盘价时，投资者应及时卖出。

3. 震荡高盘

这是指当日9：35时指数以高盘开出，9：40时指数比开盘价高，但9：45时指数却比9：40时低的情况。

震荡高盘是多空力量平衡的整理盘。出现震荡高盘时，当日会有两个涨跌波段的差价幅度。因此，投资者可采取低买高卖的短线操作原则，以赚取市场差价。正常情况下，开出震荡高盘后的第一次上涨波段的高点附近是最理想的卖出点。

4. 震荡低盘

这是指当日在9：35时指数以低盘开出，9：40时指数比开盘点低，但9：45时指数却出现比9：40时高的情况。

震荡低盘为多空力量平衡的整理盘。出现震荡低盘时，当日会有两个以上涨跌波段的差价幅度，投资者可以采用高卖低买的短线操作原则来赚取市场差价。在正常情况下，开出震荡低盘之后，第一次下跌波段的第三波最低点或者第五波最低点附近是理想的买入点。

5. 创新高盘

这是指当日在9：35时指数不论是以高盘或低盘开出，还是以平盘开出，在9：45以前上涨已经超过前一日最高价的情况。

如果行情在下跌一段时间后出现创新高盘的走势时，那就代表买方较强，股价有望止跌上涨，投资者应及时买进。但要注意此时成交量应有效增加。如果成交量不能增加，则表明买盘乏力，还是要观望一段时间。

如果行情在上涨一段时间后出现创新高盘的走势时，代表买方气势仍然高涨，行情可能继续上涨。但还是要注意成交量的有效增加。如果行情是以创新高盘开出，但当日成交量一直未能有效放大，投资者就要注意收盘时极有可能出现尾盘杀跌的现象。

6. 创新低盘

这是指当日在9：35时指数不论是以高盘、低盘还是平盘开出，在9：45以前股价下跌已经超过前一日最低价的情况。

如果行情在已经持续上涨一段期间后出现创新低盘的走势时，代表卖方气势转强，股价可能会出现回调，投资者应立即卖出。但如果跌后企稳并上涨，超过前一日的收盘价，此时投资者应该买进。

7. 反向高盘

这是指前一日指数以中阴K线下跌收盘，但当日9：35时却跳空上涨，以高盘开出的情况。

前一日以中阴K线收盘，正常情况下当日应该以平盘或低盘开出，但却以高盘开出，代表买盘已经开始介入，投资者应逢低买进。

如果这种前一日以中阴K线收盘而当日以高盘开出的情况是出现在长期上涨的情况下，投资者应在反弹之后的高点卖出。

8. 反向低盘

这是指前一日指数以中阳K线上涨收盘，但当日9：35时却出现下跌，以低盘开出的情况。

前一日以中阳K线收盘，正常情况下当日应该以平盘或高盘开盘，但却以低盘开出，代表买盘乏力，投资者应该考虑卖出。这种反向低盘出现在长期下跌的情况下，投资者应该在低点加码买进。

9. 同向高盘

这是指前一日指数以中阳K线上涨收盘，当日9：35时指数仍出现继续上涨，向上跳空高开的情况。

正常情况下，这种连续大涨或前一日大涨后，当日再次出现跳空开盘的走势，由于股价上涨已久，容易引出获利了结盘。因此，除非有较大的利好刺激，否则投资者应逢高卖出。

10. 同向低盘

同向低盘是指前一日的指数是下跌收盘，当日9：35仍然下跌低开。

正常情况下，这种连续下跌或前一日下跌后，当日再出现跳空低开的走势，多意味着股价下跌已深，市场浮筹已清，卖盘暂减轻。因此，除非有较大利空的影响，否则投资者应考虑短线买进，赚取当日反弹差价。

（二）尾盘买卖法

投资者用尾市成交量与股价的变化关系来决定操盘策略，常能收到很好的效果。尾盘买卖法只适用于短线操作，此外投资者还应多参考K线和移动平均线的走势，才可避免失误。

尾盘买卖法有以下几种：

（1）如果某只股票在尾市成交量放大，股价也随着上升，那么它在后市往往会上涨，投资者可趁机介入，争取次日获利。但是必须是股价经过一段深跌后，出现"尾市放量，股价上升"这一形态才是短线买入信号，否则投资者应慎重对待。

（2）开盘后，股价一直处于盘跌的走势，但到了尾市时，成交量开始放大，股价跌势减缓，直到不再下跌，这表明有多头进场吸筹，后市往往会上涨。这时是短线投资者抢反弹的大好时机，短线投资者可在尾市收盘前介入，次日选择一高点卖出，从而获得差价收益。

（3）如果在收盘前半小时内，出现了成交量萎缩、股价下跌的走势，这说明多数人对后市缺乏信心，在卖出股票，这样的股票在后市往往会继续下跌，投资者不宜介入。

（4）有的股票在一天的交易时间里，一直处于下跌状态，但到尾市时，在成交量萎缩的情况下，股价却反常地突然拉起。表面看来，是止跌企稳的迹象，后市应看好，但实际上这种走势是价量背离走势，投资者应卖出股票。没有成交量的配合，股价却反常上涨，后市上涨的概率很小，而下跌的可能性却相当大。

（三）5日均线买卖法

5日均线买卖法，主要是指在股价高于5日均线过多，即"5日均线乖离率"太大时，应卖出股票；等股价回落且跌不破5日线，再次上行时，买入股票。5日均线对短线买卖股票很有意义。如图7-7所示。

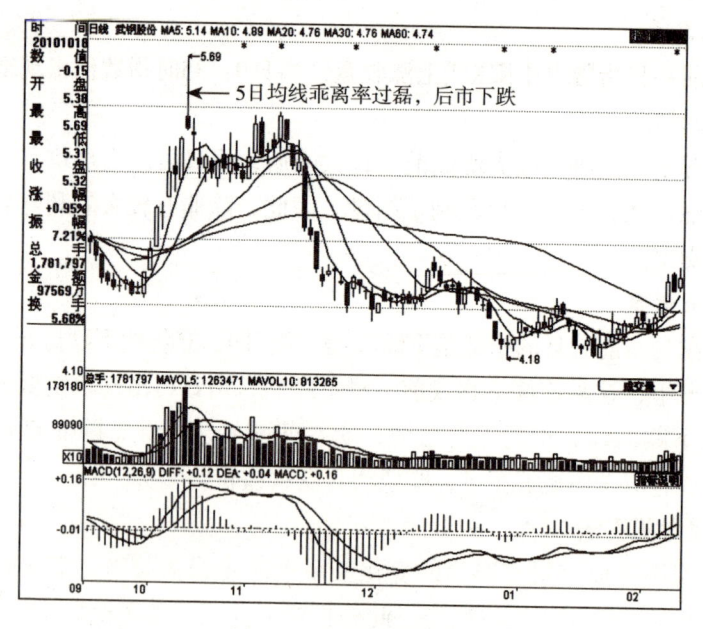

图7-7　5日均线买卖法

股价如果跌破5日线且反抽5日线不成功，投资者需要谨防追高被套，注意逢高卖出。若是熊市，股价如果升破5日线、反抽时跌不破5日线，或者反抽跌破5日线但又止住回升，需要谨防杀跌踏空，注意逢低买入。

股价如果有效跌破5日线，一般将跌向10日线或者20日线。如果跌到10日线或20日线企稳，股价再次上攻，则高位卖出的筹码，可以视情况短线回补，以免踏空。若是熊市，股价如果有效升上5日线，一般将向10日线、或者20日线方向上升。如果升到10日线、20日线附近受阻，股价再次展开下跌行情，则低位买进的筹码可以视情况短线卖出。

（四）短线天量买卖法

短线天量买卖法是短线投机者的股票买卖法则。这个法则的成功率在80%以上，买进3~5天、卖出差价5%以上可认为短线操作成功，很值得投资者借鉴。

短线天量买卖法的具体操作方法如下：

（1）选出近期成交量突然连续放大、日换手率10%以上、大幅上涨的个股进行观察。这个成交量是两个月以来的最大成交量，称为天量，其换手率在10%~25%之间。

（2）发现目标后不要急于介入，调出60分钟MACD跟踪观察。再强势的股票也会回档，为了避免在最高位套牢，宁可等到回档再买入。

（3）该股放出天量，短线冲高之后必有缩量回调，可盯住其二浪调整的结束点作为短线买入点。这个点位基本能够保证一买就涨，充分发挥短线效率。

（4）买进后立即享受三浪拉升的乐趣，一般会在2~3天超越一浪顶部。获利5%之上，或MACD红柱缩短则了结。一浪的高点可以作为止盈点。如出现重大意外情况，则以买入价为止损价，果断出局。

（五）回档期买卖法

股票在经过一段时间的连续攀升后，投资者最关心的就是回档问题。股票持有者希望能在回档之前卖掉股票，未买到者，则希望在股价回档后买回。因此，把握股票的回档期进行买卖，成为投资者盈利的一大绝招。

只有在回档空间不大的情况下，当不坚定者充分卖出之后，买盘逢低而入，股价才能再次获得上升的动力。

当股价回档在一定限度之内时，大众投资者的心态仍能保持逢低吸纳的状态。如果股价出现较大的跌幅，大众心态发生转变，大市即会见顶。因此，时刻保持清醒、冷静的心态看待股价的波动，有助于及时看到即将见顶的征兆，从而避开风险，保住盈利。

五、短线追涨技法

（一）追击涨停板

涨停板可以启动行情，也可以使几元钱的股票变为几十元甚至上百元，，还可以给捕捉到机会的投资者带来巨大的收益。追击涨停板是短线操作的重要绝招之一，投资者只要操作得当，就可获得丰厚的收益。

（1）判断和追击涨停股首先要研究集合竞价情况，如果一只股票在前一交易日是上涨走势，收盘时未成交的买单量很大，当日集合竞价时又跳空高走并且买单量也很大，那么这只股票承接前一日上升走势并发展为涨停的可能性极大；也可以依据当日竞价时的即时排行榜进行新的选择，以期捕捉到最具潜力的股票，获得比较满意的投资效果。

（2）还要分析其他因素，包括K线组合、上攻时的成交量和回落的幅度。

（3）要关注均线、箱体底部以及开盘价的支撑情况。

（4）还要留意公开的一些信息。

（5）捕捉涨停板不仅要综合研究这些信息及数据，还要结合大盘及板块的走势来具体分析。

（二）追突破

个股形成突破性走势后，往往意味着股价已经打开上行空间，在阻力大幅度减小的情况下，比较容易出现强劲上升的行情。因此，股价突破的位置往往正是最佳追涨的位置。

追突破可以选择以下六种个股：

（1）成功突破箱体的个股。

（2）成功突破长期下降趋势压力线的个股。

（3）成功突破套牢成交密集区的个股。

（4）成功突破长期盘整走势的个股。

（5）成功突破颈线位的个股。

（6）成功突破三角形的个股。

（三）追涨幅榜

追涨幅榜主要是在涨幅榜中选黑马，因为进入涨幅榜的个股，最终演变成持续上涨牛股的概率相对较大。

个股名列涨幅榜的外因主要是有利好消息的影响；内因则是该公司自身的基本面情况得到改善，也有可能是受到市场热点的波及，或是受到市场主流资金的关注，或是有大量资金流入。

个股进入涨幅榜后，最终演变成黑马股的概率相对较大。但是要准确地捕捉今后有可能上涨的个股还需要以下一些方法：

（1）分析涨幅榜上个股得以迅速上涨的原因。

（2）观察涨幅榜上个股是否属于当前热点。

（3）留意涨幅榜的个股是否曾有量能积聚过程。

六、短线抄底技法

（一）底部的形态

股票的大幅上扬是从底部开始的。所谓底部，当然得有一个筑底过程，筑底的目的是调整均线或者清洗筹码，只有当市场上该股的抛盘达到了极微的程度，或者因为消息导致市场人士对股市绝望而放弃，然后又有新生力量介入的时候，底部才有可能形成。

认识了底部的形态，才能把握最佳的买入时机。底部的形态主要有七种。

1. 平台底

平台底是股价在5日均线附近连续盘整三天，第一天收小阴线，第二天收小阳线或小阴线，第三天收小阳线，整体看三根K线是水平移动的。如图7-8所示。

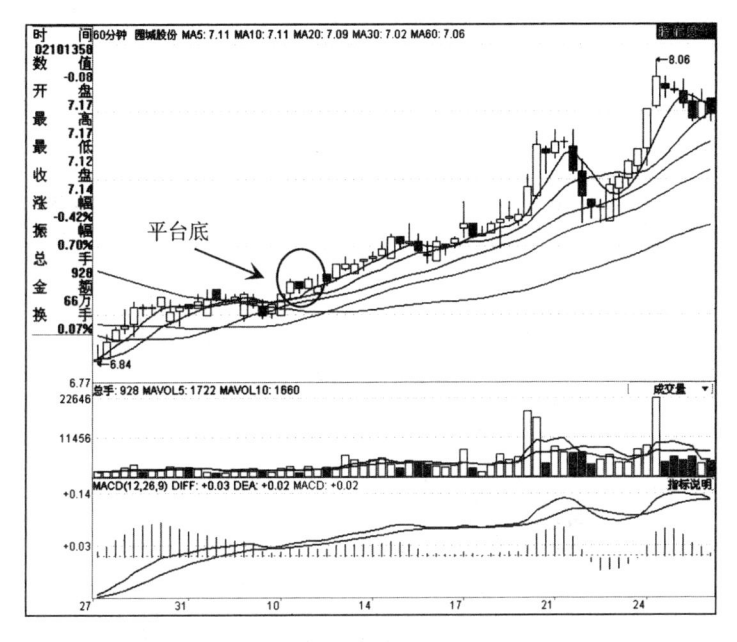

图7-8 平台底

2. 海底月

海底月的具体要求是第一天收中阴线或者大阴线，第二、第三天收上升形态的小阳或十字星，并且三天中有成交量趋势放大的迹象。出现这种情况可以认为是新一轮行情的旭日东升。如图7-9所示。

3. 阳夹阴

即两根阳线中间夹一根阴线，这种图形组合表明后市向好的机会较多。如图7-10所示。

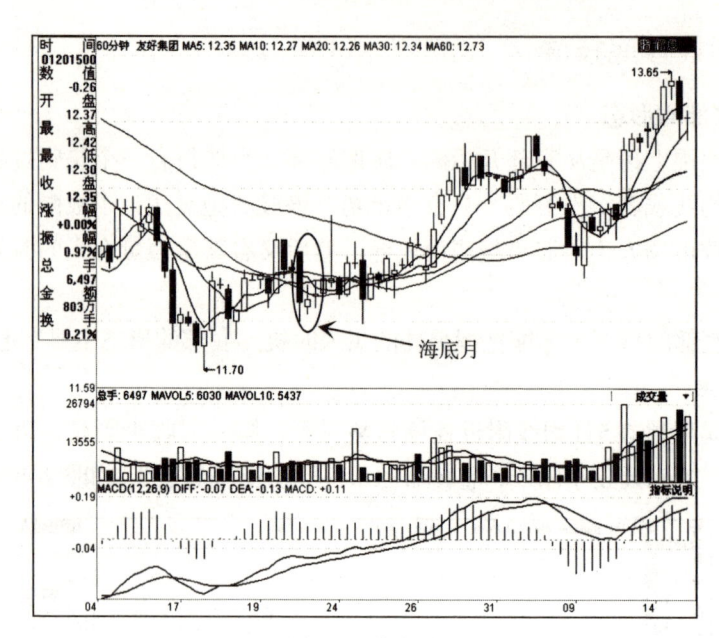

图7-9 海底月

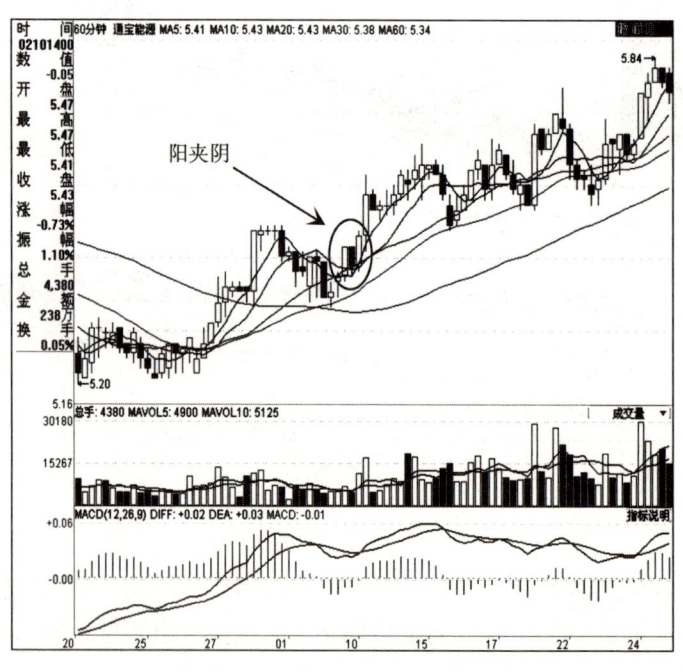

图7-10 阳夹阴

4. 均线星

在均线附近收出一根阴（或者阳）十字星，这是多空力量争夺平衡的一种表现。如图7-11所示。

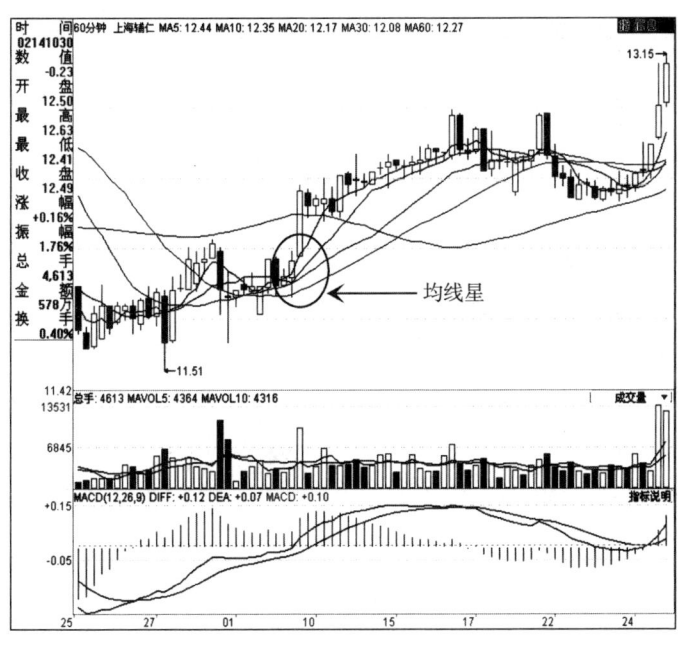

图7-11 均线星

5. 红三兵

在均线附近或者下方连续出现三根低开高收的小阳线，后市将看好。如图7-12所示。

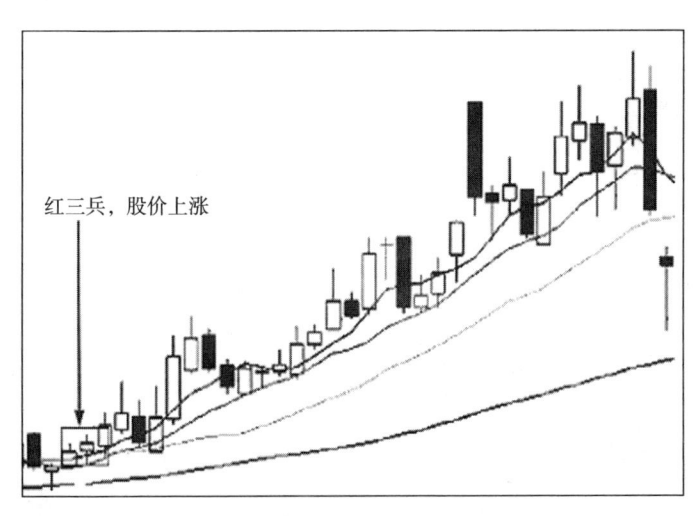

图7-12 红三兵

6. 探底线

当日开盘低开于均线的下方，而收盘收于均线的上方，表明后市看涨。如图7-13所示。

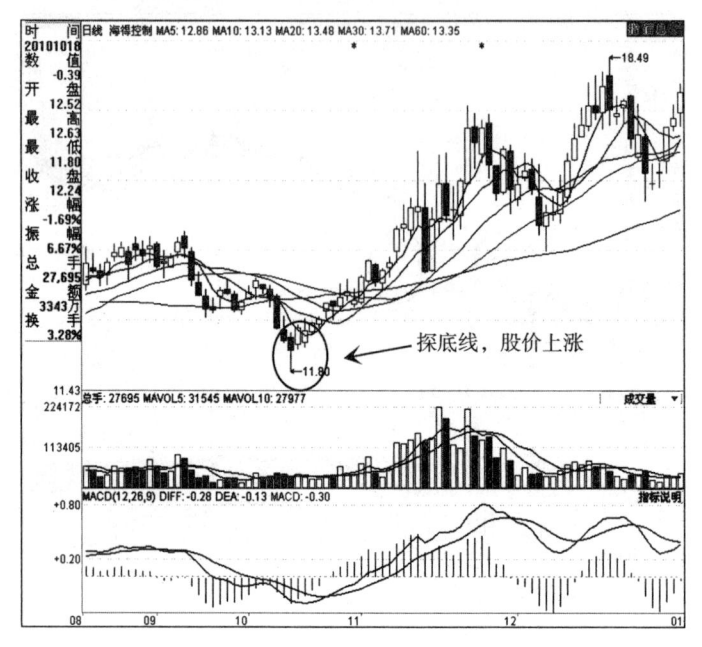

图7-13 探底线

7. 长尾线

当日开盘之后，出现持续下跌，随后被多头主力拉升，留下了一根长长的下影线，这是抢反弹资金介入的信号，只要第二天重拾上升走势，上升空间会很可观。如图7-14所示。

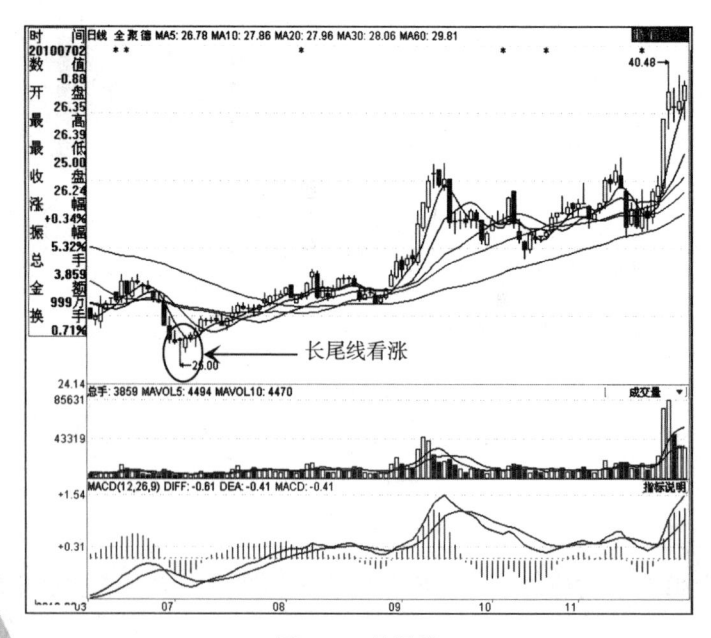

图7-14 长尾线

（二）如何判断底部

准确判断出市场底部的前提是要有几个量化指标，投资者需要通过这些量化指标来判断市场的底部。

投资者一般可以通过仔细观察和分析以下几种特征，来判断市场是否开始走出底部，一是有地量出现；二是两市场成交额连续三天持续放量；三是出现了两个热点板块；四是出现至少一只龙头股；五是周K线连续两周站稳5周均线。

投资者要将这些特征结合起来分析，不要遗漏任何一项。

（三）如何判断反弹时机

短线投资者要想最大限度地获利，不仅应该抓住牛市中的机会，下降中的反弹机会也应尽量把握。

（四）如何抓住转势点

反弹行情在带来利润的同时，也包含着一定风险，如果投资者能抓住转势点，就能获取短线收益。

当股市处在强劲反弹走势中，投资者要抓住转势点，就要选择有短线投机价值的股票，并且掌握抢反弹的买入和卖出技巧。

1. 选择具有短线投机价值的股票

有短线投机价值的股票有这样几种：

（1）跌市前的明星股。

（2）指标股。

（3）严重超跌的绩优股与新股。

（4）流通盘偏小、股性活跃的个股。

（5）新强势股。

不要选择具有投资价值但股性迟钝的蓝筹类个股或低价的大盘指标股，也不要选择成交量过于稀少的冷门股。

2. 抢反弹的买入技巧

投资者对于反弹行情不要盲目追涨，而要结合技术分析方法，运用BIAS和布林线指标的组合分析，把握个股进出时机。

当BIAS的三条均线全部小于0时，股价也已经触及BOLL的下轨线LB，布林线正处于不断收敛状态中。这时如果出现BIAS的短期均线上穿长期均线，并且成交量逐渐放大，投资者可以以积极择机买入。

3. 抢反弹的卖出技巧

投资者参与反弹行情不能要求一次性地追求过多的利润，而是要在有适当盈利的情况下，加快操作节奏，做到快进快出，适时地获利了结。

七、短线止损技法

（一）平衡点止损

平衡点止损是较为有效的止损技术之一，同时它使用起来比较简单，更容易被普通投资者和新手掌握。平衡点止损通常用于短线投机交易。

投资者在建仓后，可根据市场的活跃性、个人资金的损失承受能力或价格的阻力支持位情况，设立自己的原始止损位。原始止损位离自己的建仓价格的比率一般为5%~8%左右。

当股价向期望的方向移动后，应尽快将止损位移至建仓价格，这就是盈亏平衡点位置，即平衡点止损位。这时，就有效地保持零风险的情况。投资者可以在任何时候套现部分盈利或全部盈利；当止损出场时，最多在交易佣金和价格滑动方面有些微小的损失。

比如，投资者在20元买入中体产业（600158），原始止损位设立在18.6元，买入后股价若一路下跌，可在18.6元止损出场；若买入之后股价上扬，平衡点止损在20元附近，股票跌破即可清仓出场；若买入后价位继续上升，可即时调整止损位，如股价上升至24元，可将止损位调整为22元，价格升至26元，止损位也升至24元。

（二）K线止损

投资者避免套牢的唯一法宝就是割肉止损。一根K线止损法就是避免套牢的法宝。

一般来说，股市中真正的赢家不到10%，而这些赢家之所以赢的秘诀就是只要损失一根K线就立刻止损。也就是把进场K线的低点定位为止损点。

短线操作时，这根K线可能是盘中的5分钟线或是30分钟线，最长的就是日K线。

（三）7%~8%止损

在投资失误时，投资者一定要记得通过割肉止损把损失限定在较小的范围内这一方法，以免被深度套牢。

中小投资者一定要很明确每只股票的最大损失要限制在其初始投资额的7%~8%之内。因为如果你把限额定在7%或8%，平均受损总额会更少一些。

但这并不是说一定要等到每只股票损失达到7%或8%时才可以把它们卖出去。有时，如果感觉到整个股市指数处于卖出压力之下，或是所持的股票走势不对，在这种情况下，可以更早进行止损。止损点其实就是自己心理上可以接受的最大损失程度，在股市中最好的做法是只要感到形势不对或是觉得判断失误就应马上止损了结，不应抱有任何侥幸心理。

第四节 中线实战技法

中线是指对股票本身作了一番分析，对上市公司近期的表现有一定信心，并认为当时股票价格适中而买入，买入后静待升值，博取利润，一般持有几个月，甚至半年左右。

一、中线投资原则

（一）从大势出发

股市在各种经济运行因素的综合作用下，常常呈现出周期性变化，一般也要经历上升期、高涨期、下降期和停滞期，周而复始，循环往复。新股民进入到股市后，不要因为股票的一时涨跌，从而草率地进行买卖操作，应该从相当长的一段时期内观察股价的变化，分析未来股票的发展趋势，更要从股市的大势变化中作出进场、出场的判断。

从长远的角度而言，国内的证券市场刚刚起步，还处于大发展的初期，所以整体是向上发展的，具有不可逆性。虽然长期趋势的向上具有不可逆性，但并不是说其运行是直线的。实际上，证券市场的发展，是以波浪形的形态运行的，只是由于向上运行的比较多，向下运行的比较少，便形成了总体向上的总趋势。中国未来经济持续快速发展毋庸置疑，而证券市场，作为市场经济的晴雨表和重要组成部分，其发展应是向前的、不可逆的。

对于股市而言，只有把握住股市长期的走向，才能预见出未来股价的变化趋势。

（二）做旁观者

在股市中，仅凭自己的双眼看到的表面现象和个人的感觉买卖股票是靠不住的，要学会从旁观者的角度看股市，进行客观选股和理性操作。

新股民不能通过看名称来买股票，更不能迷信于吉利的数字；此外也不要凭个人喜好买股票，不要因为某一只股票赚了钱，就死守这只不放。

新股民也不能轻信小道消息，要向别人学习分析股票的方法，要以投资的心态去买卖股票，而不能以赌的心态去买卖股票。

炒股其实和下棋一样，当局者迷，旁观者清，以旁观者的姿态，与变幻莫测的股市保持适当的距离，反而能更准确地把握它。

(三)手中有股，心中无股

中线炒股还要有一个原则就是"手中有股，心中无股"。"手中有股"就是已经投身股市，而且买入股票，即要有好股、潜力的股、绩优股，股不在多，质量要好。"心中无股"也就是股市投资中的最高境界，不受手中股票的影响，不理会股价的短期涨跌，做到心中有数。

许多选择中长线的投资者捂着股票是很不容易的，但他们收益却并不比每天忙进忙出的人少。

新股民进行中线操作时，在实战中不能过度地关注所持股票的涨跌，不要放大利好和利空消息，也不要掺杂过多的个人感情色彩，从而影响到买卖时机的把握。所以，要做到"手中有股，心中无股"不容易，需要经验，更需要理智。

（四）把好资金关

进行股票投资的投资者在决定投资时必然碰到投资的资金数量问题。确定具体投入的资金数量时必须量力而行，即要以自己的资金状况确定资金的投入。除少数投资者外，绝大多数的股票投资者不能把股票投资作为一种专业，而是作为一种副业。明智的做法是把自己多余的资金用于股票投资，而不要把全部资金或绝大部分资金投资于股票，更不能靠借贷资金来进行股票的投资。

在考虑确定投资数量的同时，还必须以资金的可用期限来确定股票投资的操作周期。也就是说，要根据资金可以使用时间的长短来安排资金运用的时间。

投资者对于几个月内没有其他用途的资金可以用作中线投资，即将在今后几个月内没有确定用途的资金投资于股票市场进行买卖交易活动，以赚取价差的收益。中线投资的风险相对小些，在投资者需要资金用于其他用途时，也可以随时套现。中线投资最重要的是买卖时机的选择，要将买卖的时机把握得恰逢其时，就能达到投资获利的目的。进行中线投资不仅要了解该公司的经营状况和盈利水平，还要准确地分析掌握股票市场价格的中期走势。

二、中线选股技法

（一）中线选股的原则

1. 顺势而为

在国家大的政策面前，在股市大盘全面下跌的情况下，股民不要存在侥幸心理去抢反弹或选择买入，应该顺势而为清仓观望。如果股市大涨，则要顺势进入，中期持股。

2. 不可取的一些高价股

中线选股还有一个大忌，就是不能从短线日K线组合和短期技术指标中寻找中长线的黑马股。更不能去碰这几类高价股：

（1）股价不断上涨，连续的阳线，在K线图上，表现为一串红色的K线，短期看股价还有上涨趋势的股票。

（2）当前的市场热点，股价近期已经有较大涨幅，成交量开始萎缩，需要调整的股票。

（3）价格高，股价在50元以上，市盈率也很高，价格远远高于内在价值的股票。

中线炒股以选择价位较低的大盘股、慢牛股、蓝筹股等较为稳妥，这些股票上涨的惯性较大，维持其上涨趋势的时间也较长一些，这些股票也适宜中长线守仓。尤其是大盘蓝筹股经过第一波大的拉升后，会有调整，再出现的新一轮拉升行情容易把握，但获利的幅度要小一些，不过总体来看，风险较小，获利空间也大。

3. 全面分析

中线选股应该从以下六个方面考虑：K线形态、技术指标、相对价位、公司基本面、大盘走向和该股题材，进行全面分析。

（二）寻找潜力股

中线持股的选择方法主要根据以下四个方面挑选潜力股：

1. 是否为主力重仓

判断主力重仓主要看基金重仓持股中的新增品种与增持品种、个股十大股东的近期变化情况、在大盘K线两极区域产生的逆势放量K线与低位螺旋桨走势。

2. 是否为热点题材

主要题材包括重大社会事件，如世贸受惠题材、西部开发题材、整体上市题材；周边股市热点，如有色金属概念、生物基因题材、重组题材；中报、年报影响，如未分配利润高、募股资金产生效益、行业提价，等等。

3. 股票成长性如何

观察股票是否入选上市公司成长潜力50强，是否属于本行业的龙头企业，所属行业是否有良好的现金流入背景，是否有良好的在建与储存项目，是否是国家政策扶持企业。

4. 股本扩张能力如何

观察总流通盘子与流通盘子是否均较小，是否含有较高的未分配利润、资本公积金、净资产；是否有配送能力（不含B、H、N股），最好没有配送历史。

（三）把握重组股

重组股一直是股市的热点。对投资者而言，重组股历来都是黑马频出的牧场、黄金遍地的天堂，同时也有无数庄家设置的"陷阱"。关键在于如何把握，如何操作。

（1）把握重组股要寻找真正的重组股。真正的资产重组信息都能从公开渠道、公共媒体获得，如中国股市第一高价股中国船舶（600150），重组以后主营业务明确，成为行业龙头，业绩优良，是重组股的一个典型。

（2）把握重组股要注意对于股价极低、盘子不大的股票，如果有重组题材，可以信其有，但不可全信。

（3）对于股价已经炒高的重组股以及那些没有重组实质的股票不可介入。对于那些母公司将上市公司当"提款机"，将上市公司的血吸干后，又打起重组主意的股票要避开。

（四）寻找上扬板块

在我国内地股市中，根据板块联动效应也是不错的选股方法。板块有多种多样，有的按地域划分、有的按行业划分、有的按某一概念划分，具有相同属性的股票常常会出现较强的联动走势。如果该板块中有一只股票出现大幅拉升，该板块内的其他股票也会随机跟风上涨，而且如果该板块的龙头股能够持续走强，该板块将会成为市场的近期热点板块，引起投资者的关注，就会进一步吸引短线的跟风盘加入该板块，也会进一步促使该板块的联动走强，进一步上涨。

三、中线买入技法

（一）突破阻力区时

如果某只股票的股价一直在固定的区域内徘徊，多次冲击某一个价位，始终不能突破，这个价位区就成为股票上涨的阻力区。一旦股票放量上涨突破这一阻力区，股价随时将有大幅上涨的可能，一般涨幅都在30%以上。这种股票往往都是主力在其中运作了很长时间，这时可以迅速跟进做中短线投资。

这种股票往往在底部潜伏很长时间了，至于具体何时突破一般并没有先兆，投资者要密切注意该股的变化。

例如，百利电气（600468）在长达1年多的时间里，四次冲击13.30元阻力价位，在2014年9月19日终于冲开大堤，后仅1个多月就上涨了15%。如图7-15所示。

（二）整理洗盘时

每只股票的中级行情，一定要经过3～5浪的上升，没有一步上涨到位的股票。即使是特强的庄股，中间也一定有整理洗盘的阶段，而这恰恰就是股民买入的良机。股民根本不用担心错过了某只股票的买入机会，关键是如何准确判断真假突破和回调，以便在回调整理末期，及时买入。股价回调一段时间后，庄家进出曲线仍然为多头排列，这时该股在低位拉出较大的阳线，即可介入，如果是带量的中阳线，则是介入良机。

（三）随大盘走势

大盘未来变化趋势的真正动力，其实是来源于个股的多、空状态，所以大盘走势首先代表了市场的整体发展趋势；其次股市是很现实的，讲究因地制宜。

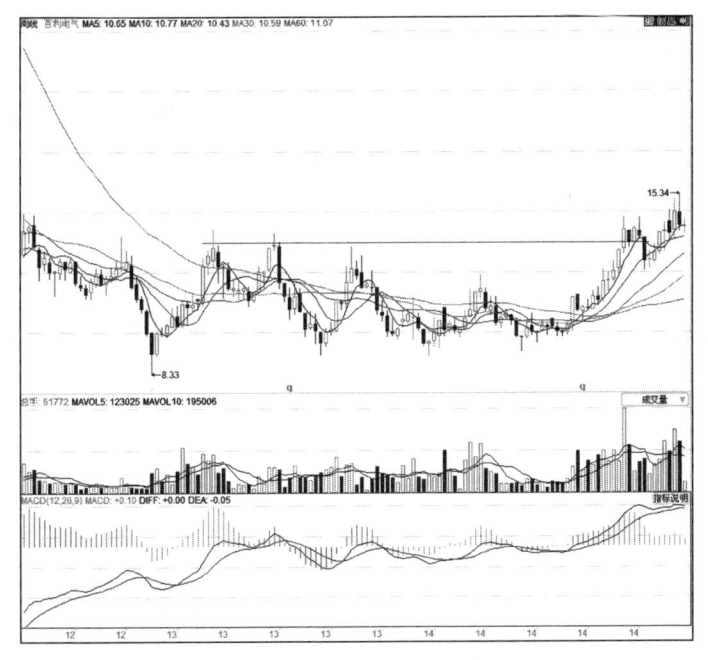

图7-15　百利电气周K线图

强市有强市的操作技巧，弱市有弱市的操作法则，只有对大势有了正确的认识和判断，才能制定一个适宜的个股战术。在大盘上升阶段，个股活跃，上涨股比例多，涨幅大，此阶段应该建仓买入股票，并一路持股。在大盘下跌时，股民则要多观望，多积累经验。

四、中线卖出技法

（一）卖出法则

股票卖出无非三种情况：盈利兑现、长期蜗牛、下跌破位。在股票卖出时股民必须克服贪婪和恐惧心理，应该以主动积极的心态卖出。

中线卖出有以下几大法则：

（1）手中股票持续上涨，必须不断设置止盈点，回调破位，立即出货。

（2）股票长期盘整，已经变蜗牛，出货兑现，保证有新生力量，寻找新机会。

（3）须设立止损点，下跌破位，立即出货，要有断臂求生的勇气。

（4）主力已经出货，不可心存侥幸，趁反弹快速出局。

（5）空转换，不可恋战，保存实力，待东山再起。

（6）热点退潮，所持该板块的股票必须兑现。

（7）领头羊调整或下跌，跟风买入的股票应出货观望。

（8）涨幅已经很高的股票，只要有一个条件发出确定的卖出信号，都应出货。

（二）见好就收

见好就收要根据股票的波动性而定。根据经验，长庄拉升股票的幅度平均在50%左右，短庄拉升股票的幅度平均在30%左右。做中线，见好就收，一般赚取25%的涨幅。也就是说，炒中线，不涨到25%不卖，涨到了25%就卖，就是说25%是中线的止盈点。

（三）把握卖点，坚决卖出

对于中线投资者而言，必须坚持"坚决卖出"的根本原则。

对于股价下跌来说，只要有一个条件成立，股价必然下跌，下面的情况只要有一个条件成立，就应立即卖出。

（1）要看股价的绝对价位。绝对价位高的股票即使调整非常充分，也有潜在的风险，要适时卖出。

（2）要把握成交量的变化。股价经过充分上涨之后，成交量的变化是判断主力采用何种方式派发离场的关键，从而来掌握卖点。

（3）要看股价是否向下突破。如果股价在高位缩量横盘整理多时后，突然放量向下突破，要当机立断卖出持股。

图7-16　天壕节能日K线图

（四）舍车保帅

大盘持续滞涨，且未有大涨迹象时，投资者面临最大的问题是对套牢的个股如何处理。

针对这个问题，投资者应对个股进行分类。碰到以下这三类股票就要及时割肉，舍车保帅出局，因为这些都是庄家已经出货或走势疲弱的股。

（1）不断创新低的次新股。

（2）已完成一轮炒作周期的个股。

（3）漫漫下跌途中的老庄股，如图7-16所示的天壕节能（300332）。

第五节　长线实战技法

长线投资是指对某只股票的未来发展前景看好，不在乎股价一时的升跌，在该只股票的股价进入历史相对低位时买入股票，作长期投资的准备。这个长期一般在半年到1年以上。

一、长线投资原则

并不是所有的个股都适合长线投资，长线投资也要有一些原则。

（一）精选个股

目前，我国股市有上千只个股可供选择，并不是每只个股均具有长线投资价值，一般来说，那些具有独特个性的个股均可做长线投资。股票的独特个性，包括该股具有独占资源、垄断性、独家技术、独特产品、独有政策优势、独有品牌、同类第一等特性。

（二）选一些次新股

进行长线投资时，也可选一些次新股，由于这些次新股上市后迟早会有一波行情，只要其品质尚可，投资次新股均会有一定的回报，且短时间不会有业绩担忧。

（三）大盘低迷时买进

在大盘低迷时，个股的价格均有不同程度的下挫，这样所买的价格就不会太高，以后即使下跌，空间也较有限。最好不要在大牛市时进行长线投资。

（四）中途不抛出

在进行长线投资时，中途不宜轻易抛出，除非其价位升得过高，且已获利不菲，可适当卖出。但卖出后，如遇低位重新补进相同数量的个股，可以获得两次利润。

（五）积极参与配股或新发股

在进行长线投资时，如遇该股进行配股或增发新股，均应积极参与，因为这些配送直接影响投资者长线投资的收益。

（六）用闲置资金购进

进行长线投资时，要用闲置资金，不要用自己日常生活资金或做生意的周转资金。一旦需要用到这些资金，就必须卖掉股票，这样会影响未来的投资收益。

二、长线如何选股

（一）如何选择有成长潜力的公司

选择有成长潜力的公司的个股，持有一段时间，就会获得比较好的收益，也不容易被套牢。

要判断一个上市公司是否有成长潜力，要从以下几个方面来考察：

（1）经营利润不断上升。

（2）总资产出现大幅增长。

（3）净资产值较高。

符合这三个条件的即可以算作是有潜力的上市公司了。

（二）如何选择成长性的公司

选择成长性的公司有以下一些标准：

（1）这家企业的产品或服务有充分的市场潜力，至少几年内营业额能大幅增长。

（2）企业管理层决心继续开发新的产品或工艺等，并将此决策作为企业新的增长点，以进一步提高总体销售水平。

（3）这家企业有高人一筹的销售团队。

（4）这家企业的劳资和人事关系好。

（5）企业管理层有足够的领导才能，并且诚信、正直。

（6）利润率高，有维持或改善公司利润率的举措。

（7）成本分析和会计记录做得好。

（8）这家企业在大多数领域都有自己的独特之处。

（9）这家企业有短期或长期的盈余展望。

（10）在可以预见的未来，这家企业会大量增发股票。

在牛市环境下，成长性企业主要包括与IT相关的科技产业、具有周期性成长的行业、消费、服务、环保、新能源行业等。

(三)如何寻找龙头股

龙头股对大盘走势起着举足轻重的作用,因其有主力的特别关注,往往风险小,涨幅大,是投资的上佳品种。

龙头股一般具有以下几个特征:

(1)龙头股具有一定的市场号召力和资金凝聚力,并且能有效激发和带动市场人气。

(2)龙头股行情具有向纵深发展的动能和可持续上涨的潜力。

(3)龙头股是一波上升行情里最先启动的股票。

(4)龙头股是一波上升行情里涨幅最大的股票。

(5)运作龙头股的主力资金实力非常雄厚,并且对政策面、消息面保持高度的敏感。

(6)龙头板块具有便于大规模主流资金进出的流通容量。

(7)龙头板块的持续时间长,不会过早地分化和频繁地切换。

寻找龙头股,首先,要寻找热点,每一轮行情中都有热点产生,龙头股与热点是息息相关的,市场热点是龙头股的诞生地,选股就要选主流热点的龙头。

其次,要做好准备,选择在未来行情中可能形成热点的板块,再从板块中精选出个股来跟踪观察。

最后,就是选准时机,买进龙头股最佳时机就是行情的启动阶段。这时龙头股最鲜明的特征就是涨得最早、涨得最快、涨幅最大。

(四)如何选择中小盘股

中小盘股在全流通背景下有做高市值的冲动,更容易出现资产注入与并购重组整合的题材,更可能出现高成长股,更有可能规避市场中长期的调整。

在选择中小盘股的时候,必须要立足于价值投资,重点关注成长性较好、公司业绩有较快增长潜力的中小盘股。此外,由于中小盘股有很多正处于成长期,经营风险和产品市场风险高于其他处于成熟期的企业,投资者要注意控制风险。

选中小盘股时不仅要注意个股的股本数量,还要注意该板块的整体股本数量大小。相对而言,整个板块股本数量小的中小盘股更容易受到市场资金的青睐。

投资者可重点关注两类中小盘股:

(1)未来成长点多的中小盘股。

(2)行业前景相对乐观,且未来行业发展势头相对明朗的个股。

(五)如何选择大盘股

大盘股,尤其是大盘蓝筹股也是不错的长线投资选择。一般说来,好的大盘股应该具备以下几方面的特征:

（1）行业处在景气周期内，并且还将持续一段时间。
（2）成交量萎缩到极点。
（3）绝对涨幅不大，少于50%。
（4）股价徘徊底部已经有相当长的时间，行业的低谷期即将结束。
（5）媒体开始大谈价值投资观念。
（6）短线升幅不大，且经过一定时间的调整。
（7）短线出现回调，产生难得的低位区。

三、把握最佳买点

（一）价格低于价值时

一般来说，长线持股，如果买价越低于股票的内在价值，就越安全，收益的可能性就越大。

能买到价格低于价值的股票的机会不多，价格低于价值的股票一般在以下两种情况下出现：

（1）在产业萧条、短期的突发事件、企业结构改变时，这时投资者易产生恐慌情绪，股价大幅下挫，会出现优质公司股票价格大打折扣的情况。

（2）在股市处于低迷的时候。

（二）把握趋势

在长线投资中，如果能够把握趋势，以较低的价格购买到满意的个股，就会有更大的盈利空间。

投资者要正确地认识趋势，无论是开盘价、最高价、最低价，甚至是收盘价，都仅仅是漫长的价格运动中的一个环节，而不是一个终点。某个价格可能是一个趋势的终点，但是不会是所有趋势的终点。只要市场存在，价格就永远掺杂在趋势中，是不断变化的。

趋势可分为简单趋势和复杂趋势，长线投资的买入点就是市场处于复杂上升趋势的过程中。也就是由两组或以上的逆向的K线组成，其中上升的K线组长度大于下跌的K线组。

（三）淡季入市

交易清淡的时期，多是股价走势的低潮阶段，买入时的股价低，日后收益的机会就大。

四、把握最佳卖点

（一）卖出的时机

长线投资要把握好卖点，一般来说，合适的卖出时机有以下几种：

（1）要看利润率。新股民的目的如果是既定的利润率，在市场给予的利润率达到一定的程度，短期内上升空间较小的时候，就该卖出手中的股票了。

（2）指定止盈、止损的计划。上涨20%就卖出了结，跌入成本价8%的时候则止损。

（3）看后市行情。在行情已经下跌，短期内的利好消息又不足时，就要割肉出仓，重新选股。

（4）要看高潮活动期。假如股价在一两周内（8~12天）急速拉升，成交活跃，通常称为"高潮活动期"，这时，可考虑卖出股票。

（二）把握基本面变化

长线投资主要考虑的因素是公司的投资价值，所以，根据公司基本面的变化把握最佳卖出时机尤为重要。

上市公司的经营状况是决定股票价值的重要因素。通过判断公司的基本面来把握卖出时机时需考虑以下几方面的内容：

1. 公司的发展前景

一般说来，如果发现该上市公司的经营状况不善，未来发展前景难以乐观时，长线投资者就不要留恋该股票，以及时脱手为宜。

2. 公司的盈利水平

如果该上市公司的盈利水平已有所降低，而且还有进一步下降的可能时，投资者不宜盲目持股。

3. 公司的财务报告

如果发现公司的财务状况不良，甚至一年不如一年时，为了避免不必要的风险，应及早卖出该上市公司的股票。

4. 公司的负债率

如果公司的流动资产和流动负债比例关系失调，即净流动资产逐年下降，且幅度较大而又没有正当的理由时，一般应该卖出股票。

5. 股息水平

如果一家上市公司的股息水平较低，甚至连续几年不支付股息时，一般应该卖出该家公司的股票。

第六节　跟庄实战技法

一、识别庄家

一般将具有一定资金或持仓量、并有能力在一段时间内控制股价走势的投资者或机构称为此类股票的庄家。高明的庄家在操盘的过程中往往会与散户的操作思路背道而驰。

在分析庄家操盘技巧之前，有必要先了解庄家的分类，因为不同类的庄家操盘手法是不同的。根据操作周期可分为短线庄、中线庄、长线庄；根据振幅的幅度大小可分为强庄和弱庄；根据股票走势和大盘的关系，可分为顺势庄、逆市庄；根据庄家坐盘顺利与否，可分为获利庄和被套庄。

庄家操盘一般会尽量隐蔽，但总会有一些蛛丝马迹可寻，只要对盘面上的一些现象进行细心的分析，就能发现庄家的痕迹。散户如果发现下面一些情况就要警惕。

（一）开盘异常

1. 瞬间大幅高开

开盘时以涨停或很大升幅高开，瞬间又回落。庄家这样做的目的有：

（1）庄家不想由于红盘而引起他人跟风，故做成阴线。

（2）这是吸筹的一种方式。

（3）通过试盘动作，试探上方抛盘是否沉重。

2. 瞬间大幅低开

开盘时以跌停或很大跌幅低开。主要目的也有三个：

（1）出货。

（2）为了收出大阳线，做出漂亮的图形。

（3）操盘手把筹码低价卖给自己或关联人。

（二）收盘异常

1. 收盘前瞬间拉高

在全日收盘前半分钟，突然出现一笔大买单，把股价拉得很高。这是由于庄家资金实力有限，这样既节约资金，又能使股价收盘收在较高位或突破具有强阻力的关键价位。

2. 收盘前瞬间下砸

在全日收盘前半分钟突然出现一笔大卖单把股价砸至很低位，其目的有三个：

（1）使日K线形成光脚大阴线、或十字星、或阴线等较"难看"的图形来震仓。

（2）使次日能够高开并大涨而跻身涨幅榜，吸引投资者的注意。

（3）操盘手把股票低价位卖给自己或关联人。

（三）盘中异常

1. 瞬间大幅拉高

盘中以涨停或很大升幅一笔拉高，瞬间又回落。这是一种试盘动作，试探上方抛盘是否沉重。

2. 瞬间大幅打压

盘中以跌停或很大跌幅一笔打低，瞬间又回升。庄家这样做有四个目的：

（1）试盘动作，试下方接盘的支撑力及市场关注度。

（2）操盘手把筹码低价卖给自己或关联人。

（3）做出长下影，使图形好看，吸引投资者。

（4）庄家资金不足，抛出部分后，用返回资金拉升。

二、参透坐庄过程

庄家的一个比较完整、标准的坐庄过程一般有建仓吸货、洗盘震仓、拉抬、整理、拔高、出货六个阶段。但不是所有庄股都做得这么清晰，庄家常常也省略其中的某些阶段，使操盘行为变得更为隐蔽。比如可以进货后直接拉抬，目标位一到就出货。中小投资者只要清楚了解庄家的一些操盘招数，就可以"与庄共舞"了。

（一）建仓吸货

庄家建仓吸货的方式和手法有很多：如打压吸货、底部温和吸货、次低位横盘吸货、震荡吸货和高位平台吸货等。

此阶段的特色是：由于庄家的资金都在十几亿以上，庄家买入股票的过程会比较长。

（二）洗盘震仓

庄家洗盘最主要的目的是提高市场平均持仓成本，把底部跟进的其他投资者清洗出局，换上另一批看多的散户。

洗盘的位置一般在庄家进货位上方不远，通常的形态是横盘震荡，但又跌不下去。也有些强悍的庄家喜欢采取狠砸猛打的方式洗盘，将股价打压到市场均价以下，并将所有传统技术指标做坏，这种洗盘方式对持股不坚定的散户投资者具有较大的杀伤力。

（三）拉抬

洗盘之后，庄家必然要做的就是拉抬股价，能拉到多高就拉到多高，然后在一个较高的价位套现出局。通常情况下，庄家拉抬股价都要借助一些朦胧利好，再加上个别股评人配合唱多，以减轻拉抬过程中的抛压，并逐步吸引跟风盘进场帮助庄家拉抬。

（四）整理

当庄家已将股价拉抬到一定的高度，庄家在此位置上停一下，让获利者在这个价位获利了结，换上另一批新多头，以有利于行情的继续上涨，这就是庄家在进行整理。整理就是另一类的横盘，在K线图上，这段整理通常表现为高位横盘的箱体，在箱底价位庄家常常会采取一些护盘的动作，不让股价跌下来。

（五）拔高

整理的目的就是为最后一次拔高做好准备，通常情况下，这次拔高庄家操盘会表现得相当疯狂，并以高风险、高收益为借口诱使短线投机客杀入。拔高的目的还在于为下一阶段的出货拉出价格上的空间。此阶段狂拉股价，给人以轰轰烈烈的感觉，以吸引跟风股民高位接盘。

（六）出货

出货是散户最难判断的一个环节，也是关系到庄家坐庄成败的一个关键环节。通常情况下，庄家出货都需要反复进行数次炒作，才能最终完成全仓出货。有的庄家进入派货阶段后，利用涨停吸引跟风盘。

庄家吸货建仓阶段，必定空头气氛弥漫，市场上不会有关该股的任何利好，时不时还会传来一些重大利空。在出货过程中，市场上就会有大量利好传闻，散户因此纷纷看好该股，结果庄家把希望留给了散户，把财富留给了自己。

三、识破庄家骗术

庄家在坐庄过程中为了吸货、出货从而获利，通常要抛出许多烟雾弹来迷惑散户。散户为了维护自己的利益，就要有能力识破庄家的骗术。

下面介绍一些庄家常用的骗术。

（一）吸筹

吸筹，第一靠时间，第二靠消息，第三靠手法。高价建仓的是大头庄家。

1. 靠时间

这主要涉及筹码流动理论。一个人买了股票刚刚套牢的时候，总是很难接受现实，更难割肉卖出，所以"振"也是白振。而时间一长，心理上的痛苦逐渐减弱，对于股价也逐渐接受，最后只要有一点很小的原因，就会卖出股票，这就是时间的威力。所以想做股票，第一件事就是要让股票在低位停留足够长的时间，高位的筹码自然就掉下来了。不管是谁接去的，只要给点小利润，自然就卖出来了。

2. 靠消息

消息分两种，一种是借题发挥，另一种是靠制造消息。后一种现在越来越盛行，而且多反映在业绩上。

消息主要来源是利空消息。如业绩亏损、诉讼事件、财务状况恶化、经营环境变坏、原材料涨价、自然灾害等，这些消息足以导致持股人果断减仓甚至恐慌性抛售，庄家便可顺利地在短时间内买到足够多的廉价筹码。这类利空消息的主要特点是突发性、公开性。有关消息往往有真有伪，特别是在业绩亏损、经营环境变坏方面容易形成庄家与上市公司联手造假的行为，如利润隐瞒、虚报亏损或者是夸大经营环境恶化的事实与程度等。

3. 靠手法

手法分中期形态、日K线组合和盘中运作。在中期形态上要制造下跌假突破，在合理的位置进行横盘"震仓"，并注意推高的时机。日K线组合上，要注意形态的多样性，振幅要适度，还要经常制造空头陷阱。盘中运作，不能给人以强势的印象，也不能一味横盘，要制造振幅，促进成交。如大卖单压盘、突然砸盘、尾市砸盘等。

（二）拉抬股价

庄家买足廉价底仓以后，进入拉升阶段。在此期间庄家往往需要借助外在的市场力量来实现其推高的意图，这是为了防止计划外随机增加的筹码太多以及随之而来的成本上升。

因而在这一阶段，传言一般会慢慢涌现。这一阶段，庄股最大特点就是朦胧性、易变性与黑箱性。

（三）出局

出局阶段到来，庄家往往会利用重大题材来出局。先以重磅炸弹的方式闪亮登场，随之而来的便是铺天盖地的宣传攻势，这类重大题材对投资者形成极为强大的冲击力，使相当多的人相信仍然存在巨大的上扬空间和成长潜力，而在已经高位的市场价位上买入。但是这类题材脱离了黑箱特点，正式出台时往往也是庄家货出完的信号。

（四）炒作绩优股

绩优股炒作的特点是庄家建仓难，但拉抬很容易，拉高后只要不主动砸盘，大势也没有出现暴跌，可以长时间在高位站稳，可以从容地出货。所以，炒作绩优股的主要难点是建仓。

市场对绩优股给出一个不合理的低价位，是市场犯了错误，庄家只要抓住这个错误，就可将其变成自己的收益。建仓过程就是抓住市场错误的过程，这是炒作成功与否的关键。

庄家一般的做法是隐蔽、长时间地吸筹，比较积极的做法是利用市场下跌时逆势吸筹，或主动打压制造恐慌性抛盘借机吸筹等。反正庄家要利用一切可能的办法在低位完成吸筹，完成了这一步，绩优股的炒作就完成了一大半。

只要在低位吸到了足够的筹码，绩优股以后的炒作是很简单的。庄家锁定筹码后，卖压减轻，盘子变轻，较容易拉抬。

绩优股的出货动作只要不太快，是不会引起暴跌的，庄家一般没必要牺牲空间砸盘出货，典型的出货手法是缓慢而平稳地出货。

四、掌握主力动向

（一）关注买卖盘

探寻主力动向的方法很多，关注个股交易的买卖盘就可以观察到主力的动向。具体操作中就是观察一只股票委托买入的价格、数量及委托卖出的价格、数量的情况。

目前，投资者使用的交易系统可以为投资者提供三档的买卖盘情况，即个股当时走势中买一、买二、买三对卖一、卖二、卖三。这种买卖盘是个股庄家的"发言"场所，其动向在这里经常暴露。

（1）当某只股票长期在低迷状况中运行，某日股价有所启动，而在卖盘上挂出巨大抛单（每笔经常几百、几千手），买单则比较少，此时如果有资金进场将挂在卖档的压单全部吃掉，可视为是主力建仓动作。投资者要注意，如果想介入，千万不要跟风追买卖盘，可待到大抛单不见了，股价在盘中回调时再介入，避免当日追高被套。

（2）当某只股票在某日正常平稳的运行之中，股价突然被盘中出现的几千手的大抛单砸至跌停板或跌停板附近，随后又被快速拉起。或者股价被盘中突然出现的几千手的大买单拉升然后又快速归位，出现这些情况则表明有主力在其中试盘。主力向下砸盘，是在试探基础的牢固程度，然后决定是否拉升。该股如果在一段时期内总收下影线，则主力向上拉升的可能性大，反之主力出逃的可能性大。

（3）某只个股经过连续下跌，出现了经常性的护盘动作，在买档常见大手笔买单挂出，这是绝对的护盘动作，但这不意味着该股后市止跌了。如果处于弱市中，股价护是护不住的，"最好的防守是进攻"，主力护盘，证明其实力欠缺，否则可以推升股价，此时，该股股价往往还有下降空间。但投资者可留意该股，因为该股"套住了庄家"，一旦市场转强，这种股票往往一鸣惊人。

（二）关注内外盘

投资者通过外盘、内盘数量的大小和比例，通常能发现主动性的买盘多还是主动性的抛盘多，并在很多时候可以发现庄家动向，这是一个较有效的短线指标。

在使用外盘和内盘时，要注意结合股价在低位、中位和高位的成交情况以及该股的总成交量情况。

庄家一般会利用外盘、内盘的数量来欺骗散户。在大量的实践中，如果出现下面的情况，散户就要开始注意了。

（1）当股价经过了较长时间的下跌，处于较低价位，成交量极度萎缩后，成交量温和放量，当日外盘数量大于内盘数量，这时股价上涨的情况比较可靠。

（2）当股价经过了较长时间的数浪上涨后，处于较高价位，成交量巨大，但是不再继续增加，当日内盘数量大于外盘数量，股价将可能下跌。

（3）在股价阴跌过程中，如果发现外盘大、内盘小，股价不一定会上涨。

（4）在股价上涨过程中，如果发现内盘大、外盘小，股价不一定会下跌。

（5）股价已上涨了较大的幅度，如果某日外盘大量增加，股价却不涨，这时投资者要警惕庄家制造假象，准备出货。

（6）股价已下跌了较大的幅度，如果某日内盘大量增加，股价却不跌，投资者要警惕庄家制造假象，这是假打压真吃货。

（7）在股价已被打压到较低价位，在卖一、卖二、卖三、卖四、卖五都挂有巨量抛单，使投资者认为抛压很大，赶在买一的价位提前卖出股票。这实际上是庄家在暗中吸货。

（8）在股价上升至较高位置，在买一、买二、买三、买四、买五都挂有巨量买单，使投资者认为行情还要继续发展，纷纷以卖一价格买入股票。这其实是庄家在悄悄出货。

（三）判断主力建仓

盘口信息是研判主力控盘程度的重要渠道。主力建仓完成与否，有时甚至仅通过盘口信息即可判断。

1. 拉升时挂大卖盘

一只股票一旦拉升时，立即出现较大的卖盘，有时甚至是先挂出卖盘，而后才出现上涨。出现这种信息，如果卖盘不能被吃掉，一般说明主力吸筹不足，或者不想发动行情；如果卖盘被逐渐吃掉，且上攻的速度不是很快，多半说明主力已经相对控盘，又不想再吃进更多的筹码，拉升的速度慢些，希望散户帮助吃掉一些筹码。

2. 下跌时没有大承接盘

如果主力建仓不足，在洗盘时，不希望损失更多的筹码，因而下跌时低位会有一定的承接盘，自己卖给自己，有时甚至是先挂出接盘，再出现下跌。而在主力已经控制了较多筹码的股票中，下跌时卖盘是真实的，低位不会主动挂出大的承接盘，目的是减仓，以便为下一波拉升作准备。

3. 即时走势的自然流畅程度

主力机构介入程度不高的股票，上涨时显得十分滞重，市场抛压较大。主力相对控盘的股票，其走势是比较流畅自然的，成交也较活跃，盘口信息显示，多方起着主导作用。在完全控盘的股票中，股价涨跌则不自然，平时买卖盘较小，成交稀疏，上涨或下跌时才有意挂出单子，明显给人以被控制的感觉。

4. 大阳线次日的股价表现

这个盘口信息在研判中的作用也不可小视。一只没有控盘的股票，大阳线过后，第二天一般都会成交踊跃，股价上蹿下跳，说明多空分歧较大，买卖真实自然，主力会借机吸筹或派发。而如果在大阳线过后，次日即成交清淡，波澜不惊，多半说明已被控盘，主力既无意派发，也无意吸筹。

（四）判断主力出货

为了能在主力撤出之时或是撤出之前卖出，投资者有必要了解其出货时的一些常见征兆。

1. 股价在高位运行

任何主力资金都是需要兑现利润的，获利空间的大小将直接影响到主力资金的出货决心。股价在高位，主力随时有选择出货的条件。

2. 成交量放大

为了判断主力是否有出货的量能，必须参考成交量，这是最重要的判断标准。如果在上冲过程中量能放得过大过快，就要当心主力出货。不管在什么情况下，只要是放量不涨，就基本确认有部分资金在出逃。

3. 该涨不涨

在形态、技术、基本面都提示要上涨的情况下，股价却不涨，这是主力资金要出货的前兆。还有的是公布了预期的利好消息，基本面要求上涨，但股价不涨，也是出货的前兆。

4. 一致看多

投资者一致看多的时候，往往是主力资金出货的最佳时机。这时投资者需要考虑及时获利卖出。

五、跟庄时机与技巧

（一）跟庄进出

1. 跟庄买入

庄家坐庄，必须在某一相对的低价区域暗中吸纳足够的筹码，若能及时发现庄家的动向，及时在庄家刚开始收集筹码时果断跟进，那么投资者的持股成本与庄家相差无几，风险就不大，因为通常庄家必须将股票价位抬到一定高度，引诱人们跟风,才会悄悄派发,获利了结。一般而言,根据盘口成交量和股价的变化,通过横向和纵向的比较,也可捕捉庄家动向并适时跟进。

2. 跟庄卖出

散户如果了解庄家出货的具体方式,就能够比较轻松地获利。以下几种是目前庄家较为流行的出货方式。

(1)无论大盘走势如何,个股独立地构筑漂亮的上升通道,忽然有一天股价大幅跳水,之后的跌势就一发而不可收。此种出货方式切记不要误认为是庄家的洗盘操作,应急速离场。

(2)先制造向上突破假象,然后再放量下跌。投资者应关注实时买卖盘的变化以揭穿庄家自拉自唱的把戏。

(3)对于通过高额配送进行脱身的庄家,利用配送留下巨大的除权缺口及除权后较低的市价优势,往往会顺势做填权行情。通常在除权前先价涨量增,制造抢权的假象,除权之后的几天再做填权之势,一旦跟风买入的人增多,主力便会借机出逃。

(二)如何跟短、中、长线庄家

1. 跟短线庄家

短线庄家一般对长期走势信心不足,收集筹码相对较少,通常为流通股的10%左右,收集时间短,1~2天就收集完毕;完全以技术面为依据,选股侧重猛拉,大量突破颈线压力,深跌后反弹。一般这种庄股升幅有限,一般只有10%~20%。短线庄家出货速度也快,绝不打持久战。

一般来说,散户跟短线庄比较难,在跟庄时期望值不要太高,得到5%~10%的升幅就得快速离场。

2. 跟中线庄家

中线庄家炒作时,因为收集筹码较多,动用资金往往以数千万元计,所以收集筹码的时间比较长。中线庄股升幅可观,一般可达到50%以上。这是因为中线庄家吸筹较多,必须有较大升幅,才能保证出货时价格下跌后还能有相当的盈利。

中线庄家炒作时往往采取波段式操作,因为要有较大升幅,因而每拉升一段要充分洗盘,让散户手中的部分筹码换手。

此外,中线操作必须有一个良好的炒作题材,以便庄家拉抬时有借口,比如业绩题材、送配股题材、并购题材、资产重组题材等。

中线庄股出货时间较长。由于手中筹码多,因此,庄家不但高位派发,中位甚至低位也仍然派发。

跟中线庄家期望值要高些,但要经得住庄家洗盘,不计小的得失,持筹成本低,则只管放得久一些;观察到庄家开发派发,即使跌幅较大,也不要接货,因为庄家的派发很可能还可以往下继续一段时间，等达到自己预期的利润以后再抛出。

3. 跟长线庄家

长线庄家一般选择业绩有很大改观的或业绩连续几年大幅增长的股票，在吸纳筹码时耗时较长，往往采取台阶式收集方式。由于在选股时往往是在经济周期的底部附近，又有股票业绩作支撑，因此股价形成较长时间的上升趋势，并且涨幅惊人。

跟此类庄家，不要为小幅升跌而患得患失，不要太过于留意中途的波折，唯有当经济周期高峰到来，股市狂热得丧失理智时，庄家才会抛出手中所持有的股票，散户此时也已获利颇丰，理应跟庄出货。

【新股民寄语】

炒股是需要有技巧的，尤其是短线炒股，由于好时机稍纵即逝，特别需要有火眼金睛。但是真正的火眼金睛是需要慢慢积累经验的。新股民首先要根据自己的资金实力选择短线、中线或长线炒股决策，然后挑选几只合适的股票，多下工夫研究这些股票的以往数据，认真分析它们的走势，最后选准时机介入。

第八章
其他投资方式

第一节 创业板投资

一、什么是创业板

创业板又称二板市场，即第二股票交易市场，是指主板之外的专为暂时无法上市的中小企业和新兴公司提供融资途径和成长空间的证券交易市场，是对主板市场的有效补充，在资本市场中占据着重要的位置。

创业板是地位次于主板市场的二板证券市场，在我国特指深圳交易所的创业板。创业板在上市门槛、监管制度、信息披露、交易者条件、投资风险等方面和主板市场有较大区别。设立专门的创业板主要是为了扶持中小企业尤其是高成长性企业，为风险投资和创投企业建立正常的退出机制，为自主创新国家战略提供服务。

目前，大多数新兴的中小企业，具有较好的成长性，但往往成立时间较短、规模较小、业绩也不突出。这些企业大多不容易得到银行的贷款，但是又需要有一个资金平台来支持企业的发展，创业板的设立可以为这些新兴中小企业的发展提供多层次的融资环境。

二、创业板的特点

创业板独立于主板之外，其特点也不同于主板。创业板有以下一些特点：

（一）准入门槛低

创业板市场最大的特点就是"低门槛进入，严要求运作"，有助于有潜力的中小企业获得融资机会。

（二）高风险

创业板存在规模较小、业绩不确定性大、经营风险高、市场估值难、估值结果稳定性差等特点，而且较大数量的股票买卖行为有可能诱发股价出现大幅波动，给创业板投资者带来很高的风险。

（三）高收益

由于创业板属于企业中的新鲜血液，如果所投资的企业运作良好，投资者会取得比较诱人的收益。

三、创业板的交易规则

在创业板市场交易的证券品种包括股票、投资基金、债券（含企业债券、公司债券、可转换公司债券、金融债券及政府债券等）、债券回购以及经中国证券监督管理委员会批准可在创业板市场交易的其他交易品种。

创业板买卖规则有以下几点：

（1）创业板股票的交易单位为"股"，投资基金的交易单位为"份"。申报买入证券，数量应当为100股（份）或其整数倍。不足100股（份）的证券，可以一次性申报卖出。

（2）报价单位为"每股（份）价格"。"每股（份）价格"的最小变动单位为0.01元。

（3）实行价格涨跌幅限制，涨跌幅限制比例为±10%。涨跌幅的价格计算公式为：

$$涨跌幅限制价格 = (1 \pm 涨跌幅比例) \times 前一交易日收盘价$$

计算结果四舍五入至0.01元。证券上市首日不设涨跌幅限制。

四、创业板与主板的上市条件对比

（一）主体资格

1. 创业板

依法设立且持续经营3年以上的股份有限公司，定位服务成长性创业企业；支持有自主创新的企业。

2. 主板

依法设立且合法存续的股份有限公司。

（二）股本要求

1. 创业板

发行前净资产不少于2000万元，发行后的股本总额不少于3000万元。

2. 主板

发行前股本总额不少于3000万元，发行后不少于5000万元。

（三）盈利要求

1. 创业板

以下条件满足其一即可：

（1）最近两年连续盈利，最近两年净利润累计不少于1000万元，且持续增长；或者最近一年盈利，且净利润不少于500万元，最近一年营业收入不少于5000万元，最近两年营业收入增长率均不低于30%。

（2）净利润以扣除非经常性损益前后低者为计算依据。

2. 主板

需要同时满足以下几点：

（1）最近3个会计年度净利润均为正数且累计超过3000万元，净利润以扣除非经常性损益前后较低者为计算依据。

（2）最近3个会计年度经营活动产生的现金流量净额累计超过5000万元；或者最近3个会计年度营业收入累计超过3亿元。

（3）最近一期不存在未弥补亏损。

（四）资产要求

1. 创业板

最近一期末净资产不少于2000万元。

2. 主板

最近一期末无形资产（扣除土地使用权、水面养殖权和采矿权等后）占净资产的比例不高于20%。

（五）主营业务要求

1. 创业板

发行人应当主营一种业务，且最近两年内未发生变更。

2. 主板

最近3年内主营业务没有发生重大变化。

（六）董事及管理层

1. 创业板

发行人最近两年内主营业务和董事、高级管理人员均未发生重大变化，实际控制人未发生变更。高级管理人员最近3年内不能受到中国证监会行政处罚，或者最近1年内不能受到证券交易所公开谴责。

2. 主板

发行人最近3年内董事、高级管理人员没有发生重大变化，实际控制人未发生变更。最近36个月内高级管理人员不能受到中国证监会行政处罚，或者最近12个月内不能受到证券交易所公开谴责。

（七）同业竞争与关联交易

1. 创业板

发行人的业务与控股股东、实际控制人及其控制的其他企业间不存在同业竞争以及影响独立性或者显失公允的关联交易。

2. 主板

除创业板标准外，还需募集投资项目实施后，不会产生同业竞争或者对发行人的独立性产生不利影响。

五、创业板停牌制度

创业板停牌制度相对主板停牌制度有三方面的改进：

（1）披露年度报告、业绩预告等重大事项不实行1小时例行停牌。

（2）出现异常情况，如预计重大事项策划阶段不能保密、市场有传闻且出现股价异动的情况等，公司可主动提出停牌申请或由深交所直接实施盘中停牌。

（3）要求长期停牌公司每5个交易日必须披露停牌原因及相应进展情况。

六、申请开通创业板交易

创业板的开户手续和程序与主板基本一致，只要股民开立了深市A股账户，按规定办理有关手续后，就能申请参与创业板股票交易。

（1）新股民应尽可能了解创业板的特点、风险，客观评估自身的风险承受能力，审慎决定是否申请开通创业板市场交易。因为与主板市场相比，创业板企业规模较小，经营业绩不够稳定，在退市制度方面也有差异，投资风险相对较高。新股民需要熟悉创业板的相关规定及规则，同时具备相应的承受能力。

（2）新股民可以通过网上或到证券公司营业场所现场提出开通创业板市场交易的申请。

（3）新股民在提出开通申请后，应向证券公司提供本人身份、财产与收入状况、风险偏好等基本信息。证券公司将据此对新股民的风险承担能力进行测评，并将测评结果告知新股民，作为新股民判断自身是否适合参与创业板交易的参考。如果风险承受能力较弱，新股民应审慎考虑是否参与创业板交易。

（4）具备两年交易经验的投资者在证券公司经办人员的见证下，需按照要求到证券公司的营业部现场签署风险揭示书，未具备两年交易经验的新股民还应抄录"特别声明"。证券公司将依据中登公司提供的数据对投资者的首次股票交易日期进行查询，并根据查询结果对投资者的交易经验进行认定。

证券公司完成相关核查程序后，在规定时间内为投资者开通创业板市场交易。

创业板股票买卖的交易费用与深交所主板、中小板股票大致相同。

七、创业板的投资策略

基于创业板市场高收益、高风险特征，无论是机构投资者还是个人投资者，在入市前都应该制定可行的投资策略，防范和化解风险。根据创业板市场的基本情况以及境外市场的经验，在实际投资时，建议可采取以下策略防范和化解风险。

（一）了解企业的创新程度

创业板市场主要吸纳创新企业上市，股民要了解投资目标公司的产业创新程度，分析上市公司是否符合国家产业结构优化或升级。

分析产业创新的程度可以有五个方面：

（1）是否能为现有产品寻找新的客户，扩大客户群。

（2）是否能通过技术创新来改变产业生产流程。

（3）是否能开辟新的供货渠道。

（4）是否能在原产业内通过技术创新开发出新产品。

（5）是否能开发全新的产业。

（二）评估投资品种价值

创业板市场股票投资的一个核心问题是确定股价。传统的定价模型主要依据每股盈利乘以市盈率确定，但对于在创业板市场上市的公司则过于简单化。

评估创业板市场股票价值主要从以下几个因素来考虑：

（1）公司未来盈利预期。

（2）行业平均市盈率。

（3）发起人商誉。

（4）保荐人商誉。

（5）股本结构。

（6）公司竞争力评估等。

股民应从以上几个方面综合考量创业板股票的价值。

（三）分配投资比例

创业板市场的投资是高风险、高收益的，股民应综合考虑自身的风险承受能力以及主板与创业板两个市场的规模对比，分配在两个市场间投资的基本比例。在一定时期内，由于资金的跨市场流动，有可能使两个市场产生此消彼长的效应，可以考虑适当调整投资比例，分散投资风险。

（四）进行长期投资

由于创业板上市公司的发展前景仍存在变数，在一般情况下，短线投资数次成功所带来的收益，有可能因一次失手而本利无归。所以长期投资收益，是创业板市场最大的盈利机会。长期投资必须建立在相当高的专业水平和判断能力的基础上。

（五）选择投资组合

组合投资，就是在仓位控制、股票数量、股票之间的行业匹配等方面进行组合投资，它是对长期投资的补充。通过选择投资组合，可以兼顾风险与收益，提高长期投资成功率。

确定投资组合时，应考虑到不同行业的特点，就当前状况及未来发展空间等问题进行研判，有侧重地进行分配。当前有五类板块应是未来创业板市场投资组合的重点品种，即电信板块、计算机软硬件（含网络设备制造）板块、网络板块、生物工程板块、高校概念板块。

第二节 股指期货

一、什么是股指期货

股指期货是期货的一种，是以股指为标的物的期货合约。它的全称是股票价格指数期货，也可称为股价指数期货、期指，双方交易的是一定期限的股票指数。合约到期后，通过现金结算差价进行交割。

二、股指期货交易与股票交易的区别

股指期货与股票交易的区别主要有以下几点：

1. 股指期货合约有到期日，不能无限期持有

股指期货合约是现金结算，不需要实际交割股票。但它有固定的到期日，到期就停止交易，因此，必须注意合约到期日，以决定是提前了结头寸，还是等待合约到期，或者将头寸转到下1个月。股指期货实行的是T+0交易制度。

股票买入后可以一直持有，没有时间限制，股票实行的是T+1交易。

2. 股指期货合约采用保证金制度，必须每天结算

股指期货合约采用的是保证金制度，一般须付出合约面值约10%～15%的资金方可买卖一张合约，这虽然提高了盈利的空间，但也带来了风险，因此必须每日结算盈亏。交易后每天要按照结算价对持有在手的合约进行结算，账面盈利可以提走，若账面出现了亏损，则第二天开盘前必须补足（追加保证金）。由于采用保证金制度，亏损额有可能超过你的投资本金。而股票在卖出以前，账面盈亏为浮盈或浮亏。

三、股指期货的投资分析

股指期货的基础分析主要是以预测股票市场价格变化的未来趋势为目的，以图表为主要手段对市场行为进行的研究。

技术分析理论基础主要包括以下三点：

（1）市场行为包容消化一切影响价格的任何因素。基本面、政治因素、心理因素等因素都要最终通过买卖反映在价格中，也就是价格变化反映供求关系，供求关系决定价格变化。

（2）价格以趋势方式演变。对于已经形成的趋势来讲，通常是沿现存趋势继续演变。

（3）历史会重演。

技术分析的方法有多种：移动平均线法、黄金分割法、形态分析法、波浪理论等。在技术分析中，投资者应选择自己熟悉的方法，不宜一次性选择过多的技术分析方法。在进行技术分析时，每个人的观点不同，做出的投资决策也不一样。

四、股指期货交易的基本制度

股指期货交易的基本制度有以下几种：

1. 保证金制度

投资者在进行期货交易时，必须按照其买卖期货合约价值的一定比例来缴纳资金，作为履行期货合约的财力保证，然后才能参与期货合约的买卖。

2. 每日无负债结算制度

每日无负债结算制度也称为"逐日盯市"制度，指期货交易所要根据每日市场的价格波动对投资者所持有的合约计算盈亏并划转保证金账户中相应的资金。

期货交易实行分级结算，交易所首先对其结算会员进行结算，结算会员再对非结算会员及其客户进行结算。交易所在每日交易结束后，按当日结算价格结算所有未平仓合约的盈亏、交易保证金及手续费、税金等费用，对应收应付的款项同时划转，相应增加或减少会员的结算准备金。

3. 价格限制制度

涨跌停板制度主要用来限制期货合约每日价格波动的最大幅度。根据涨跌停板的规定，某个期货合约在一个交易日中的交易价格波动不得高于或者低于交易所事先规定的涨跌幅度，超过这一幅度的报价将被视为无效，即不能成交。通常在一个交易日内，股指期货的涨幅和跌幅限制设置为上一个交易日的±10%。

4. 持仓限额制度

持仓限额制度是指交易所为了防范市场操纵和少数投资者风险过度集中的情况，对会员和客户手中持有的合约数量上限进行一定的限制。持仓限额是指交易所规定结算会员或投资者可以持有的、按单边计算的某一合约的最大数量。一旦会员或客户的持仓总数超过了这个数量，交易所可按规定强行平仓。

5. 强行平仓制度

强行平仓制度也是一种风险管理制度，当交易所会员或客户的交易保证金不足并未在规定时间内补足，或当会员或客户的持仓量超出规定的限额以及当会员或客户违规时，交易所为了防止风险进一步扩大，将对其持有的未平仓合约进行强制性平仓处理。

6. 大户持仓报告制度

大户持仓报告制度是指当投资者的持仓量达到交易所规定的持仓报告标准时，应通过结算会员或交易会员向交易所或监管机构报告其资金和持仓情况。

7. 结算担保金制度

结算担保金是指由结算会员依交易所的规定缴存的，用于应对结算会员违约风险的共同担保资金。结算担保金有基础担保金和变动担保金两种。

五、股指期货的交易流程

股指期货的交易流程包括开户、下单、结算、平仓或交割四个环节。

1. 开户

股指期货的开户包括寻找合适的期货公司，填写开户材料和资金入账三个阶段。在开户时，投资者应仔细阅读"期货交易风险说明书"，选择交易方式并约定特殊事项，进而签署期货经纪合同，并申请交易编码和确认资金账户，最后通过银行存入保证金（买卖期货合约时，双方都需要向结算所缴纳作为履约担保的一小笔资金），经确认后即可进行期货交易。

2. 下单

下单指投资者在每笔交易前向期货公司下达交易指令，说明拟买卖合约的种类、方向、数量、价格等的行为。目前大多数期货交易是通过电子化交易完成的，交易时，投资者通过期货公司的电脑系统输入买卖指令，由交易所的撮合系统进行撮合成交。股指期货是期货合约，买卖方向非常重要，股指期货的交易在原则上按照价格优先、时间优先的原则进行计算机集中竞价。

3. 结算

结算是指根据交易结果和中金所有关规定对会员、投资者的交易保证金、盈亏、手续费及其他有关款项，进行计算、划拨的业务活动。因为期货是保证金交易，每天都要结算盈亏，账面盈利可以提走，但账面亏损就要补足保证金。所以需要对投资者每天的资产进行无负债结算。

股指期货的结算分为以下三个层次：

（1）结算所或交易所的结算部门对会员进行结算。
（2）结算会员对一般投资者和非结算会员的结算。
（3）非结算会员对开户投资者的结算。

4. 平仓或交割

平仓是指投资者通过买入或者卖出与其所持有的股指期货合约的品种、数量相同但交易方向相反的合约，以此了结交易的行为。交割是指投资者在合约到期时通过现金结算方式了结交易的行为。

股指期货合约和其他期货一样，到期的时候都需要进行交割。不过一般的商品期货和国债期货、外汇期货等采用的是实物交割，而股指期货和短期利率期货等采用的是现金交割。所谓现金交割，就是不需要交割一篮子股票指数成分股，而是用到期日或第二天的现货指数作为最后结算价，通过与该最后结算价进行盈亏结算来了结头寸。

第三节　沪港通

一、什么是沪港通

是指上海证券交易所和香港联合交易所允许两地投资者通过当地证券公司（或经纪商）买卖规定范围内的对方交易所上市的股票。这是我国沪港股票市场交易互联互通的一种机制。沪港通于2014年11月17日正式启动。

二、沪港通的交易规则

1. 可交易的股票

试点初期，沪股通的股票范围是上海证券交易所上证180指数、上证380指数的成分股以及上海证券交易所上市的A+H股公司股票。港股通的股票范围是香港联合交易所恒生综合大型股指数、恒生综合中型股指数的成分股和同时在香港联合交易所、上海证券交易所上市的A+H股公司股票。双方可根据试点情况对可交易股票的范围进行调整。

2. 交易门槛

试点初期，香港证监会要求参与港股通的境内投资者仅限于机构投资者、证券账户和资金账户余额合计不低于50万元的个人投资者。

3. 监管

我国证监会及港交所联合公告指出，将积极增强两地跨境监管和执法合作。两地证券监管机构将各自采取所有必要措施，以确保投资者的利益，在沪港通下建立有效机制，及时应对市场出现的违法行为。

（1）试点初期，对人民币跨境投资额度实行总量监管，并且设置每日额度，实行实时监管。

（2）沪股通试点，总规模为3000亿元人民币，每日额度为130亿元人民币。

（3）港股通试点，总额度是2500亿元人民币，每日额度为105亿元人民币。

三、沪港通的市场意义

沪港通是中国资本市场对外开放的重要内容，有利于加强内地和香港两地资本市场的联系，推动资本市场双向开放。在为A股带来增量资金，打破长期以来仅是存量资金博弈的局面的同时，可为海外资金寻求风险分散与多元化配置的良好标的。

沪港通的启动还有以下几点意义：

1. 有利于通过这种合作机制增强我国资本市场的整体实力

沪港通通过扩大两地投资者的投资渠道，进一步深化双方的合作，提升市场竞争力。

2. 有利于巩固我国上海和香港两个金融中心的地位

沪港通在一定程度上可以提高我国上海及香港两地市场对国际投资者的吸引力，不仅有利于改善上海市场的投资者结构，进一步加强上海国际金融中心建设；同时有利于把香港发展成为内地投资者的境外投资市场，进一步巩固和提升香港的国际金融中心地位。

3. 有利于推动人民币的国际化

支持香港地区发展成为离岸人民币业务中心。沪港通既可方便内地投资者直接使用人民币投资香港市场，也可增加境外人民币资金的投资渠道，以利于人民币在两地的有序流动。

沪港通是把双刃剑，随着沪港通的开启，A股市场将更容易受到国际资本流动的影响。散户投资者一定要慎重。

【新股民寄语】

由于创业板不同于主板，有很多不同于主板的特点和管理规定，新股民一定要在充分了解之后再做出是否介入的决定。

股指期货的买卖是投资者基于对股票指数的一种预期和判断，在交易时，买卖双方根据自己的判断，报出不同的指数点位，在计算机系统内进行撮合成交。

沪港通的资金门槛和技术要求较高，新股民介入一定要慎重。

第九章
新股民做网上炒股大赢家

第一节　网上炒股的好处

随着网络的普及，利用电脑和手机上网的人越来越多，利用电脑和手机进行股票交易的人也越来越多。利用网络炒股比利用传统方式炒股有许多优点。

一、实时观察行情

炒股最重要的就是把握时机，而股票的行情更是大家进行各种分析、判断和进行交易操作的依据。尤其是股市变化莫测，行情更是变化多端，利用网络能实时掌握行情，有利于投资者在适当的时机进行股票的卖出或者买进。

二、掌握最新信息

使用网络炒股，一些内容的提供商会实时发布一些最新的和股票、股市相关的信息，而这些信息往往是影响股票涨跌的一种因素。新股民可以通过掌握这些信息来分析走势和决定下一步的操作。

三、实时交易

在股票的市场里，每分钟甚至每秒钟都会发生很多变化，早一分钟根据行情进行交易，就能早一分钟收益。网络炒股可以进行实时的委托交易，不用再到交易所排队。没有交易所的地方也能利用网络交易，打破了地域的限制，可轻松买卖股票。

四、方便选股

新股民要进行股票交易必须要进行选股。选股要做一些必要的技术分析，分析为何要选择此股票，分析此股票的风险和利润等。利用电脑或手机来进行公式计算或者数据处理，就能轻松解决一些令人头疼的技术分析数据，有的炒股软件本身就带有技术分析功能，大大方便了投资者。

由于股票数量众多，人为地逐个查看选择既费时费力，又难免出现差错和遗漏。利用网络进行快速、准确的数据分析，正好可以满足新股民的需求。

第二节　常用炒股软件介绍

利用网络炒股就要为电脑和手机配置相应的炒股软件。目前，对股票进行交易和分析使用较多的炒股软件便是"大智慧"和"同花顺"，这两款炒股软件都有电脑版和手机版。进行委托交易则需要使用证券商特定的软件才可以。本节先来介绍一下"大智慧"和"同花顺"。

一、大智慧

大智慧是专业的金融证券信息服务的商用平台，可免费提供在线实时行情、实时金融证券新闻、股评和上市资料等证券资讯，为新股民提供了较为安全的通道。

大智慧新一代高速行情软件提供了强大的功能平台，帮助股民提升分析决策能力；大智慧证券信息平台是一套用来进行行情显示、行情分析并同时进行信息即时接收的超级证券信息平台。

大智慧炒股软件有许多自身的优势特色，如：

（1）使用起来很简单，不用学习就能上手，也不需要特别维护。

（2）它的功能较强大，涵盖了主流的分析功能和选股功能、星空图、散户线和龙虎看盘等高级分析功能。大智慧炒股软件具有大盘分析、分类报价、自选报价、多股同列、智慧排行、技术分析、自选设定、公告帮助及特色平台等多个功能。

短线精灵是大智慧炒股软件的特色功能之一。通过短线精灵可以实时监控沪深A股的涨跌、成交、盘口、资金流动及板块热点，并迅速显示异动信息，帮助投资者及时把握市场机会。打开短线精灵，在显示窗口看到的就是股市的行情、报价、排行及分析结果，方便投资者进行短线操作分析。

（3）大智慧炒股软件提供的资讯很专业也很精辟，拥有万国测评专业咨询机构的专门支持，其制作的生命里程、信息地雷、大势研判、行业分析、名家荐股和个股研究等在证券市场具有广泛的影响力。

（4）大智慧炒股软件提供路演平台和股民交流互动，前来做客的嘉宾包括基金公司、上市公司、大智慧分析师和券商研究机构等。大智慧模拟炒股为股民提供学习交流技术的场所。

（5）大智慧炒股软件的下载、安装也很方便。大智慧炒股软件有多个版本，有供用户永久免费使用的，也有按年份收费的，同时还有手机版炒股软件。只需要到搜索引擎上搜索"大智慧",就能有多个版本提供下载。下载完毕之后,只需要打开安装程序按步骤提示进行安装操作即可。

二、同花顺

同花顺是国内行情速度快、功能强大、资讯丰富以及操作手感好的免费股票证券分析软件,是由国内最大证券交易方案供应商核心软件精心打造的专业股票证券行情资讯平台之一。同花顺以其强大的分析功能、快捷的行情速度、特殊的个性化服务以及稳定的投资概念组合为投资者保驾护航。

同花顺运用于全国95家证券公司,覆盖2400多家营业部,市场占有率高达89%以上,受到许多人的欢迎,市场知名度非常高。

与大智慧相比,同花顺也有其独特之处:

(1)同花顺采用全推送行情技术,行情速度快,支持盘中即时选股和技术指标、画线等预警,股票切换时行情无丝毫延误;基本面分析简洁、直观,轻松帮助股民作出正确的投资决策;公式编辑器让股民构建自己喜欢的指标系统,操作都很便捷。

(2)还有全天候的财经视频直播,为投资者提供专家在线盘中点评、热点分析、财经要闻报道、市场走势分析以及专家在线讲座等服务。更有著名分析师的每日全新专案,指导投资者把握市场热点,抓住高收益,帮助投资者准确把握行情,规避风险,提高收益。

(3)特色功能多,比如机构持股、盘中预警、评星评级、历史回忆、服务器选股、星空图、超级盘口、图像叠加和财务报表分析等,分析功能强大;此外还有股市日记、自选股资讯及时邮件通知以及风格定制等个性化的服务。

(4)由于同花顺支持全国2400多家券商营业部网上委托,所以委托交易服务操作简单、快捷,投资者可以根据盘中价位,闪电下单委托,抓住准确的买卖时机。

(5)民间高手的免费荐股平台,提供准确的买卖点,详细的推荐说明和分析。为使用的投资者推荐黑马股及热点。

(6)同花顺的安装软件可以到官方网站上下载,然后按步骤提示操作安装,与大智慧软件不同的是,大智慧不用注册,可以以游客的身份登录,但是同花顺需要注册一个账号才能使用。

第三节 运用"大智慧"炒股的技巧

一、安装

大智慧的版本有很多，新股民可以到搜索引擎上查找口碑较好的版本下载，还可以将大智慧软件下载到手机上。大智慧的官方网站http://www.gw.com.cn/就提供了经典版本和新一代版本的下载链接。

下面以大智慧经典版6.0为例，向新股民介绍大智慧软件的安装过程。如图9-1所示。

图9-1 大智慧安装软件

（1）鼠标双击运行下载好的安装软件，单击"下一步"按钮，继续安装。如图9-2所示。

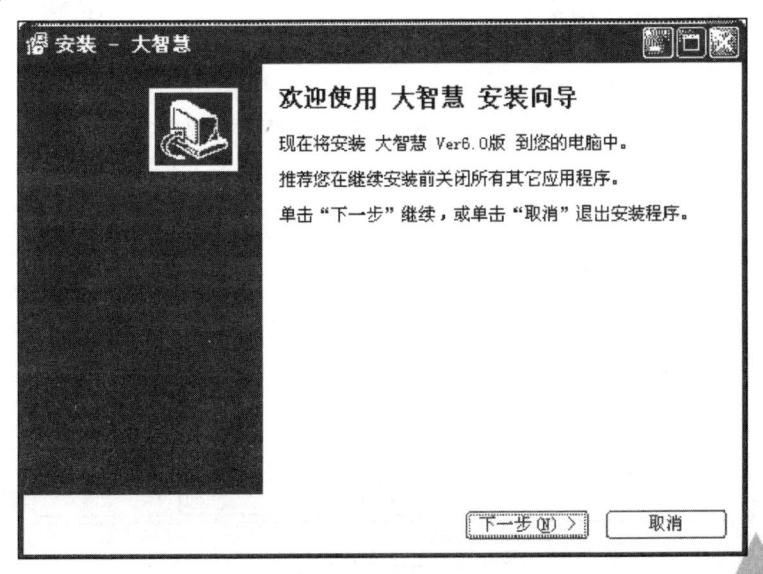

图9-2 大智慧安装向导

（2）先单击"浏览"按钮，再选择要安装的目标硬盘，单击"确定"，最后再单击"下一步"，继续安装。如图9-3所示。

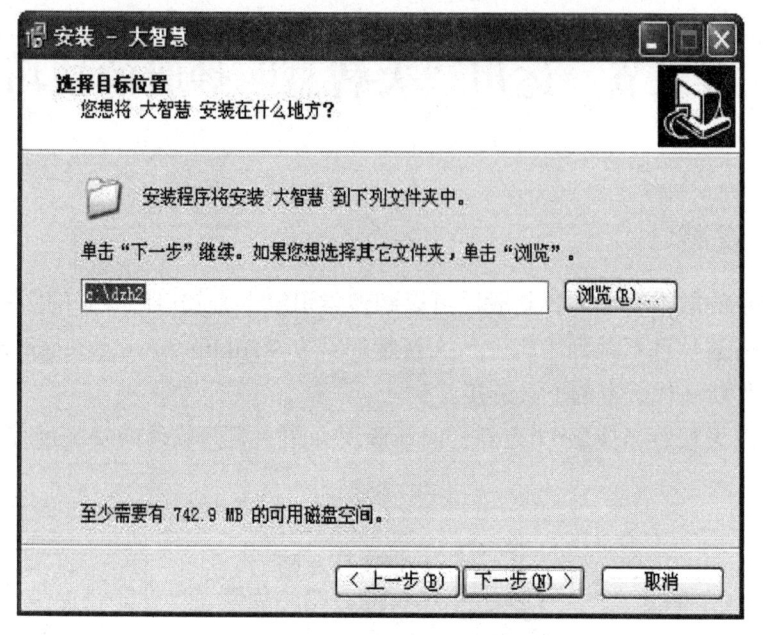

图9-3　大智慧安装向导

（3）选择开始菜单的文件夹安装的文件夹，一般都是"大智慧"，再单击"下一步"，最后单击"安装"。如图9-4与图9-5所示。

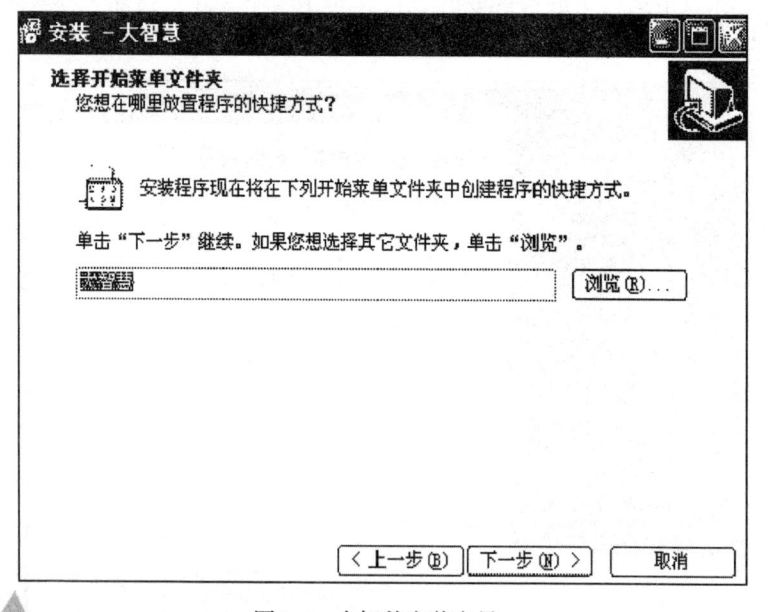

图9-4　大智慧安装向导

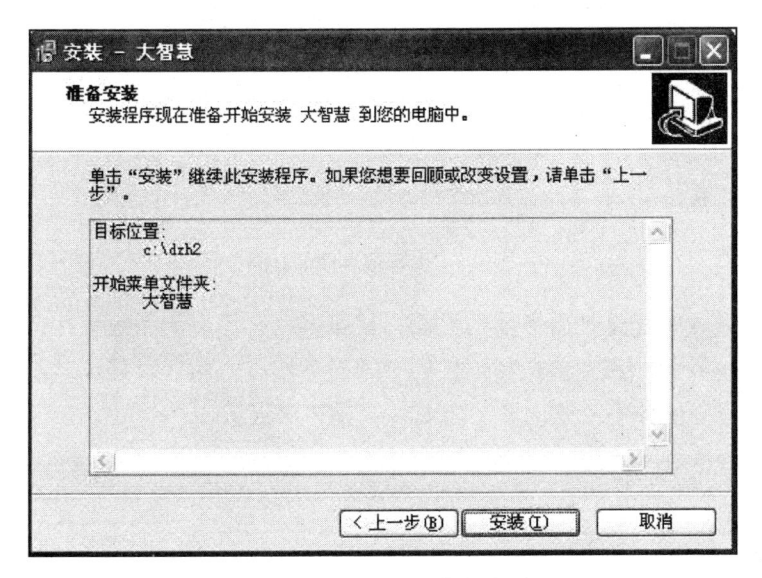

图9-5 大智慧安装向导

（4）电脑程序会自动显示安装的进度，安装没有完成之前，如果不想安装了，可以单击"取消"。见图9-6最后安装如果完成，就要单击"完成"来关闭安装程序。此时桌面上会有大智慧软件的快捷方式出现。如图9-6所示。

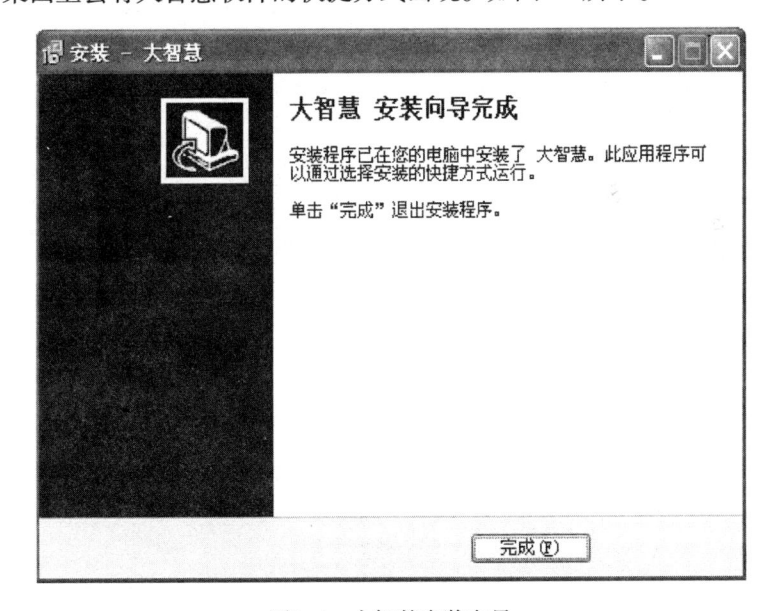

图9-6 大智慧安装向导

二、启动

启动大智慧软件时，要确保网络的畅通。首先双击桌面上的大智慧快捷方式，会跳出一个提示框,新股民可以单击"是"。如图9-7所示。

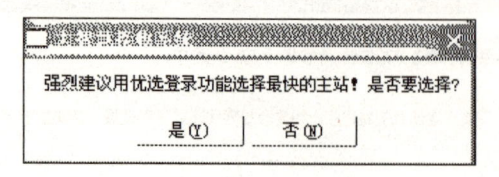

图9-7 大智慧启动示意图

接下来进入的是选择服务器的界面,一般可以选择空闲的服务站,然后单击返回,进入下一界面,在左边选择记住的空闲服务站点,然后直接点"击行情登录"即可进入行情界面,不需要注册。如图9-8与图9-9所示。

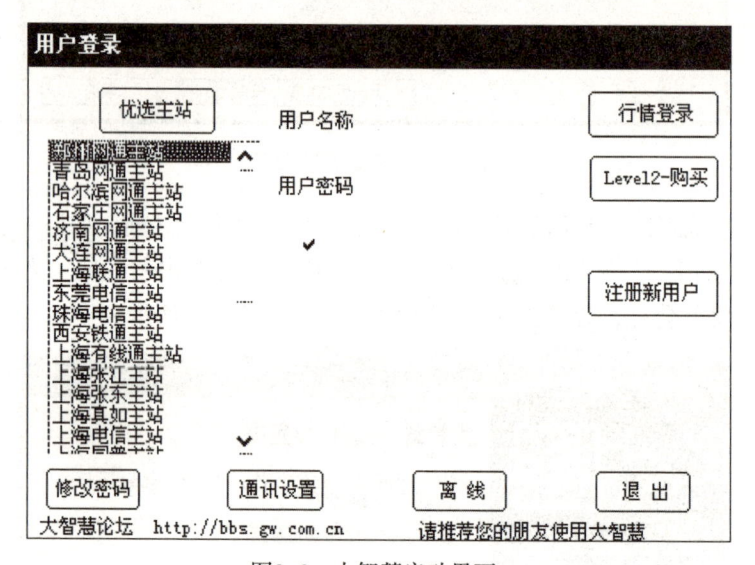

图9-8 大智慧启动界面

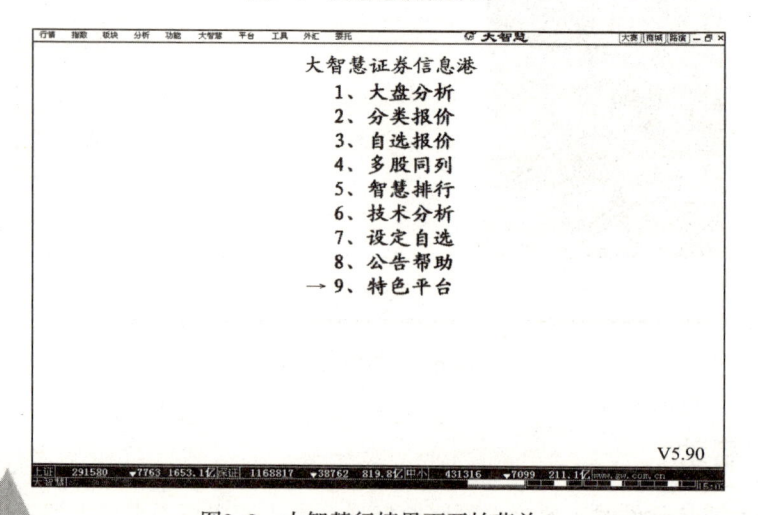

图9-9 大智慧行情界面开始菜单

三、怎样看大盘

（一）如何看大盘分时走势图

大盘分时走势，主要内容包括当日指数（现在时间点、当日开盘、当日最高、当日最低的指数）、当日涨跌、成交总额、成交手数、委买/卖手数、委比、上涨/下跌股票总数、平盘股票总数等。切换到上证的大盘走势图，可按F3快捷键。如图9-10所示。

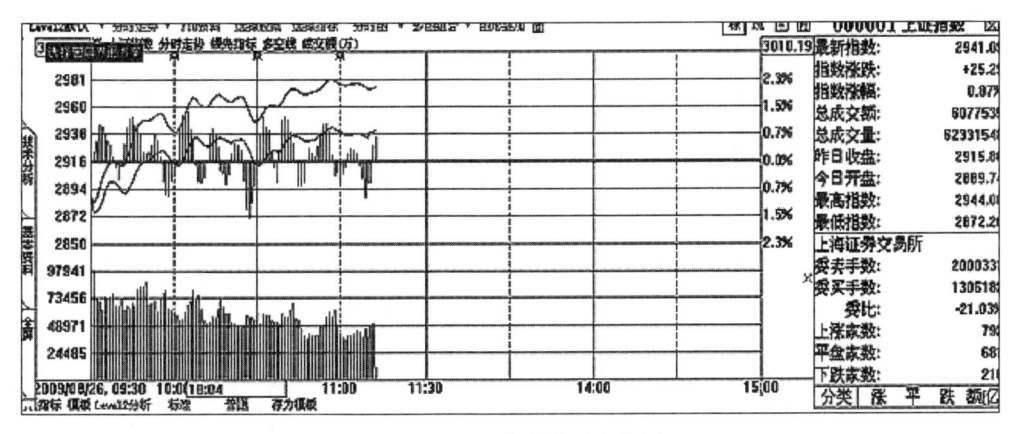

图9-10　上证指数分时走势图

切换到深证的大盘走势图可按F4快捷键。如图9-11所示。

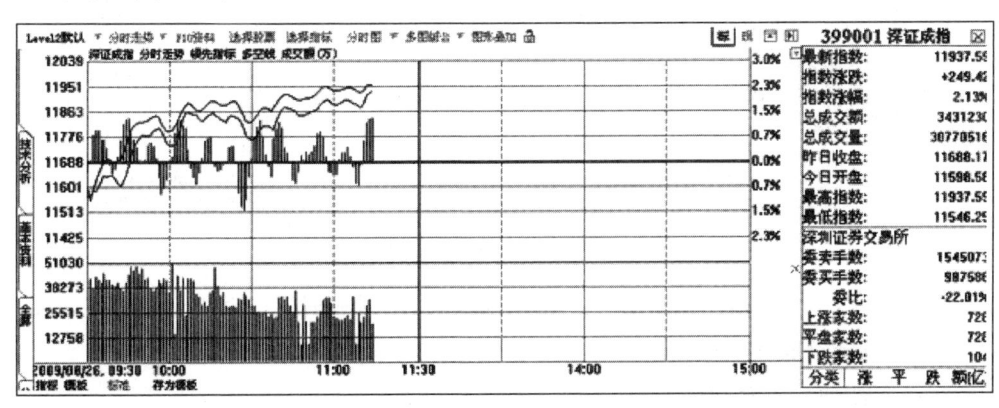

图9-11　深成指分时走势图

在当天的分时走势图下面是指标曲线图窗口，可以显示ADL、BIAS等指标曲线图。按用【↑】键查看上一个类别指数，按【↓】键查看下一个类别指数。按"Page Up"/"Page Down上"下翻页。用"/"切换走势图的类型，并用"/"或"*"迅速切换各个大盘分析指标，还可以使用"HOME"/"END"键上下切换指标。如图9-12所示。

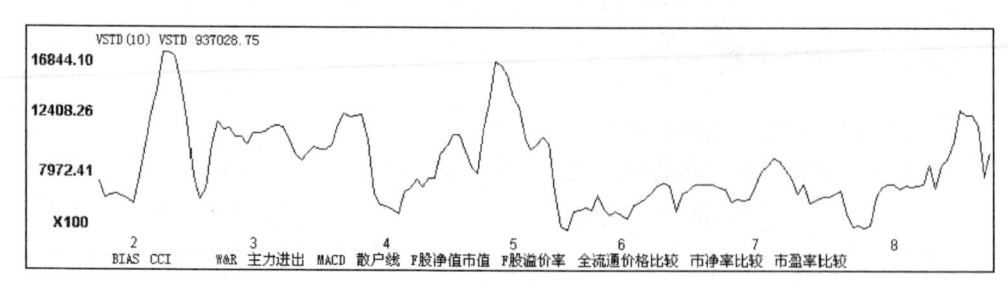

图9-12 指标曲线图

（二）如何看大盘K线图

当进入"大盘分时走势"界面后，按Enter键就进入大盘K线图，按【↓】、【↑】键放大缩小图形，按【←】和【→】键可移动查看历史K线，按Esc键退回大盘分时走势。按F5，就可以在大盘的分时图和大盘的K线图之间进行切换。如图9-13所示。

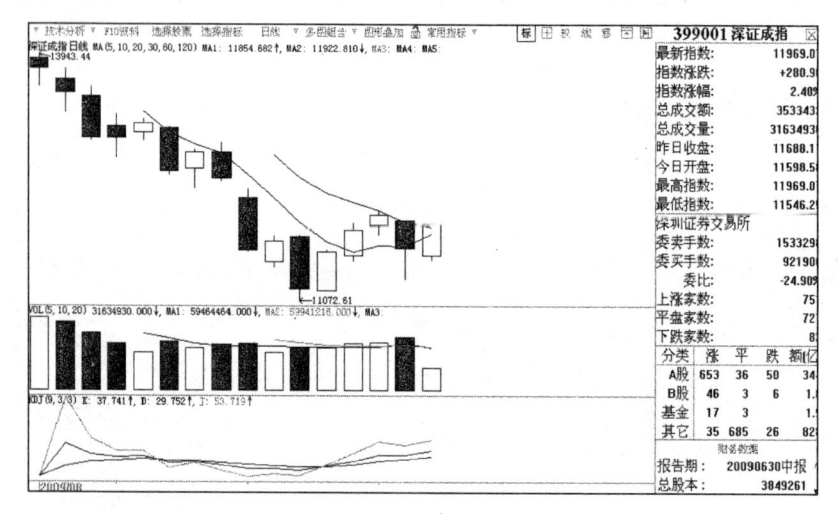

图9-13 深成指K线图

在大盘K线图界面下，按"01+Enter"或F1，查看分时成交明细，"02+Enter"或F2，查看分价成交明细。

（三）如何看大盘行情

行情报价包含分类报价、智慧排行、综合排名、多股同列、自选报价。按"0+Enter"后选择相应报价或通过鼠标左键选择"行情"中的某一选项即可（如分类报价之上证A股）。或者通过【↑】、【↓】键选取相应的内容，然后按Enter键确认并执行操作。在行情列表下，Enter键循环切换个股分时走势、K线图、行情列表画面。按【←】和【→】可移动查看行情列表中的字段。

此外还可从"行情"中选取"智慧排行"。如图9-14所示。

序号	股票名称*	成交价	涨跌	总手	现手	最高价	最低价	买入价	卖出价	涨跌幅%	今开盘	代码	昨收盘	总金额
1	成城股份■	512	▲047	109539	5	512	462	512	-	10.11	466	600247	465	5509
2	法尔胜■	545	▲050	289047	2	545	500	545	-	10.10	505	000890	495	15480
3	福成五丰■	567	▲052	302577	20	567	513	567	-	10.10	515	600965	515	17062
4	红豆股份■	644	▲059	381379	7	644	585	644	-	10.09	598	600400	585	23890
5	福日电子	601	▲055	54008	100	601	540	601	-	10.07	540	600203	546	3154
6	鼎立股份	700	▲064	58583	1	700	645	700	-	10.06	645	600614	636	4066
7	康恩贝■	1139	▲104	120430	14	1139	1085	1139	-	10.05	1100	600572	1035	13421
8	钱江摩托	482	▲044	69142	20	482	431	482	-	10.05	438	000913	438	3193
9	罗牛山■	493	▲045	710567	10	493	446	493	-	10.04	447	000735	448	34388
10	出版传媒■	1074	▲098	209155	1	1074	930	1074	-	10.04	930	601999	976	22199
11	达意隆	1546	▲141	52370	2	1546	1385	1546	-	10.04	1401	002209	1405	7891
12	江苏国泰	1612	▲147	45644	4	1612	1450	1612	-	10.03	1465	002091	1465	7161
13	鲁银投资	713	▲065	59699	1	713	642	713	-	10.03	643	600784	648	4079
14	航天长峰■	1141	▲104	305738	20	1141	1022	1141	-	10.03	1037	600855	1037	32944
15	正邦科技■	845	▲077	26958	4	845	761	845	-	10.03	780	002157	768	2236
16	顺发恒业	1087	▲099	93568	6	1087	970	1087	-	10.02	979	000631	988	10004
17	沃华医药■	2734	▲249	22389	2	2734	2540	2734	-	10.02	2540	002107	2485	6084
18	大江股份	692	▲063	60316	10	692	692	692	-	10.02	692	600695	629	4173
19	新农开发■	1110	▲101	344715	4	1110	986	1110	-	10.01	1002	600359	1009	37604
20	万向德农■	1121	▲102	58331	1	1121	1005	1121	-	10.01	1017	600371	1019	6441
21	中航地产	1704	▲155	63091	95	1704	1513	1704	-	10.01	1532	000043	1549	10552
22	天伦置业■	979	▲089	26986	5	979	925	979	-	10.00	925	000711	890	2603
23	南方建材■	715	▲065	16654	4	715	661	715	-	10.00	670	000906	650	1160
24	河北宣工	726	▲066	106280	4	726	687	726	-	10.00	689	000923	660	7643
25	霞客环保	935	▲085	101553	49	935	840	935	-	10.00	845	002015	850	9188
26	太工天成■	2597	▲236	31957	4	2597	2331	2597	-	10.00	2380	600392	2361	8203
27	闽闽东	1321	▲120	34472	23	1321	1200	1321	-	9.99	1210	000536	1201	4380
28	永生数据■	1178	▲107	18879	26	1178	1087	1178	-	9.99	1087	600613	1071	2206
29	刚泰控股	947	▲085	46572	26	947	847	947	-	9.99	855	600687	861	4323

上证A股 ▼　深证A股 ▼　上证基金 ▼　工程建筑 ▼　安徽 ▼　H股 ▼　所有权证 ▼

上证 296003 ▲4423 716.9亿 深证 1199785 ▲30967 392.3亿 中小 443771 ▲12455 97.0亿 www.gw.com.cn

图9-14　A股行情榜

（四）如何看大盘综合排名

如果想了解大盘当日的股票涨幅、跌幅、振幅、5分钟涨幅、5分钟跌幅、量比、委比、总金额排名，可按以下步骤操作：行情→综合排名。

输入数字81、82、83、84、85、86、89，可分别调出上海A股、上海B股、深圳A股、深圳B股、上证国债、深证国债以及中小板块的综合排名。系统用9个排成方阵的小窗同屏列出所选市场的股票涨幅、跌幅、振幅、5分钟涨幅、5分钟跌幅、量比、委比、总金额排名前六名的股票。如图9-15所示。

今日涨幅排名			5分钟涨幅			今日委比前六		
成城股份	512	+10.11%	鲁银投资	713	+3.72%	成城股份	512	+100.00%
福成五丰	567	+10.10%	迪马股份	563	+2.12%	福成五丰	567	+100.00%
红豆股份	644	+10.09%	商业城	1135	+2.16%	红豆股份	644	+100.00%
福日电子	601	+10.07%	中储股份	822	+1.99%	福日电子	601	+100.00%
鼎立股份	700	+10.06%	中电广通	690	+1.87%	鼎立股份	700	+100.00%
康恩贝	1139	+10.05%	ST松辽	462	+1.54%	康恩贝	1139	+100.00%
今日跌幅排名			**5分钟跌幅**			**今日委比后六**		
*ST海星	1127	-3.18%	红星发展	892	-1.65%	金钼股份	2020	-93.92%
ST珠峰	1273	-2.68%	航天动力	1675	-1.24%	兖州煤业	1798	-93.82%
亿阳信通	1531	-2.61%	天业股份	1849	-1.23%	科力远	1612	-88.42%
芜湖港	1581	-2.47%	开开实业	773	-1.15%	三一重工	3151	-86.89%
鑫新股份	966	-2.03%	东安黑豹	631	-1.10%	中国人寿	2800	-86.80%
万好万家	1798	-1.91%	中国卫星	2300	-1.08%	青岛碱业	640	-86.71%
今日震幅			**今日量比**			**今日总金额**		
天业股份	1849	+15.74%	中国嘉陵	607	13.86	江铜CWB1	5396	220318
熊猫烟花	2503	+13.69%	*ST天方	571	12.93	中信证券	2784	154416
航天通信	1280	+12.87%	福成五丰	567	10.10	50ETF	2305	138725
火箭股份	1203	+12.34%	出版传媒	1074	10.10	石化CWB1	1802	130156
新农开发	1110	+12.29%	红豆股份	644	7.04	宝钢CWB1	1674	124666
航天晨光	1094	+12.29%	五洲明珠	1378	6.21	特变电工	2072	117629

上证 296003 ▲4423 716.9亿 深证 1199785 ▲30967 392.3亿 中小 443771 ▲12455 97.0亿 www.gw.com.cn

图9-15　综合排名榜

四、怎样看个股

（一）如何看个股分时走势图

切换个股K线图、行情列表、分时走势图用Enter键；用Page Up键查看上一只股的动态分时走势，用Page Down键查看下一只股动态分时走势；用F1键看个股分时成交明细；用F2键查看个股分价成交明细；用F10键看个股基本面资料；用"-"键用于改变盘口显示方式；用"+"键循环切换右下角特色基本面窗口（可浏览竞买竞卖指标、大单比率、5日换手总量、市盈率、每股收益、每股净资产、总股本等基本面数据）、个股分时走势图、个股分时成交明细；用"／"键快速切换分析指标。如图9-16所示。

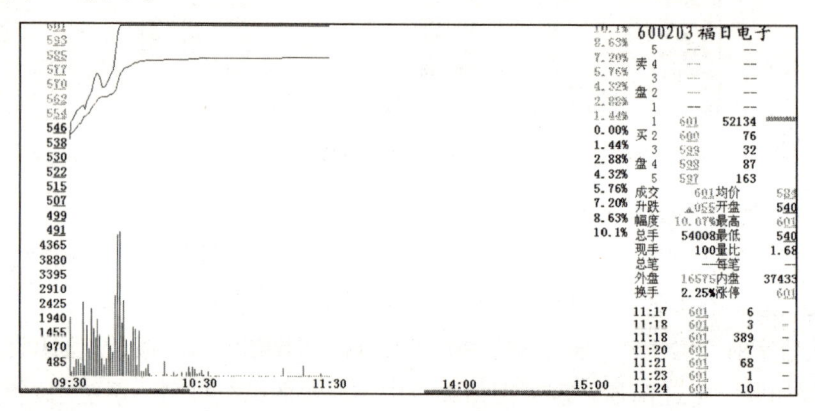

图9-16　个股分时走势图

（二）如何看个股K线图

个股K线技术走势图从周期上也可以分为5分钟K线图、15分钟K线图、30分钟K线图、60分钟K线图、日K线图、周K线图、月K线图。可通过快捷键F8在各个周期间进行切换。如图9-17所示。

技术指标的分析可以通过个股K线图界面下方的指标曲线图窗口查看。此窗口显示KDJ、CCI、MACD等常用指标的曲线图。用鼠标左键点击一下这个区域的任意地方，然后就可以使用HOME／END键上下切换指标。

（三）如何设置个股预警

大智慧的个股预警可以按照用户拟定的条件与范围监控股票。大智慧的个股预警的监控条件分为四种：股票价格突破指定的上下限、股票涨跌幅突破指定的上下限、成交量突破指定的上下限、成交额突破指定的上下限。监控范围由用户自由设定。可以将设定的条件用于监控所有A股，也可以只监控自己感兴趣的某几只股票。当有满足预警条件的股票出现时，系统立即弹出预警窗口并发出提示声音，且系统会将已经发出的预警情况记录下来供用户参考。

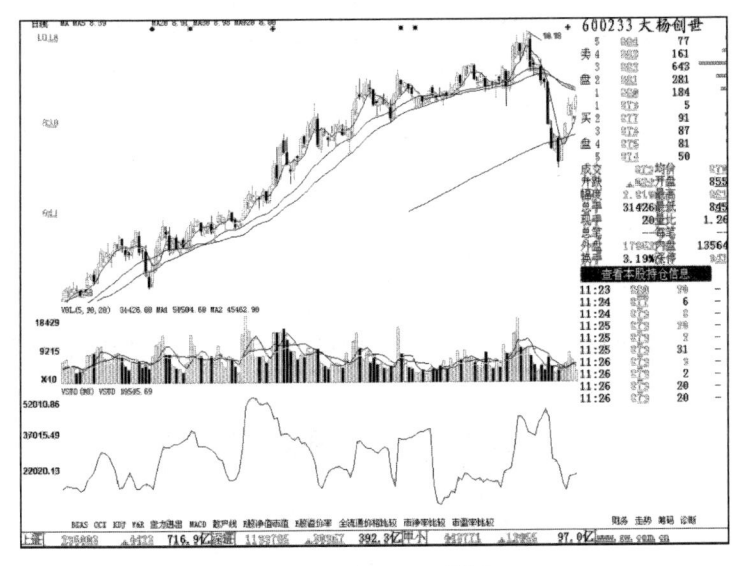

图9-17 个股日K线图

从菜单"功能"选项中选择"个股预警",即可打开预警窗口。在预选股票的窗口下面有"加入""删除"的按钮,可以增加或删除需要预警的股票。然后点击"新增条件"或"修改条件"按钮,将弹出预警条件设定对话框,用于设定预警条件(最多提供10只股票的预警)。对于价格或涨跌幅预警需要设定上下限,其中负数表示跌幅。若只需要涨幅预警可以只设定涨幅上限,下限设为0。如图9-18所示。

图9-18 个股预警设置版面

用户可以自行选定发出警报的方式，可以进行发声报警、弹出警示框报警，还可以两者兼备、双管齐下。完成设置后，要点击"启动预警"按钮。预警记录可以用"Del"键来删除。

（四）如何查找股票

查找股票的方法有以下几种。

（1）直接输入个股代码或个股名称拼音首字母，智慧键盘宝就会自动寻找与之相匹配的股票，在显示结果中选中股票，然后按Enter键确认并执行操作，如"万科A"输入"000002"或"WKA"再按Enter键即可，按Esc键则退出。如图9-19所示。

```
WKA        万    科A
WKB        万    科B
WKFZ       五矿发展
WKJH       维科精华
BWKJ       博闻科技
DWKG       东莞控股
SWKG       四维控股
XWKJ       信维科技
ZWKJ       兆维科技
08WKG1     08万科G1
08WKG2     08万科G2
SLOWKD     SLOWKD（技术指标）
SLOWKDQL   SLOWKD-QL（技术指
wk
```

图9-19　查找股票

（2）从下拉菜单"行情报价"中进入相应的行情列表，从中选定个股，然后按Enter键确认并执行操作，按Esc键退出。

（3）在开机菜单中的"分类报价"或"自选股报价"中选定个股，然后按Enter键确认并执行操作，按Esc键退出。

五、怎样看板块

（一）如何看分类板块

分类板块中有行业板块、地域板块和概念板块。行业板块就是由同行业的上市公司发行的股票所组成。可以用鼠标左键点击菜单栏上"板块"，在其下拉菜单中选择板块分类选项。

（二）如何看板块指数

如果想分板块查看股票信息，可以点击菜单栏上的板块，在其下拉菜单中选择板块指数选项，就可以进入板块的指数行情列表。如图9-20所示。

第九章 新股民做网上炒股大赢家

序号	股票名称	成交价	涨跌	总手	现手	最高价	最低价
1	计算机※	246144	▲4476	4657754	18636	246474	235723
2	上证信息	183868	▲3299	4117185	709	190056	180902
3	教育传媒	203236	▲2772	2200742	6101	204635	196096
4	商业连锁	314085	▲3455	5997075	27282	314524	306254
5	旅游酒店	277533	▲1464	3067210	21051	277953	271328
6	商业指数	308199	▲696	5512857	842	308733	300803
7	数字电视	175353	▲136	5565467	18030	176152	170533
8	沪分离债	11763	▲012	289741	2	11763	11724
9	上证可选	193533	▲146	8817517	840	194131	188409
10	权证	—					
11	国债指数	12124	▼001	363470	10	12123	12119
12	企债指数	13208	▼010	527295	2817	13217	13184
13	沪公司债	11650	▼009	109046	1	11663	11630
14	S板	523651	▼704	462530	731	525161	513308
15	创投	426339	▼748	9378474	37959	428643	410828
16	电器※	257974	▼490	3732520	21154	259044	249978
17	汽车类※	249884	▼1242	15240123	28374	252082	244095
18	上证医药	249996	▼1460	4201013	717	251075	244718
19	其他行业	255304	▼1633	4706589	19032	257360	246098
20	纺织服装	228508	▼1553	6161495	26985	229176	220198
21	电子信息※	139672	▼1027	7406347	41285	140286	135193
22	电力设备	479183	▼4284	4291957	25564	481954	465042
23	医药※	246611	▼2214	12318062	56284	248671	241019
24	仪电仪表	351334	▼3566	4262302	24643	353715	341286
25	航天军工	358743	▼3736	10865743	50438	362533	351407

图9-20 板块指数行情列表

（三）如何进行板块监测

如果想发现热门板块、潜力板块、风险板块以及板块中的潜力股，就可以进行板块监测。按"Alt+F2"可以激活功能，用鼠标对关键字段进行点击，可按该关键字段进行板块升序、降序排列；按Enter键进入该板块指数／K线图／详细个股列表。这样就可以在盘中及时跟踪各板块的动向及其领涨股。如图9-21所示。

序号	板块名称	总市值	总金额	流向	涨幅	换手率	市盈率	领涨股
1	海南	313	100984	0.84	2.58	3.33	422.00	罗牛山
2	黑龙江	511	158061	1.31	3.25	2.79	169.10	万向德农
3	青海	248	38509	0.32	3.37	2.31	373.90	盐湖钾肥
4	宁夏	149	44291	0.37	3.67	2.54	469.71	新华百货
5	吉林	668	180660	1.50	3.73	2.46	475.36	成城股份
6	新疆	505	296281	2.46	3.29	5.00	173.35	新农开发
7	广西	249	120719	1.00	2.87	4.39	74.93	阳光股份
8	甘肃	240	68327	0.57	3.09	1.89	148.58	莫高股份
9	山西	719	209225	1.73	2.66	3.03	95.80	太工天成
10	钢铁	1553	304489	2.52	2.07	1.84	43.78	法尔胜
11	陕西	285	214783	1.78	2.30	5.58	171.96	宝光股份
12	河南	660	268525	2.23	2.11	3.55	112.97	太龙药业

图9-21 板块监测

六、怎样看信息

（一）如何看实时解盘

大智慧在盘中定时由分析师发布最新的沪深股市动态信息。一旦有万国测评解盘的信息发布，在屏幕的右下角系统会自动跳出一个提示框，通知现在已经有解盘的内容了。如果这时马上点击"全部"按钮，可以转入到实时解盘窗口。

弹出的提示框在几秒后会消失，此后再想看实时解盘的内容，可以通过菜单进入解盘的窗口，操作以下步骤：下拉菜单大智慧→实时解盘，点击某条栏目的标题，可以查看详细内容。或者点击"59+Enter"查看当日全部内容。如图9-22所示。

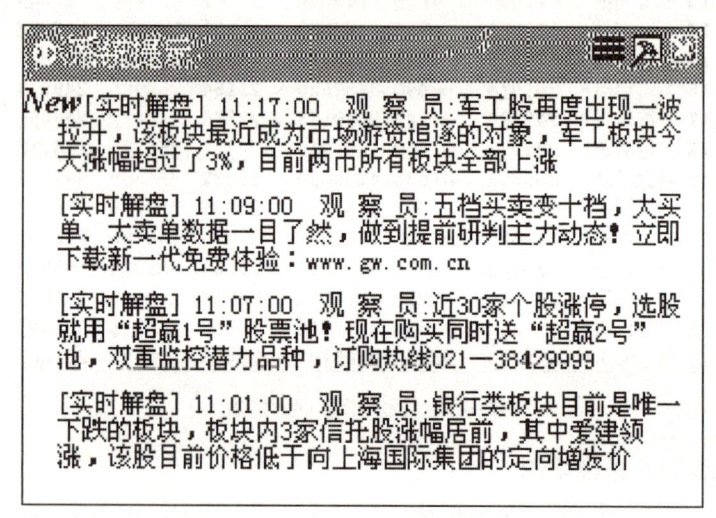

图9-22 实时解盘

（二）如何查看信息地雷

信息地雷是大智慧独创的功能，只要在盘中出现重大基本面状况、出现重要市场评论及预测、买卖参考等内容，都会在相应的分时走势图（K线图）的顶端出现地雷标志"*"。在分时图中出现的地雷，只需要鼠标移动到相应的位置，即可显示标题，需要查看详细内容，按Enter键可查看。或者是直接用鼠标双击信息地雷位置，进入信息地雷浏览，按鼠标右键退出。或者用左右键（或上下键）直接移动光标到相应的地雷上，地雷上方会出现相应的标题提示，点Enter键后进入正文浏览，点Esc（或再次回车或者鼠标右键）退出地雷模式。

"◆"标记为咨询地雷，有大盘分析和个股推荐。"*"标记为资讯地雷，为上市公司公告及新闻。"▲"标记为评论，"▲"的标记在走势图中为千股千问，"+"为财务报表。"▲"的标记在K线图中为除权，上下箭头"↑""↓"表明有多个地雷。

在行情报表中地雷为蓝色表明是最近的信息地雷，敲"23"可以将该分类中有信息地雷的股票排在前面。如图9-23所示。

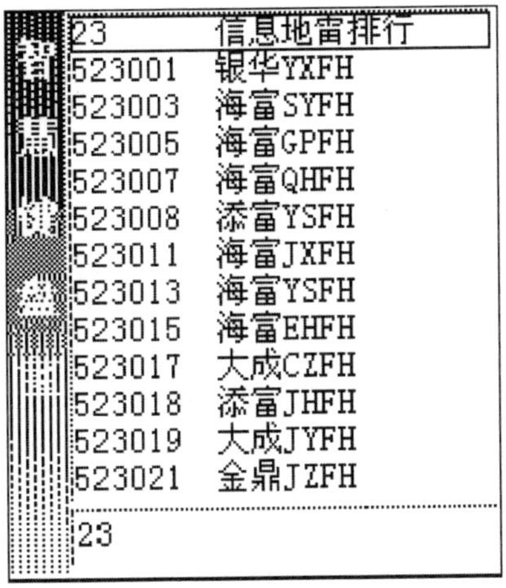

```
23        信息地雷排行
523001    银华YXFH
523003    海富SYFH
523005    海富GPFH
523007    海富QHFH
523008    添富YSFH
523011    海富JXFH
523013    海富YSFH
523015    海富EHFH
523017    大成CZFH
523018    添富JHFH
523019    大成JYFH
523021    金鼎JZFH
23
```

图9-23　查看信息地雷

（三）如何浏览资讯平台

大智慧每天会精心地搜集各大证券媒体重要新闻，只要点击大智慧菜单栏中的"大智慧"，然后在其下拉菜单中点击咨询平台，就可查询到万国测评提供的关于上市公司、市场研究、板块咨询方面的财经要闻和交易所的新闻。

（四）如何使用短线精灵

利用短线精灵功能，股民可以及时了解到大单买入和卖出的情况以及个股的走势等。红色表示上涨趋势，绿色表示下跌趋势。短线精灵位于大智慧界面的右下角。它有两种显示方式：鼠标经过出现和单击出现。还可以单击出现选项，再点击"短线精灵"。

七、怎样使用分析工具

（一）如何使用多股同列

多股同列可以帮助股民同时关注多只股票的动态走势，选中此功能后可以将屏幕划分为不同的小窗，每个小窗显示一只股票的价格及成交量走势图，方便同时观察多只股票。

在开机主菜单中选择"多股同列"，键入Enter后选定相应的选项（四、六、九股同列），进入后再选择同列的内容（有沪深A、B股，基金，国债等数据），按Esc键退出。或者在"行情"的下拉菜单中选择"多股同列"项，而后选定相应的选项进入。

按Page Up查看上四（六或九）个股票；Page Down查看下四（六或九）个股

票。通过【↑】、【↓】、【←】、【→】选择个股，按Enter后进入选定个股走势。如图9-24所示。

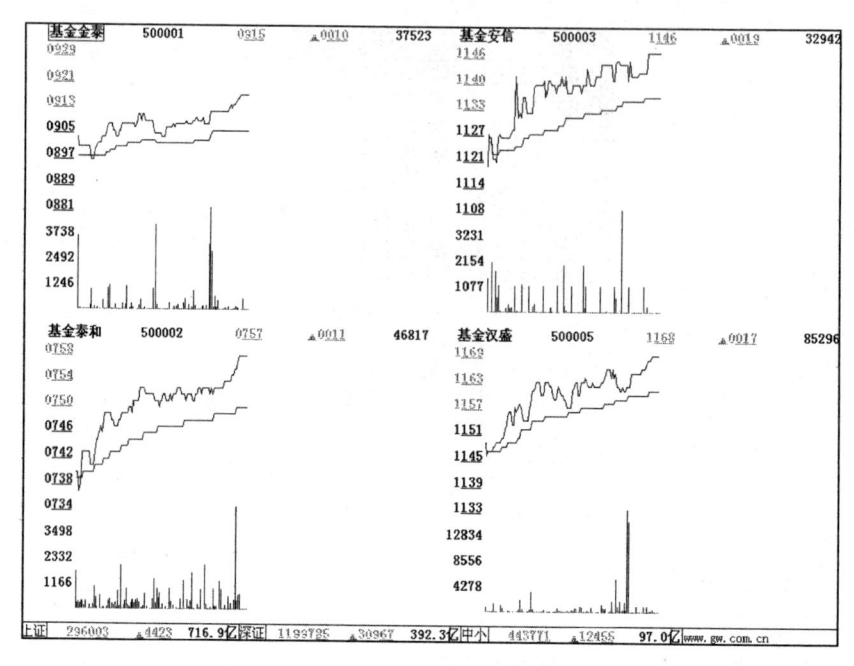

图9-24　上证A股四股同列

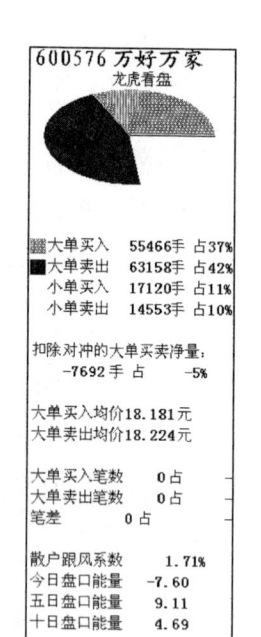

图9-25　龙虎看盘

（二）如何使用"龙虎看盘"

龙虎看盘通过细分成交、分类统计、综合评测等功能，为投资者提供极其重要的盘口数据。在个股分时走势图页面，按"-"键，得到"龙虎看盘"界面。或者直接用鼠标点击右下角的"盘口"。

以万好万家（600576）个股分时走势图为例，通过"龙虎看盘"了解盘口信息。如图9-25所示。

界面主要有以下内容：

（1）细分成交。龙虎看盘把盘口成交细分为大单买入、大单卖出、小单买入、小单卖出四种成交模式，分类汇总画出饼状图。

（2）扣除对冲的大单买卖净量。大单买入量减去大单卖出量，并利用深交所即时披露的成交笔数判断每笔成交是否为大买单和大卖单之间的对冲，本数据可以看做是主力通过主动的市场运作吃进或抛出的筹码。

（3）大单买入均价和大单卖出均价。买入大单的加权平均价和卖出大单的加权平均价。可以看做是主力买入的平均数成本和卖出的平均股价。

（4）大单买入笔数、大单卖出笔数和笔数差。大单买入笔数是所有买入大单的成交笔数累加值，可以看做是所有大单吃掉的小单数量；大单卖出笔数是所有卖出大单的成交笔数累加值，可以看做是大单抛出导致的小单接单数量；笔数差是大单买入笔数和大单卖出笔数的差值。

（5）散户跟风系数。小单买入比例和小单卖出比例的差值，用于衡量小单的主买和主卖程度，反映散户的参与程度。

（6）盘口能量。盘口能量是综合以上各项指标得出的上涨能量值，该值越大越好。对于新股，一般盘口能量值大于50才有参与价值，但市场环境不同，该参考值也要做相应调整。相同市场环境下新股之间的比较更具价值。

（三）如何自选设定

新股民可以将经常关注的一些股票加入到自选股列表中。在菜单栏中的"工具"的下拉菜单中选择"自选设定"，或选择快捷方式Alt+X。如图9-26所示。

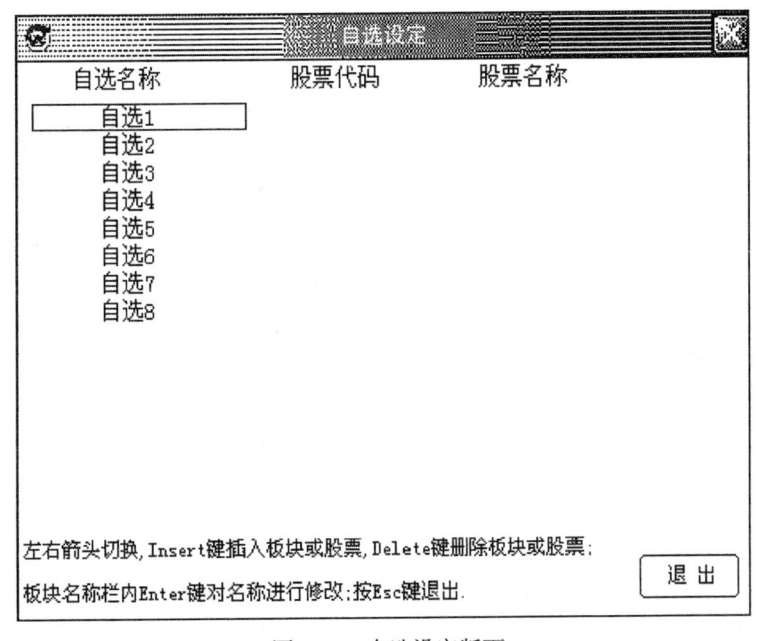

图9-26 自选设定版面

还可以在个股分时走势图或者K线图界面，点击鼠标右键，选择"添加股票至自选"。再次登录时，就可以直接进入主菜单中"自选报价"项目。

进入自选界面以后，直接输入个股代码或个股名称拼音首字母，从智慧键盘宝中选中股票，然后按Enter键确认，选中的股票就被添加入自选股行列。添加完以后按右下角的"退出"选项退出界面。按F6键就可看自选股的行情。

（四）如何使用投资计算器

投资计算器可以帮助新股民解决计算股票的手续费以及股票的盈亏的问题。

在"工具"下选择的计算器→投资计算器。只要输入买入的股票代码、股票数量、营业部手续费率+印花税率和买入价和预期卖出价，它就会自动计算出股票的保本价、手续费、利润，简单明了，方便快捷。如图9-27所示。

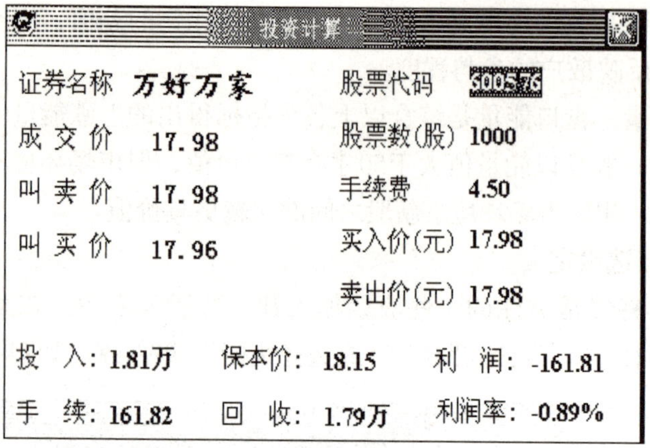

投资计算	
证券名称 万好万家	股票代码 600576
成 交 价 17.98	股票数(股) 1000
叫 卖 价 17.98	手续费 4.50
叫 买 价 17.96	买入价(元) 17.98
	卖出价(元) 17.98
投 入：1.81万 保本价：18.15	利 润：-161.81
手 续：161.82 回 收：1.79万	利润率：-0.89%

图9-27　投资计算器

也可以按Caps Lock按钮快速打开投资计算。里面有个手续费打开时总是显示"4.50"，这个手续费率是根据用户的所在营业部的费用比率收取的，大智慧只提供模拟操作的默认收费标准，并不代表实际中也是这样，每个营业部收取的标准都不同，具体要根据自己所在营业部收取标准填写。

第四节　获取网上炒股信息

利用网络进行炒股，获取网络上与股票相关的信息就很便捷。可以通过专业的股票信息网站得到信息，还可以通过订阅电子杂志来获取大盘和个股的信息，此外还可以通过相关的政府和门户网站来查看政治和财经的信息，还能获取上市公司的信息，对股市进行基本面的分析。

以下介绍一些比较重要的、与股票相关的网站。

一、人民日报—人民网

官方网站网址：http://paper.people.com.cn

第九章 新股民做网上炒股大赢家

人民日报网络版从每天凌晨0时30分到5时，将当天出版的人民日报、人民日报海外版、华东版、华南版、市场报、国际金融报、环球时报和健康时报等人民日报社所属的11报6刊的全部文字和图片在上网发布，还分成中国、国际、财经、地方、IT、文娱、体育、健康和观点9个频道，每天滚动发布国内外新闻1500条，同时就新闻热点制作相关专题。可以说，国内外主要新闻在该网站都可以找到。

二、新浪网

官方网站网址：http://www.sina.com.cn/

新浪是一家服务于中国及全球华人社群的领先在线媒体及增值资讯服务提供商。向广大用户提供包括地区性门户网站、移动增值服务、搜索引擎及目录索引、兴趣分类与社区建设型频道、免费及收费邮箱、博客、影音流媒体、网络游戏、分类信息、收费服务、电子商务和企业电子解决方案等在内的一系列服务。

新浪财经新闻是许多投资者关注最多的内容，其中新浪网还提供了各个股市以及基金、黄金等的实时走势。

三、易富网

官方网站网址：http://www.eefoo.com/

中国易富网是一个极具影响力、很受用户喜爱的财经咨询网站。中国易富网立足于经济与金融中心——上海，以专家的视野，向广大用户提供全方位的综合财经新闻和金融市场资讯。目前，中国易富网设有财经、证券、基金、理财等多个频道，每天更新财经信息数千条，充分体现了最全面、最专业、最及时的特点。

四、巨灵财经网

官方网站网址：http://www.genius.com.cn/

深圳巨灵信息技术有限公司成立于1994年，是国内最早致力于提供中国境内金融信息服务的专业机构之一。

巨灵公司自成立以来不断吸取国外著名金融数据库的先进设计思想，与知名高校、证券监管机构、交易所、各大交易商和第三方软件供应商建立了良好的战略合作关系，吸取各方优势，推出了面向金融投资机构的金融数据库和面向金融学术研究的数据库以及基于这些数据库之上的数据终端产品。

多年来，巨灵公司开拓了证券公司、基金公司、银行、保险公司、高校、图书馆和政府机构等不同类型的数据库用户，金融数据库及其终端产品的国内市场占有率在30%以上。

在量化数据库方面，巨灵基础数据内容涵盖宏观统计、行业统计、股票、债券、基金和权证等品种，并在基础数据之上开发上百个面向专题研究与分析的主题数据库；在文本财经信息方面，巨灵完整收录了一百多种国内主要财经报刊。

五、证券之星网

官方网站网址：http://www.stockstar.com/

证券之星始创于1996年，是纳斯达克上市公司——中国金融在线（C.F.O.）旗下的网站，是中国最早的理财服务专业网站之一，是专业的投资理财服务平台，是中国财经资讯网站与移动财经服务提供商，同时也是中国领先的互联网媒体。

证券之星是国内注册用户、访问量较大的证券财经站点。它以开放、创新、互信、共赢的作风，在国内开创证券资讯行业之先河，提出个人投资理财产品概念，是中国领先的互联网媒体及电信增值服务运营商。

证券之星以金融理财产品为核心，通过网站、行情分析软件、短信以及WAP等渠道，依托中国领先的理财产品研究分析专家团队及国内颇具实力的理财技术创新开发团队，为中国理财用户提供专业、及时、丰富的财经资讯以及个人理财应用工具和无线智能移动理财产品等多方位专业理财信息服务。

六、和讯网

官方网站地址：http://www.hexun.com/

和讯网创立于1996年，是中国较早的专业ICP之一。自2004年开始，和讯开始从一个提供金融理财服务的专业网站，向以个人门户为基础、社会化网络为组织、Web 2.0技术为支撑的社区类门户网站过渡。并根据多年的客户资源积累，将服务对象定义为中等收入者。

作为中国互联网Web2.0理念的倡导者和实践者，和讯网现已成长为集社交、信息交换、服务与交易为一体的互动式网络社区，并已开始在金融、IT、房产与家居、汽车和旅游等多个领域取得良好的效果。

七、电子杂志

对于那些时间较为紧张、没有大量时间在网络上进行浏览的人士，如高级管理人员和专业人士等，可以通过订阅电子杂志来获取财经和股票信息。通过互联网来订阅电子杂志，不但可以快捷地看到各类信息，并且都是免费的。通常电子杂志都是发送到订阅用户的邮箱中，用户只需要一个可以正常使用的电子邮箱，便可以享受电子杂志带来的便捷和信息。

电子杂志的内容是通过专业人员编辑和整理的，能在一定程度上满足网络用户在固定信息上的需求，成为一种省心、省力的互联网络信息服务方式，其专业的视角以及有深度的内容深受广大网络用户欢迎。

比较优秀的可提供电子杂志的网站有：希网网络（http://www.cn99.com）、喜阅网（http://www.xplus.com）、ZOOM（http://www.zcom.com）等。

【新股民寄语】

进行网络炒股，尤其是使用炒股软件，是新一代股民的最佳选择。网络软件给股民提供了很大的便利，可帮助股民作出正确的投资决定。

股民要培养自己的分析判断能力，不能被网上的股评所左右。新股民在投资前可以先听取一些股评意见，但是不要急于介入，让股市来检验股评的合理性，再有选择地听取一些比较好的股评。谨防有人利用股评人进行炒作。

参考文献

[1] 牛立仁. 新股民炒股入门500问[M]. 北京：蓝天出版社，2007.
[2] 陈火金. 中国新股民必读全书[M]. 北京：中国纺织出版社，2009.
[3] 星光科技. 无师自通网上炒股[M]. 北京：人民邮电出版社，2008.
[4] 张健. 新股民看盘技巧与实战操作[M]. 北京：中国言实出版社，2007.
[5] 何君. 新股民实战新概念[M]. 北京：地震出版社，2007.
[6] 张浩. 初入股市炒股大全[M]. 北京：经济日报出版社，2008.
[7] 王晖. 跟我学炒股[M]. 广州：广东经济出版社，2007.
[8] 杨怀定. 杨百万股市战例[M]. 北京：经济日报出版社，2009.
[9] 毛定娟. 长线是金短线也是金[M]. 北京：华夏出版社，2009.
[10] 延伟东. 波段炒股技法[M]. 北京：气象出版社，2008.